アリストテレスの時空論

アリストテレスの時空論

松浦和也著

知泉書館

凡　例

　アリストテレスによる著作の引用箇所の指示は，巻数はローマ数字，章数はアラビア数字で表記し，ページ数と行数はベッカー版アリストテレス全集のページおよび行数に従う。ただし，『形而上学』の巻数はギリシアアルファベットで表記する。書名に関しては，以下の省略記号を用いる。

『カテゴリー論』：*Cat.*

『命題論』：*Int.*

『分析論前書』：*An. Post.*

『分析論後書』：*An. Prior.*

『トピカ』：*Top.*

『ソフィスト的論駁』：*SE.*

『自然学』：*Phys.*

『天体論』：*Cael.*

『生成消滅論』：*GC.*

『魂について』：*DA.*

『動物部分論』：*PA.*

『動物発生論』：*GA.*

『気象論』：*Meteor.*

『問題集』：*Prob.*

『形而上学』：*Met.*

『ニコマコス倫理学』：*EN.*

　ディオゲネス＝ラエルティオス『ギリシア哲学者列伝』は DL と表記し，引用個所は巻数および章数によって指示する。Diels-Kranz の *Fragmente der Vorsokratiker* は DK と表記し，引用箇所は同書記載の報告あるいは断片の整理番号によって指示する。また，テオフラストスによる断片は，Fortenbaugh, W. W らが編集した *Theophrastus of Eresus, Sources for His Life, Writings, Thought and Influence.*（[FHS&G] と略する）のページ数および行数によって指示する。

目　　次

序　　論 ………………………………………………………………… 3

　本書の目的と方法 ……………………………………………………… 3

　本書の構成 …………………………………………………………… 10

　『自然学』第 3, 4 巻の方法 ── 存在と定義 ………………………… 12

　『自然学』第 3, 4 巻における「パイノメナ」………………………… 16

第 1 章　運動の定義 ………………………………………………… 23

　1　はじめに ………………………………………………………… 23

　2　エンテレケイアの意味と定義の循環 ………………………… 24

　3　「可能的にあるもの」の構造 …………………………………… 29

　4　「そのようなものとして」……………………………………… 33

　　4.1　「現実的に可能的な X」…………………………………… 33

　　4.2　「そのようなものとして」の主語 ……………………… 35

　　4.3　『自然学』第 3 巻第 1 章 201a27-34 の解釈 ……………… 37

　　4.4　運動の定義の内実 ………………………………………… 40

　5　運動の定義と空間的・時間的延長 …………………………… 41

第 2 章　無限論 ── 物体・現実態・可能態 …………………… 45

　1　はじめに ………………………………………………………… 45

　2　『自然学』第 3 巻第 5 章の物体観 …………………………… 51

　　2.1　『自然学』第 3 巻第 5 章と四元素説 …………………… 51

　　2.2　『自然学』第 3 巻第 5 章の理論的背景 ………………… 54

　3　分割無限における「分割」…………………………………… 58

　　3.1　分割無限と大きさ ………………………………………… 58

　　3.2　大きさの分割 ……………………………………………… 60

viii 目　次

4　分割無限は現実的に存在するか……66
　4.1　『自然学』第 3 巻第 6 章 206b12-14……66
　4.2　「無限」と「離存」……68
　4.3　「知にとってある」……72
　4.4　昼間・競技会のあり方と分割無限……74
5　分割無限の質料性……81
　5.1　分割無限と質料の関係……81
　5.2　分割無限と質料形相論……84
　5.3　分割無限の欠如性……86
6　無限論と運動の概念……89

第 3 章　場所論──固有の場所と運動概念……93
1　はじめに……93
2　場所の要件……97
　2.1　場所の固有性……97
　2.2　場所の離存性……100
3　「うちにある」と場所のパラドックス……104
　3.1　場所のパラドックスの構造……104
　3.2　場所のパラドックスに対する応答……108
　3.3　場所の存在論的位置……112
4　場所の不動性……114
　4.1　不動性と固有性の競合……115
　4.2　限界と不動性……117
　4.3　「包むもの」とは何か……119
5　場所の定義と物体の移動……123

第 4 章　空虚論──非存在の論証と物体……127
1　はじめに……127
2　力学的反論 ──『自然学』第 4 巻第 8 章 215a24-216a11……129
　2.1　空虚・速度・パイノメナ……129
　2.2　力学的反論は本質的か……135
3　空虚肯定論の報告と批判……136

目　　次　　ix

　　3.1　空虚肯定論の論拠 ………………………………………………137
　　3.2　アリストテレスによる空虚肯定論の論拠への対応 ………………140
　4　「空虚それ自体」の検討 ── 『自然学』第4巻第8章 216a26-b16 … 144
　　4.1　文脈と目的 ………………………………………………………144
　　4.2　2つの不条理 ……………………………………………………146
　　4.3　空虚論の前提 ……………………………………………………151
　5　空虚，場所，運動 …………………………………………………153

第5章　時間論──時間の実在性 ………………………………………157
　1　はじめに ……………………………………………………………157
　2　時間のパラドックス ………………………………………………160
　　2.1　時間のパラドックスの構造 ……………………………………160
　　2.2　時間のパラドックスと現在・過去・未来 ……………………162
　　2.3　時間のパラドックスと「現在」………………………………167
　　2.4　アリストテレスの「現在」……………………………………169
　3　時間の定義と時間のあり方 ………………………………………174
　　3.1　時間の定義の導出 ………………………………………………174
　　3.2　時間の数性と今 …………………………………………………177
　　3.3　時間の数性と運動 ………………………………………………182
　　3.4　時間と運動の存在論的関係 ……………………………………184
　　3.5　時間と数学的非プラトン主義 …………………………………189
　4　運動の定義と今のパラドックス …………………………………196
　　4.1　時間のパラドックスと運動 ……………………………………196
　　4.2　今のパラドックス ………………………………………………197
　　4.3　今のパラドックスに対する解決 ………………………………200
　5　時間の実在性 ………………………………………………………203
　　5.1　時間のパラドックスの解決 ……………………………………203
　　5.2　時間的延長の特性 ………………………………………………205

結論　アリストテレスの時空論 ………………………………………207

あとがき ……………………………………………………………………213

参考文献···217

索　引··225

アリストテレスの時空論

序　論

本書の目的と方法

　本書,『アリストテレスの時空論』は, アリストテレスの『自然学』
第3巻・第4巻を存在論的観点から読解し, その議論構造と存在論的
前提を解明するものである。この序文は本書の趣旨と正当性, そして研
究の意義について説明を試みるものである。

　古典とされる哲学的テキストを研究対象とした者が課せられる義務
は, そのテキストを通じて著者の主張を正確に理解することだけではな
い。著者の思考を再表現すること, さらにはそのテキストが持つ現代的
意義を社会に発信することも求められる。

　もちろん, それが持つ現代的意義が明らかなテキストもあるだろう。
たとえば,『ニコマコス倫理学』は, 「幸せとは何か」といった根源的な
倫理学的難問を含む。これらの難問に対するアリストテレスの議論は有
力な見解のひとつとして現代でも正面から対峙する価値がある。また,
『魂について』は, 心の哲学における機能主義がかつてそこに発想を見
出したように, デカルト以降人々を悩ませてきた心身二元論に質料形相
論からひとつの解決を提示しうる。つまり, あるテキストが現代的意義
を持つ条件のひとつは, そのテキストが扱うトピックや, 背景に持つ哲
学的問いが現代においても難問であり続けるような普遍性を持つことで
ある。

　しかし, あらゆる古典的テキストは歴史的産物である。この事情は,
哲学的テキストも同様である。その哲学的テキストが高い普遍性を持つ
問いを扱うものだとしても, 歴史性から完全に免れることはできないだ

ろう[1]。同様に，テキストが扱う哲学的問題も歴史性を孕む。この歴史性がことさら顕著になるのは，自然哲学あるいは自然科学を代表とした対象領域に関わる議論だと思われる。たとえば，「重さ」や「軽さ」の本性とは何かというアリストテレス『天体論』第4巻冒頭の問いは[2]，もはや問うに値しない。この問いが有意義であるのは，重いものは下降し，軽いものは上昇する，という彼の物理システムを認めた場合に限られる[3]。だが，近代物理学から見れば，「重さ」と「軽さ」は相反する属性でもなければ，絶対的な規定を持つものでもない。「重さ」とはその物体の質量で計量的に決定され，「軽さ」は質量が小さな物体が持つ相対的な属性である。アリストテレスの「重さ」「軽さ」に対する問い，およびその背景にある物理学的システムはもはや共有するに値しない。同様に，本書が後に扱う『自然学』第4巻第6章の「空虚が存在するか否か」という問いもナンセンスに映るだろう。

　重さと軽さを定義することや，空虚が存在するか否かを検討することが，どのような知見をもたらし，どのような現代的問題を解決するか。このような問いかけに，筆者の正直な返答は次のものである。「何も期待できない」。このような問いや検討が有意義であるのは，当時の自然科学体系や観察結果を共有できている場合である。だが，アリストテレスが体系化した自然科学的枠組みは，かなりの程度，近代では放棄されている。のみならず，彼が残した自然科学に関する観察結果は（『アテナイ人の国制』等の歴史学的観点からの価値が変容しないものを除き）膨大かつ精密になった現在のそれと比べれば，価値をほとんど持たない。

　もっとも，自然哲学的なアリストテレスの考察の中でも，より「哲学的」な問題を扱う考察，たとえば『自然学』第4巻第10章以降で展開される時間論は十分な現代的意義を持つ，と主張することも可能で

---

　1)　たとえば，「イエナの勝者」という例を，イエナの戦い以前に生きた哲学者，たとえばプラトンが有意義に用いうるだろうか。プラトンが有意義に用いうる具体事例は，彼の同時代かそれ以前に成立した歴史的出来事や文学的記述に限られる。

　2)　*DC* IV 1, 307b28-29.

　3)　『天体論』で，アリストテレスは「重さ」と「軽さ」を絶対的な意味（$\dot{a}\pi\lambda\hat{\omega}\varsigma$）と相対的な意味（$\pi\rho\grave{o}\varsigma\ \acute{\epsilon}\tau\epsilon\rho o\nu$）に二分する（*DC*. IV 1, 307a7-8）。その上で，絶対的に「軽いもの」を上に動くもの，すなわち宇宙の最外部に向かって動くもの，絶対的に「重いもの」を下に動くもの，すなわち地球の中心に向かって動くもの，と規定する（308a29-31）。

はある。時間論冒頭で提起される「時間の本性とは何か」（*Phys*. IV 10, 217b32）という問いは，共有可能な普遍性を有する哲学的問題だからである。

しかし，ここに落とし穴がある。程度の差はあれ，われわれは近代科学の背景にある思考形態や世界把握に束縛されている。とりわけ，古典物理学を学んだことがある者にとっては，時間と空間を，ニュートン的に，すなわち空間や時間を，他のものから独立した存在，アリストテレス的に言えば「実体」のひとつとして捉えがちであるように思われる。そして，「空間とは何か」「時間とは何か」という問いの根源性は，空間と時間がそれら以外の存在者に還元しがたい実体性を持つものとして把握されたときに強固なものとなるだろう。

しかし，このような把握はアリストテレスの把握でもあるだろうか。『自然学』第4巻における時間概念との格闘は，ニュートン的時空把握を出発点としているのか。アリストテレスがこの把握を共有している必然性は，少なくとも歴史的にはほとんどない。そうであるなら，『自然学』のテキストを前にして，考察の出発点となるような時間把握を彼が共有しているといった期待は慎まねばならない。もし，われわれが謙虚な姿勢で古典的テキストに向かい，彼の意図に可能なかぎり忠実たらんとするなら，ニュートン的時空把握をはじめとしたドグマとは異なる枠組みの可能性も配慮せねばならない。

しかしながら，このような姿勢からはジレンマが現れる。古典的テキストの読解を進めるにはわれわれの常識的前提の放棄や逸脱が必要であるなら，古典的テキストとの問題意識の共有は不可能なのではないか。常識的前提を持つことによって「時間とは何か」という問いは魅力的に映るのであって，もしアリストテレスが常識的前提とは異なる枠組みでその問いを発し，その回答を探求したのならば，その問いや回答にも現代的意義を期待できないのではないか。そうであるなら，彼の時間論の意義として残るのはやはり歴史的意義のみになる。このような危惧は，古典的テキストの現代的意義をぼやけさせるのみならず，失わせる危険性も伴うのではないか，という新たな危惧を生むだろう。

それでもなお筆者は，アリストテレスの時空論の忠実な読解は，哲学的には現代的意義がありうる，と主張する。哲学的思考は常識や通念

を下敷きにした演繹的議論だけではなく，常識や通念自体の再検討も含まれるのであれば，時間や空間に関するわれわれの常識的前提自体も批判検討する対象であろう。そして，時間や空間を哲学的に扱うために，ニュートン的時空把握以外の選択肢は確認されてよい[4]。

　そして，この確認のためのひとつの道は，彼の『自然学』第3，4巻を哲学的に読むことで開かれる。すなわち，「アリストテレスは時間について何を教えるか」ではなく，「彼がいかなる枠組みを前提として時間論を展開したか」，言い換えれば時間論の前提の開示を目的としてテキストを読解せねばならない。同様に，もし「アリストテレスは空虚について何を教えるか」と問うならば，おそらく彼の主張は陳腐なものに映るだろう。しかし，「彼がいかなる枠組みを前提として空虚の存在を否定したのか」と問うことは，空虚論が前提とする空間的延長のとらえ方を明らかにする哲学的問いと見なせるだろう。

　その目的を果たすための第一歩として，彼の『自然学』第3，4巻の構造を概略しよう。現代に残されたアリストテレスの『自然学』，ラテン名で *Physica* と呼ばれる著作は，全体として単一の著作ではなく，複数の著作の結合とも捉えうる[5]。そして，『自然学』第3，4巻を構成する諸考察は，トピック単位でみれば，別々の議論の寄せ集めであるようにも見える。事実，昨今のアリストテレス研究における研究成果の多くは，個々の考察に焦点を制限する傾向にあるように感じられる[6]。しかし，『自然学』第3，4巻が単一の著作であり，さらに一貫した目的を

---

　4) ハッセイは運動が自然に時間と場所を前提する，と楽観的に述べる。これは正にニュートン的時空把握を真と見なした場合にはじめて可能になるだろう。しかし，本書はこのような前提を一度留保する。Hussey, 56.

　5) ディオゲネス・ラエルティオスが挙げるアリストテレスの著作目録には，$\Pi\epsilon\rho\grave{\iota}$ $\mathring{\alpha}\rho\chi\hat{\eta}\varsigma$ α'（『始原について』），$\Pi\epsilon\rho\grave{\iota}$ $\kappa\iota\nu\acute{\eta}\sigma\epsilon\omega\varsigma$ α'（『運動について』），$\Pi\epsilon\rho\grave{\iota}$ $\varphi\acute{\upsilon}\sigma\epsilon\omega\varsigma$ $\alpha'\beta'\gamma'$（『自然について』全3巻），$\Phi\upsilon\sigma\iota\kappa\grave{o}\nu$ α'（『自然論』），さらに同名の $\Pi\epsilon\rho\grave{\iota}$ $\kappa\iota\nu\acute{\eta}\sigma\epsilon\omega\varsigma$ α' が挙がっている（DL, V 23-26）。また，シンプリキオスは『自然学』を $\tau\acute{\alpha}$ $\pi\epsilon\rho\grave{\iota}$ $\mathring{\alpha}\rho\chi\hat{\omega}\nu$, $\varphi\upsilon\sigma\iota\kappa\grave{\alpha}$ $\lambda\epsilon\gamma\acute{o}\mu\epsilon\nu\alpha$（『原因について，つまり *Physica* と呼ばれるもの』）と $\pi\epsilon\rho\grave{\iota}$ $\kappa\iota\nu\acute{\eta}\sigma\epsilon\omega\varsigma$（『運動について』）に区分する（Simplicius, 801.）。しかし，『自然学』第3，4巻に関しては一貫性に対する疑念は表明されたことがない。Ross (1936), 1-19. cf. Morison (2002), 1.

　6) 運動論の文脈のもとで後続の議論を理解するという点で，ロークの時間論解釈は先駆的である。彼は，時間論の解釈に，『自然学』第3巻第1章の運動の定義を導入することによって，時間の定義中の「前後」が定義の循環を引き起こすという問題を解決しようとする（Roark, 301-318）。

本書の目的と方法　　　　　7

持って展開されている可能性は極めて高い。『自然学』第 3 巻第 1 章の運動論冒頭が示しているように，アリストテレスは無限，場所，空虚，時間を統一した見通しの下で論じているからである[7]。

　　自然は運動（$\kappa\acute{\iota}\nu\eta\sigma\iota\varsigma$）と転化（$\mu\epsilon\tau\alpha\beta o\lambda\acute{\eta}$）の原理であり，われわれの探求は自然についてのものである。それゆえ，運動とは何か，という問いを忘れてはならない。なぜなら，運動が知られていないままでは，必然的に自然についても知られていないままだからである。運動について規定した者は，同じ方法でそれに続くものを論じようとせねばならない。運動は連続的なものに属すると思われるし，無限は連続的なもののうちで第一に明らかになる。それゆえ，連続的なものを規定するために，しばしば無限という概念（$\lambda\acute{o}\gamma o\varsigma$）を用いる。つまり，「無限へと分割されうるものが連続的なものである」というように。それに加えて，運動が場所，空虚，時間を欠くのは不可能であると思われる[8]。このような理由と，それらがすべて〔の運動〕に共通で普遍的なものであるという理由で，〔運動を〕論じた者はそれらひとつひとつについて探求すべきである。（200b12-24）

この引用でアリストテレスは今後の計画を宣言する。つまり，運動に関する考察の後に「運動に続くもの」の考察，すなわち無限，場所，空虚，時間に関する考察を行うという計画である。実際にこの計画に沿った形で『自然学』第 3，4 巻の諸考察は配置されている。

　このような構造を持つ一連の議論に対し本書が採用した読解方針は以下のものである。第一の方針は，運動論以降の諸考察を解釈する際には，運動論が表明する運動概念を念頭に置くことである。アリストテレスが『自然学』第 3，4 巻を運動論から始めている事実は，彼にとって

　　7）　ロスも同箇所を『自然学』第 3，4 巻の一貫性の根拠としている。Ross (1936), 3. *ibid*, 534. cf. Waterfield, 245.

　　8）　アリストテレスが空虚の存在を認めない点を考慮すると，200b16 の $\delta o\kappa\epsilon\hat{\iota}$ を b21 にも補い，「不可能である」ではなく「不可能であると思われる」とするのが内容的に適切であろう。cf. Waterlow (1982), 93.

それ以降の諸考察を遂行する前に運動論は論じられるべきトピックであり，それ以降の諸考察も運動論が最も彼の意に適う読解方針であるはずである。ただし，この方針には次のような疑念が提示しうる。上引用中の文言「運動が場所，空虚，時間を欠くのは不可能であると思われる」は，運動一般が存在するには場所，空虚，時間の存在が前提されていなければならず，それゆえ，（後に存在を否定される空虚を除く），場所と時間は運動よりも根源的な存在だとアリストテレスは捉えているのではないか。この疑念には次のように応答しておこう。もちろん，この文言をそのように解することは可能である。しかし，運動と場所／時間の関係には別の選択肢も残されている。すなわち，一般的に物体が長さや面といった延長性を欠くのは不可能であったとしても，必ずしも延長性を物体よりも根源的存在と見なさなくともよい，たとえば物体一般が有する必然的属性と見なす余地があるのと同様に，運動を場所／時間よりも根源的存在と見なしうる。それゆえ，この文言のみで，時間をはじめとした『自然学』第3，4巻の考察対象と，運動の間にある存在論的前後関係を判断することは早急である。少なくとも，『自然学』を前にして，われわれが暗黙の裡に期待するような存在論的前後関係を持ち込むべきではないと思われる。

第二の読解方針は，『自然学』第3，4巻のうちで，特に対象の存在と非存在の検討に注目することである。アリストテレスは運動論を除いた緒論の冒頭で，対象が存在するか否かを考察の課題のひとつに定める。この課題の遂行において彼がいかなる基準で存在非存在を判断したかを見定めることは，彼が該当箇所で保持していた時空に関連する存在論的前提を明らかにすることでもある。

第三の読解方針は，対象の定義を対象に存在論的位置づけを与えるものとして分析することである。対象の存在非存在の考察同様，緒論の冒頭でアリストテレスは考察対象が「何であるか」を問う。この問いに対する答えをその対象の定義と呼ぶことにすれば，この定義は彼が空間的延長と時間的延長と他の諸事物との関係を示すものである。つまり，彼の自然哲学における空間的延長と時間的延長の役割と存在論的位置づけを，考察対象の定義はもっとも雄弁に語るものだと考えられる。

第四の読解方針は次のものである。『自然学』第3，4巻はアリスト

テレス特有の哲学的諸概念や自然哲学的理論の支えがあって初めて意味を成す。たとえば，『自然学』第1巻はソクラテス以前の自然哲学およびエレア派の諸見解を批判することを通じ，自然における原理（$\dot{\alpha}\rho\chi\acute{\eta}$）を質料形相論，正確には質料，形相，欠如の3つとして提示する[9]。また，諸見解の批判の中には，『カテゴリー論』に典型的な実体概念を中心としたカテゴリー概念も[10]，〈可能態・現実態〉ペアも見出すこともできる[11]。さらに，『自然学』第2巻では，自然によって存在する単純な物体として，土，火，空気，水のいわゆる四元素説や[12]，さらに火元素の上方移動といった自然運動も導入される[13]。さらに，『自然学』第2巻第3章では形相因，質料因，始動因，目的因のいわゆる四原因説，『自然学』第2巻第4章では目的論的自然観も導入される。これらの諸概念や自然哲学的理論は『自然学』第3，4巻の議論の背景にある。その意味では，これらの哲学的諸概念や自然哲学的理論は『自然学』第3，4巻における前提と見なしうる。ただし，本書が着目するのは，これらのアリストテレス独自の概念や理論だけではない。次章以下で本書が示すように，『自然学』第3，4巻は，彼独自の特有の概念と理論に加え，より一般的な存在論的立場によっても編み出されている。したがって，そのような存在論的立場をテキストから抽出し，『自然学』第3，4巻の議論進行に与えた影響も測定することも，本書の読解方針のひとつとなる。

　以上の読解方針は，『自然学』第3，4巻に潜む根源的な時空把握のひとつを確認することへとつながるだろう。そして，その確認はそれ自体で哲学的価値を有すると筆者は確信している。

　9）　*Phys.* I 7, 191a12-14.

　10）　*Phys,* I 2, 185a20-b5. *Phys.* I 7, 190a34-b1.

　11）　*Phys,* I 2, 186a1-3. *Phys.* I 8, 191b27-29. また，*Phys.* II 1, 193b16-21. *Phys.* II 3, 195b16-21.

　12）　*Phys.* II 1, 192b10-11.

　13）　*Phys.* II 1, 192b36.

本書の構成

　第一の読解方針に即し，本書は『自然学』第3，4巻の諸議論を順に分析対象として取り上げる。そして，本書の各章が扱う問題は以下のものである。

　第1章「運動の定義」は『自然学』第3，4巻においてアリストテレスが描いた運動モデルを，『自然学』第3巻第1章で表明される「可能態にあるものの，そのようなものとしての，エンテレケイア」という運動の定義の解釈を通じて，再構成することを目的とする。この運動の定義は抽象的であり，どのような意味で運動を定義しているのかについては，近年論争の対象となっている。第1章はこの運動の定義に関する解釈状況を整理しながら，解釈のそれぞれに問題点を指摘し，その問題点を克服でき，かつ物体が運動しているという過程を適切に表現するような運動の定義の解釈を提案する。

　第2章「無限論：物体・現実態・可能態」は『自然学』第3巻第4-8章の無限論を扱う。『自然学』の無限論の特色としては，次の4点を挙げることができる。無限を無限大と分割無限に区別すること，無限大と分割無限に現実態と可能態の概念をあてがうこと，無限大は現実的無限と見なされ，その存在は否定されること，分割無限は可能的無限と見なされ，その存在は肯定されること，である。ただし，これらの特色が先行する運動論にいかなる寄与を果たしたのかは必ずしも明らかではない。第2章の目的は，第一に，アリストテレスによる無限論の基本的な態度を運動論の文脈を考慮したうえで明らかにすること，第二に上記の無限論の特色が運動の解明にいかなる寄与を果たしたのかを解明することの2点にある。これら2つの目的のため，まず無限大の存在を否定する『自然学』第3巻第5章に着目し，該当議論に内在する物体の存在非存在に関する態度が，四元素説をはじめとしたアリストテレス独自の自然哲学的理論に必ずしも還元されないことを明らかにする。次いで，『自然学』第3巻第6-8章の分割無限論に考察を移し，分割無限と現実態・可能態の関係，そして無限論とを整理する。これらの解釈を踏

まえ，無限論が持つアリストテレスの運動モデルへの寄与とは，現実態と可能態の間の連続性の確保にあったことを示す。

第3章「場所論：固有の場所と運動概念」は『自然学』第4巻第1-5章の場所論を扱う。場所論において，アリストテレスは場所を「包むものの第一の限界」，あるいは「包むものの第一の不動の限界」と定義する。この場所の定義には古来より問題が提起されてきた。その問題とは，物体の移動をこの場所の定義は適切に説明できないという問題である。この伝統的問題の解決に向けて，第3章は，まず「包むものの第一の限界」が持つ存在論的含意を場所のパラドックスに関するアリストテレスの応答を手掛かりに確保する。続いて，場所の定義中に含まれる場所の不動性に関して今日まで提起されてきた諸解釈を検討し，この不動性は最終的には，運動する物体を包み，その物体の移動の前後でも不動であるような外部の物体の不動性に求められることを示す。最後に，運動論が提起した運動モデルに適切に整合するような場所の定義の理解を提案する。

第4章「空虚論：非存在の論証」は『自然学』第4巻第6-9章の空虚論を扱い，空虚の存在を否定した議論の背景には，いかなる根本的な自然哲学的態度があったのかを析出する。そのために，『自然学』第4巻第8章中の「真空中の運動速度が無限大になってしまうので，真空は存在しない」という形で解釈されてきた議論を再検討し，この議論は必ずしも空虚論の中で特権的な位置を占めていないこと，そしてアリストテレスが空虚の存在を否定した論拠は，空虚の存在が彼の力学的公理に反することではなく，感覚的パイノメナを否定することにあることを確認する。次いで，『自然学』第4巻第6章で紹介される当時の空虚肯定論と，同巻第7章後半におけるアリストテレスの応答を分析し，彼と空虚肯定論者は，感覚的パイノメナを説明しようとする態度と「同じところには2つ以上の物体は存在しない」という物体観を共有していることを析出する。続いて『自然学』第4巻第8章末尾の「空虚それ自体」に対する考察を分析し，この箇所から「同じところには2つ以上の実体は存在しない」という観点と，物体が存在するという事態を考察の出発点に据える，という空虚論の態度を顕在化する。

第5章「時間論：時間の実在性」は『自然学』第4巻第10-14章の時

間論を扱う。時間論は『自然学』第3，4巻の他の諸考察には見られない問題を抱える。すなわち，「過去も未来も存在せず，現在は時間ではないので，時間は存在しない」という形式で時間の存在を否定するパラドックスをアリストテレスは議論の導入部で紹介するが，続く議論の中でこの時間のパラドックスに対する批判や論駁が見られないという問題である。第五章が目指すのは時間のパラドックスに対する反論を，時間論が運動論から文脈の上に置かれているという事実から提示することである。この目的のために，第5章は時間的延長の存在論的位置づけを，時間の定義である「運動に関する前後の数」に基づいて解明する。その結果，時間よりも運動が根源的な存在であることを示す。ただし，アリストテレスにとって時間が運動に基礎づけられる存在だという解釈が正しいとしても，それだけでは時間のパラドックスに対抗するには十分ではない。なぜなら，時間のパラドックスは，「過去の運動も未来の運動も存在せず，瞬間的な現在においてはいかなる運動も存在しないので，運動は存在しない」という形式に変換可能だからである。この新たな局面に対抗するために，ここで『自然学』第3巻第1章で提示された運動の定義と，『自然学』第4巻第11章で導入される今の同一性と非同一性のパラドックスに対する解決を照らし合わせることで，時間のパラドックスに対しアリストテレスが提示しえた反論を描く。

　以上の第5章までの考察をもとに，以下の2つの大きな結論を本書は導くことになる。第一に，アリストテレスは無限論から時間論において空間的延長と時間的延長を「運動する物体」に基礎づけることによって位置づけを与えていること，第二に，そのように位置づけられた空間的延長と時間的延長を運動概念との関係で捉えることによって，はじめて『自然学』第3巻の運動論は実質的内実を得たことになることである。

『自然学』第3，4巻の方法 ——存在と定義

　『自然学』第3，4巻における空間的延長と時間的延長の検討に入る前に，アリストテレスの議論手順について確認しておこう。とりわけ

『分析論後書』第2巻第1章で提起された議論手順との整合性とアリストテレスの議論方法である，いわゆるパイノメナの方法である。

　運動論を除いた諸考察の冒頭部においてアリストテレスは存在の問いと定義の探求という2つの課題を挙げる。たとえば，無限論の冒頭は次のような発言から始まる。

　　自然に関する学は大きさと運動と時間に関わる。そして，それら大きさ，運動，時間は無限か有限（$\pi\epsilon\pi\epsilon\rho\alpha\sigma\mu\acute{\epsilon}\nu o\nu$）であることが必要である。たとえ，たとえば様態（$\pi\acute{\alpha}\theta o s$）や点のように無限でも有限でもないものがあるとしても，（なぜなら，様態や点などはおそらく無限や有限に分類する必要はないからである），自然を扱う者が無限について次のように考察することは適切であろう。無限が存在するか否か，そして存在するとすれば，無限は何であるか。（*Phys.* III 4, 202b30-36）

無限の考察の意義を語った後に，無限に関する2つの課題が提示される。すなわち，「存在するか否か」（$\acute{\epsilon}\sigma\tau\iota\nu$ $\mathring{\eta}$ $\mu\acute{\eta}$）と「何であるか」（$\tau\acute{\iota}$ $\acute{\epsilon}\sigma\tau\iota\nu$）である。これら2つの課題は場所論や空虚論，そして時間論でも掲げられている[14]。

　以上のような『自然学』第3，4巻の冒頭で掲げられる課題にしばしば解釈者たちが指摘することは『分析論後書』第2巻第1章との関連である[15]。『分析論後書』第2巻第1章は4種の探求の形式を挙げる。

　14）「自然学者は無限と同様に，場所についても知らなくてはならない。場所は存在するか否か，場所はどのように存在するのか（$\pi\hat{\omega}s$ $\acute{\epsilon}\sigma\tau\iota$），場所は何であるのか，を」（*Phys.* IV 1, 208a27-29）。「同じ方法で自然学者は空虚についても考察すると考えるべきである。場所の場合のように，空虚は存在するか否か，空虚はどのように存在するのか，そして空虚は何であるか，を」（*Phys.* IV 6, 213a12-14）。「これまで述べてきたことの次に時間について論じよう。そのための良い方法は，はじめに外部の言説を通して時間についての難点を提示することである。つまり，時間は存在するものに属するのか存在しないものに属するのか（$\tau\hat{\omega}\nu$ $\check{o}\nu\tau\omega\nu$ $\acute{\epsilon}\sigma\tau\grave{\iota}\nu$ $\mathring{\eta}$ $\tau\hat{\omega}\nu$ $\mu\grave{\eta}$ $\check{o}\nu\tau\omega\nu$），次にその本性は何であるのか（$\tau\acute{\iota}s$ $\mathring{\eta}$ $\phi\acute{\upsilon}\sigma\iota s$ $\alpha\mathring{\upsilon}\tauο\hat{\upsilon}$）」（*Phys.* IV 10, 217b29-32）。これらの問いは実質的には「存在するか否か」と「何であるか」を意味するだろう。

　15）たとえば，バーンズは『分析論後書』第2巻第1章の注釈に『自然学』第3，4章の無限論冒頭を参照箇所として挙げる（Barnes (1975), 195）。cf. Owen (1976), 91. Simplicius, 520. Apostle, 226.

探求はわれわれが知識を得るのと同じ数だけある。われわれは 4 つのことを探求する。「事実はどうか（τὸ ὅτι）」，「なぜそうか（τὸ διότι）」，「あるか（εἰ ἔστι）」，「それは何であるか（τί ἐστι）」である。（中略）。以上のものはこのように探求されるが[16]，別のやり方で探求されるものもある。たとえば，「ケンタウロスがいるか否か」や，「神がいるか否か」である。ただし，私は端的な意味で（ἁπλῶς）「あるか否か」を述べており，「それが白いか否か」という意味ではない。そして，「ある」ことを知ってから，われわれは「それは何であるか」を探求する。たとえば，「神は何であるか」や「人間は何であるか」である。（*An. Post.* II 1, 89b23-35）

「事実はどうか」，「なぜそうか」[17]，「あるか」（換言すれば「存在するか」）[18]，「何であるか」である。そして，「あるか」と「何であるか」の間にはしかるべき手順がある。すなわち，まず考察対象が「あるか」を問い，考察対象が「ある」ことが確定してから，考察対象が「何か」を探求せねばならない。

　『分析論後書』第 2 巻第 1 章で述べられた考察手順と『自然学』第 3, 4 巻の諸考察の冒頭部の記述は近似している。のみならず，『自然学』第 3, 4 巻の諸考察は『分析論後書』の考察手順に即しているようにも感じられる。『自然学』第 3 巻第 4-8 章の無限論を例にとろう。『自然

16）「事実はどうか」を知ってから「なぜそうか」の探求へと進む。

17）たとえば「月は蝕を受けるか」は「事実はどうか」の問いであり，「なぜ月は蝕を受けるか」は「なぜそうか」という問いである。

18）引用箇所における「あるか（εἰ ἔστι）」の探求とは，標準的な理解では，考察対象が存在するか否かの検討と理解される（Ross (1965), 609. Barnes, 194. cf. Demoss & Deveruex, 134, Bäck, 158-162)。その中でもカーンは引用の『分析論後書』第 2 巻第 1 章における「ケンタウロスがいるか否か」，「神はいるか否か」（89b32）の「ある」をホメロス以降の哲学的文脈における存在用法の事例として挙げる（Kahn (2002), 303)。この意味での引用中でアリストテレスは「あるか」を，「白いか否か」と対比しつつ，「端的な意味で（ἁπλῶς）『あるか否か』」と言い換えている。εἰμί に ἁπλῶς を付することで「ある」を存在用法として強調する用例は『ソフィスト的論駁』第 5 章 167a2 にも見られる。この標準的理解に対し，ゴメス＝ロボは「あるか」を「存在するか」ではなく，「何かがケンタウロスや神であるか」という問いだと論ずる（Gomez-Lobo, 75-81)。しかしながら，ゴメス＝ロボは「ケンタウロスはあらぬ」に関して「この種の事例として同一視できる個物はいない（There are no individuals …）」と説明を与えている点で（Gomez-Lobo, 82-83)，一貫性を欠いた解釈になってしまっているように思われる。

学』第3巻第4章はピュタゴラス派をはじめとした先行見解の紹介に
費やされる。第5章は実体としての無限と無限大の物体が存在すること
を否定する[19]。続く第6章は分割無限が可能的に存在すると主張し，そ
の後，無限の定義を提示する。このように，たしかに無限論は無限の存
在を問い，無限大の存在を否定した後で，分割無限が存在することを確
定し，分割無限の定義の探求へと進んでいる。

　しかしながら，無限論に続く『自然学』第4巻第1-5章の場所論の展
開は『分析論後書』の考察手順よりも複雑である。『自然学』第4巻第
1章は，場所が存在する4つの根拠を提示し（208b1-209a2），次いで場
所に関する難問を6つ提示する（209a2-29）。ここでアリストテレスは
場所の存在を確証し，存在の問いから定義の探求へと議論を移行してい
るように見える[20]。だが，彼は『自然学』第4巻第1章末尾の209a29-
30において「場所が何であるか」のみならず，「場所が存在するか」
にも難問があると述べる。この発言はワーグナーがコメントするよう
に[21]，場所の存在に関する証明を『自然学』第4巻第1章は完了してお
らず，場所が存在すると確定するためにはさらに議論が必要であること
を示唆する。

　場所が存在することにも難問があるとアリストテレスが発言した理由
のひとつは『自然学』第4巻第1章209a2-29で導入される場所に関す
る6つの難問に関わる。その中でも特に場所の存在に直接関わるものが
エレア派のゼノンに由来する「場所のパラドックス」（209a23-25）であ
る。場所のパラドックスは，場所が存在するとすれば，「場所の場所の，
さらにその場所の…場所」という無限後退が生じると主張する。この無
限後退からは場所の非存在が帰結する[22]。場所のパラドックスは場所の
存在の論理的妥当性に疑念を表明する。（場所のパラドックスとアリスト
テレスの解決については本書第3章で詳論する）。

---

19)　アリストテレスは無限（$\tau\grave{o}\ \dot{\alpha}\pi\epsilon\iota\rho\acute{o}\nu$）というひとつの言葉で「無限大」と「分割無
限」の2つを表現する。

20)　「だが，もし場所が存在するとしても，場所が何であるかには難問がある。場所は
物体の体積のようなものか，あるいは別の何らかの実在（$\varphi\acute{\upsilon}\sigma\iota\varsigma$）であろうか」（*Phys.* IV 1,
209a2-4）。

21)　Wagner, 536.

22)　Ross (1936), 570-571. Cheniss, 144, n6. Wagner, 535.

16 序　論

　もし，アリストテレスが場所の存在に関する考察と場所の定義を探求する考察を場所論においても厳格に区別していたならば，場所のパラドックスを場所の存在に関する考察内部で解決するべきであっただろう。しかしながら，場所論の議論展開は，場所の存在に関する考察と場所の定義を探求する考察を彼は厳密に区別できなかったことを示している。特に重要な論点は『自然学』第4巻第4章211a7-11である。

　　探求は次のように行われるように努めるべきである。場所の何であるかが示されることによって，疑問となっていることが解消され，場所が持つ性質と思われること（$\tau\grave{a}\ \delta o\kappa o\hat{v}\nu\tau\alpha$）は実際に場所が持つ性質であり，さらに場所に関する了解困難な難問の原因も明白にならねばならない。（*Phys.* IV 4, 211a7-11）

以上のように，アリストテレスは場所の定義に場所に関する諸難問の解決を求める。本書第3章で後に確認するが，最終的に場所のパラドックスの解決は，場所を「包むものの第一の限界」と定義し，「うちにある」の多義性を整理することによって，場所の概念の論理的整合性を確保することによって成されている[23]。

　このように場所論の冒頭は『分析論後書』第2巻第1章が提示した考察の課題を挙げてはいるものの，実際の場所論の議論構造は『分析論後書』の考察手順に即していない。したがって，『自然学』第3，4巻を『分析論後書』第2巻第1章が提示した考察の手順の理想的実践として見なすことはできない。それゆえ，本書は『自然学』第3，4巻の諸考察において存在に関する議論と定義を探求する議論を厳密に区分せずに読解することにする。

『自然学』第3，4巻における「パイノメナ」

　『自然学』が扱うトピックは「自然」，「偶運」，「運動」といった抽

　23）　Owen (1965), 91. Algra, 176.

象的概念であるゆえに，『自然学』でアリストテレスが成した考察は今日で言う自然科学の領域よりも，むしろ哲学の領域に属する，としばしば指摘される。そして，『自然学』の考察の出発点はパイノメナ（φαινόμενα）を収集することにあるが，アリストテレスが実践した議論方法が今日で言う経験科学の方法よりも，むしろ哲学的あるいは問答法的方法であることも G. E. L. オーウェンの革新的論文 'Tithenai ta Phainomena' 以降，頻繁に強調される。そして，『自然学』第3，4巻も，オーウェンが挙げているように，その方法の実践例であるかのように見える。しかしながら，このような整理は一面的にすぎるように思われる。

　まずは，オーウェンに即し，アリストテレスの「パイノメナ」の2つの意味を整理しよう。第一の意味のパイノメナは『分析論前書』第1巻第30章の用例に代表的に見られる。この箇所で，天文学はパイノメナが把握されることによって生じた，と述べられる[24]。この用例のパイノメナは現象や観察事実，あるいは感覚や経験から得られた直接的情報を指示する。このようなパイノメナの収集から開始される考察は，ベーコン主義的な経験科学の特色を持つことになる。

　このような感覚的パイノメナに対し，第二の意味のパイノメナはある事柄に関して人々や賢者たちが語る内容を指示する。典型的な用例が『ニコマコス倫理学』第7巻第1章におけるアクラシア論の冒頭部の用例である。

　　さて，他の場合と同じように，パイノメナを提示したうえで，まず
　　問題点を提示して，この〔アクラシアという〕状態に関するすべて
　　の通念（ἔνδοξα），そうでなくても最大数で最有力な通念を正当化
　　せねばならない。仮にすべての難点が解消され，通念が残されるな
　　らば，十分に正当化されたことになるだろう。（NE. VII 1, 1145b2-

---

24) 「各々の知識に関してはそれらの大多数は各々に特有である。それゆえ，経験が各々に関する原理を提供できる。ここで私が述べることは，たとえば，天文学的な経験が天文学の知識における〔原理〕を〔提供できる〕，ということである。実際，パイノメナが十分に把握されたときに天文学的な論証が発見された。また，他のいかなる技術や知識においても同様だということである。」（An. Prior. I 30, 46a17-22）cf. PA. I 1, 640b13-15.

6)

この引用に続き，アリストテレスはたとえば，抑制や忍耐が賞賛すべきものであることなどの6つのパイノメナを挙げる。この列挙において，（3番目を除いて），パイノメナの内容は動詞「思われる」（δοκεῖ, 1145b8）や「述べる」（φασίν,1145b17, 18），「言われる」（λέγονται, 1145b19）で支配されている。そして，これらの内容をアリストテレスは総括して，「これらが言われていることである」（NE. VII 1, 1145b20）と『ニコマコス倫理学』第7巻第1章を締めくくる。この文脈において，『ニコマコス倫理学』第7巻第1章冒頭の「パイノメナ」は現象や観察事実ではなく，むしろアクラシアに関して人々が語っている通念を指示している[25]。この後のアクラシア論は，『ニコマコス倫理学』第7巻第2章で通念に対立するソクラテスの見解「知っていながら無抑制なことを行うことはありえない」（NE. VII 2, 1145b27-28）を取り上げ，それに対しいかなる状況でアクラシアが成立するのかを『ニコマコス倫理学』第7巻第3章で論ずる，という形で進行する。

　そして，オーウェンは『天体論』第3巻第4章303a22-23を挙げながら[26]，第一のパイノメナを感覚的なものとし，第二のパイノメナを通念的なものとして特徴づける。このパイノメナ分析で注目すべきは『自然学』で導入されるパイノメナが第一の意味の感覚的パイノメナではなく，第二の意味の通念的パイノメナであるという指摘である。その典型例としてオーウェンが挙げる議論が『自然学』第4巻第1-5章の場所論である[27]。『自然学』第4巻第1章208b1-209a2においてアリストテレスは場所の存在を示す4つの根拠を挙げる。相互置換（ἀντιμετάστασις）

25）　Owen (1961), 85. Cooper, 21-22.
26）　「これに加えて，不可分な物体を主張することで数学的知識に反さなければならなくなり，また，多くの通念や，感覚に関わるパイノメナも否定せねばならなくなる」（Cael. III 4, 303a22-23）。
27）　Owen (1961), 87-88.

(208b1-8)[28]，単純物体すなわち四元素の自然運動（208b8-25）[29]，空虚肯定論に対する言及（208b25-27）[30]，そしてヘシオドス『神統記』に対する言及である（208b29-209a1）。これら4つの論拠は208a1およびa5の「思われる」（δοκεῖ）が示しているように，場所に関する観察事実や感覚的パイノメナではなく，場所の概念に関して人々が考える通念的パイノメナである。

　そして，『ニコマコス倫理学』のアクラシア論と『自然学』の場所論には，考察手順に次のような共通点が見られる。通念的パイノメナを出発点とした問答法的議論では，考察対象に関する通念的パイノメナを収集して，対象に関する考察を深める。次に，その対象に関する難点やジレンマを解決することによって，アリストテレスは考察対象の定義をはじめとした分析を展開し，通念的パイノメナ（の一部）を正当化する。ただし，通念的パイノメナすべてに同意したり，正当化したりする必要

　　28）「場所が存在することは相互置換から明らかだと思われる。つまり，水が今あるところから，容器からのように水が出ると，次に空気が入る。またあるときにはその同じ場所に別の何かしらの物体が占める。ゆえに，それ〔水があった場所〕は入ってきたものが何であれ，入れ替わったものが何であれ，それらとは異なるものだと思われる。なぜなら，その中に空気が今あるもののうちに以前は水が入っていたのだから。それゆえ，この場所やこの場は，ものがその中へ動き，ものがそこから動くものだが，空気とも水とも異なることは明らかである」（*Phys.* IV 1, 208b1-8）。

　　29）「また，自然的で単純な物体，たとえば火や土などの移動は，場所が何かであることを示すだけでなく，何らかの能力（δύναμις）を持つことも示す。それぞれの元素は強制が働かない限りそれ自身の場所へ移動する。あるものは上に移動し，あるものは下に移動する。上や下や残りの方向は場所の部分であり種である」（*Phys.* IV 1, 208b8-14）。この箇所のδύναμιςは，ラングが指摘するように，日常的用例であってアリストテレスのテクニカルタームではないだろう（Lang, 70）。このような第二の根拠がアリストテレスの自然哲学的宇宙観，いわゆる自然的場所（natural place）の説に依拠することは明白である。彼の宇宙観では，地球を中心として，中央から順に土，水，空気，火，アイテールの各元素が層を成す。そして，土元素は〈冷・渇〉，水元素は〈冷・湿〉，空気元素は〈熱・湿〉，火元素は〈熱・渇〉という性質を持ち，この順に軽くなっていく。重い土元素を多く含んだ物体，たとえば石は下方運動を行い，下方向にある大地を目指して移動する。このような四元素の自然運動を手掛かりに，おそらくアリストテレスは次のように推論したのだと思われる。四元素のうち，どれかひとつのみで構成される単純な物体は移動するか静止するかのどちらかである。ただし，この単純物体の移動と静止は場所によって定まる。このような現象が生じるのは，場所が何らかの能力を持っているからである。そして，場所が単純物体に何らかの作用を持つのだから，場所は存在する（cf. Werner, 533）。

　　30）「さらに，空虚が存在することを主張する人々は場所のことを語っているのである。なぜなら，空虚とは物体が欠如した場所であろうから」（208b25-27）。

はない。事実,『自然学』の場所論において場所の存在の根拠として彼が挙げる空虚肯定論に,彼は賛同しない[31]。

　それでは,『自然学』第3,4巻では2種のパイノメナはどのような役割を与えられているか。まず,『自然学』第3,4巻の考察の出発点が人々の持つ通念的パイノメナの集積であることと[32],通念的パイノメナに対する批判的検討によってアリストテレスが考察を進めていることは事実である[33]。ただし,『自然学』第3,4巻の議論と感覚的パイノメナの関係には若干の修正が必要であるように思われる。この修正とは,ナスバウムが主張するように[34],アリストテレスのパイノメナは2種のパイノメナのどちらも包括するということではない。本書が指摘したいことは『自然学』第3,4巻は通念的パイノメナの批判を基盤としながらも,感覚的パイノメナを欠いて成立するものではない,ということである。

　アルグラは『自然学』の場所論で導入される情報には次の3種類があると分析する。(1) 経験による「直接的」情報,(2) 直接的な経験に由来する,多くの人あるいは一部の知者による通念,(3) エレア派が提起するような純粋に論理的な理論や難問である。この分析に即せば,通念的パイノメナは (2) に分類され,感覚的パイノメナは (1) に分類される。さて,アリストテレスの場所論はその冒頭で,水と空気の相互置換という現象を挙げる。この現象自体は (1) に分類される。そして,

---

　31) Hussey, 55. また,第二の根拠の扱いについては論争がある。すなわち,場所が能力を持つことにアリストテレスがコミットしているか,という問題である。オーウェンは第二の根拠が通念として扱われていると整理するが (Owen (1961), 89),アリストテレスは場所がいかなる意味でも原因ではないという疑念を提起し (*Phys.* IV 1, 209a18-20),この疑念に解決を与えない。それゆえ,場所は原因ではないと解することもできる。そうであるなら,ハッセイが指摘するように,場所は運動の作用因ではありえないことになり,場所が能力を持つとも解しがたくなる (Hussey, 101. Lang, 70)。場所の原因性に関する論争は,Barr, Weisheipl (1955, 1956),Algra, 150-151 Morison (2002),49-53 を参照。

　32) 無限論においては『自然学』第3巻第4章が,空虚論においては第4巻第6章が,時間論においては『自然学』第4巻第10章の後半が通念的パイノメナの集積に該当するだろう。

　33) なお,ボルトンは『自然学』第1巻第1章と『分析論後書』第2巻第19章の検討を通じ,『自然学』第1巻における議論の出発点は通念的パイノメナではなく,経験であることを強調する (Bolton, 1-12)。

　34) Nussbaum, 272-275.

この現象から場所が存在すると「思われる」ことは（2）に分類される。ただし，場所論の今後の展開において相互置換という現象は議論の中で論拠として働いている[35]。また，空虚論の導入部である『自然学』第4巻第6章において空虚肯定論の論拠を紹介するとき，空虚の存在は場所的運動，物体の圧縮，生物の成長増大および灰が水を吸収するという現象を典拠として挙げる。この空虚肯定論自体はおそらく（2）に分類される通念的パイノメナである。だが，空虚肯定論が依拠する現象は（1）に分類される感覚的パイノメナである。そして，この空虚肯定論にアリストテレスはこれらの現象が生じることを否定するのではなく，その現象を説明するのに空虚概念が不必要であることを示すことによって応対する。

　このように，『自然学』第3，4巻の議論は通念的パイノメナのみで構成されるような純粋な問答法的議論ではない。むしろ，感覚的パイノメナもアリストテレスの議論の基盤として役割を担っている。また，彼は通念的パイノメナすべてを妥当とする必要はないと考えているが，他方で感覚的パイノメナを否定するような態度は採らず，その妥当性を保持し，感覚的パイノメナに説明を与えようとしている[36]。その限りで，『自然学』第3，4巻が問答法的性格を持つことが事実であったとしても，感覚的パイノメナもその基盤にあると診断すべきだろう。つまり，アリストテレスの『自然学』第3，4巻は哲学的問答法と，観察事実を重視するという自然科学の基本姿勢の間に成立した論考と見なすべきである。

---

35)　*Phys.* IV 3, 210b24-26. IV 4, 211b21.
36)　『動物発生論』第3巻第10章 760b28-33 で表明される態度を参照。

第 1 章

運動の定義

1　はじめに

　アリストテレスは「運動」 κίνησις を『自然学』第 3 巻第 1 章で以下のように定義する。

　　可能態にあるものの，そのようなものとしての，エンテレケイアが運動である。

　　ἡ τοῦ δυνάμει ὄντος ἐντελέχεια, ᾗ τοιοῦτον, κίνησίς ἐστιν (201a10-11)[1]

この運動の定義で着目されるのは，次の 2 点である。第一に，この運動の定義がアリストテレスの術語であるエンテレケイアと「可能態」で構成されていることである。第二に，運動を記述するために必要と思われる空間的延長や時間的延長の概念が明記されていないことである[2]。ただし，エンテレケイアと「可能態」で構成されたこの定義がいかなる意味で運動の定義となりえるのかは，一見で理解できるものではないだ

---

　　1)　この運動の定義は『自然学』第 3 巻第 1 章 201a27-29，b4-5，第 2 章 202a7-8，さらに『自然学』第 8 巻第 1 章 251a9-10 に見られる。ただし，『自然学』第 8 巻第 1 章では「運動は運動可能なものの，運動可能なものの限りにおける，エネルゲイア（ἐνέργεια）である」と記述されており，エンテレケイア（ἐντελέχεια）と記述されてはいない。

　　2)　Coope (2010), 363, note. Roark, 306. Waterfield, xxxi.

ろう。また，このように定義された運動が空間的延長や時間的延長とどのように関わるかを解明するためには，この定義自体を解釈せねばならないだろう。

アリストテレスの運動の定義をどのように理解するか。この定義を巡っては，コスマンの 'Aristotle's Definition of Motion' が問題を提起して以降，活発な議論が行われてきた。その論争で主要な争点は次の2点である。第一の争点は，運動や運動を含意するような語や概念で運動を定義していないか，という問題である。この問題は，運動定義中のエンテレケイア（$\dot{\epsilon}\nu\tau\epsilon\lambda\acute{\epsilon}\chi\epsilon\iota\alpha$）を，「現実化」と解するか，「現実態」と解するか，あるいは別の意味に解するか，という問題に直結する。第二の争点は，運動の定義中のエンテレケイアがどのように物体が運動しているプロセスを指すのか，という問題である。もし，この定義が運動の定義として成功しているなら，家を建築するという例に即せばエンテレケイアは完成した家ではなく，建築活動自体を指示すべきである。この問題は特に運動の定義中のフレーズ，「そのようなものとしての」（$\mathring{\eta}$ $\tau o\iota o\hat{v}\tau o\nu$）の指示代名詞の内容と，定義の中の役割に関係する。

本章は，まず運動の定義の循環の問題を扱い，循環定義を回避するためには運動の定義中のエンテレケイアを「現実化」ではなく，「現実態」と理解する立場を表明する。次に，「可能態にあるものの」（$\tau o\hat{v}$ $\delta v\nu\acute{\alpha}\mu\epsilon\iota$ $\check{o}\nu\tau o\varsigma$）の構造を考察する。そこから，「そのようなものとしての」に関する既存の解釈の問題点を整理し，このフレーズの妥当な解釈を，アリストテレス自身が『自然学』第3巻第1章 201a27-34 で与える説明を基に提示する。その後，『自然学』第3巻第1章のテキストの確認を通じて，運動の定義と，空間的延長や時間的延長の関係を確認したい。

2　エンテレケイアの意味と定義の循環

運動の定義中の「エンテレケイア」については，今日まで大きく「現実化」とする理解と「現実態」とする理解が提示されている。エンテレケイアを現実化とする解釈の代表として，ロスを取り上げよう。

エンテレケイアは現実態（actuality）ではなく現実化（actualization）を意味していなければならない。可能態から現実態への行程が運動である。[3]

このようなエンテレケイアの理解を踏まえ，ロスは運動の定義を次のように解説する。

運動とは常に，可能態のそのようなものとしての現実化である。いかなる運動の対象においても，われわれは事実的には結合しているが，概念的には別個の2つの要素を区別できる。ひとつは運動の対象が持つ現実のA性（青銅ひとかけらの青銅性）であり，もうひとつはBへと変容する能力（銅像）である。運動とは現実化であるが，A性の現実化ではなく，Bになる能力の現実化である。なぜなら，この能力の現実化は，AからBへと変容する運動であるか，それから産出されるBのどちらかでなくてはならないからである。だが，後者ではありえない。なぜなら，Bが存在する間，Bへと変容する能力は存在を終えてしまって，もはや現実化しないからである。運動は，AにもBにも同一視されない。AからBへの変容と同一視されるべきである。可能態の現実化は，可能態が現実化されつつあるが，未だ完全には現実化されていない間にのみ，存在する。つまり，可能態の現実化は，いかなる瞬間においてもその存在が完全ではない現実化である。[4]

以上の解説は，運動の定義の解釈が妥当性を持つために遵守すべき3つの条件を含む。第一に，運動は運動する対象の単なる現実的な状態ではない。つまり，家の素材である木材の状態自体は建築活動ではない。第二に，運動は可能態が完成した後の産物ではない。木材や石が家へと完成してしまえば，もはやその建築活動は起きない。第三に，運動は不完

---

3) Ross (1936), 537. Ackrill (1965), 138-140, Solmsen, 186-187, Lear (1988), 60-61, Lang, 56 もこの立場を採る。

4) Ross (1936), 45.

全あるいは未完了なエンテレケイアである[5]。

　このようにエンテレケイアを捉えたとき，運動の定義は「可能態にあるものの，そのようなものとしての，現実化」と見なされる。建築活動を例にとれば，建築活動とは家へと形作られる木材の能力の現実化である，と説明される[6]。たしかに運動の定義は，上述の3つの条件に反していないように見える。

　だが，エンテレケイアを「現実化」とする解釈に疑念を唱えたのがコスマンの 'Aristotle's Definition of Motion' である[7]。現実化(actualization)とは「AがBとなる」という運動変化である。だが，運動がある種の現実化であるならば，運動を運動の一種によって定義していることになる。定義項自身を定義内部に持つような定義は循環している。

　エンテレケイアを現実化と見なしながら，定義の循環を回避する試みのひとつにコストマンの提案がある。この提案は，運動が発生する条件Cを軸にして「AがBとなる」を消去することで，定義の循環を回避しようとする。つまり，運動の定義は「運動は発生する存在であり，ある対象Aとある性質Bにおいて，ある条件Cが起きるならばAがBとなるようなCが発生するとき，そしてそのときのみにその運動は発生する」と再定式化される。そして，定義の循環を回避するために，この定式中の「AがBとなる」とは「Aは条件Cが発生する前にはBではないが，その後はBである」ことだとコストマンは説明する[8]。

　しかし，この提案は『自然学』に書かれたオリジナルの運動の定義から乖離しているだけではなく，新たな定義の循環を生じさせる。ある木材が家になるための条件Cとは何か。たとえば，役所から建築許可が下りること，設計図が完成すること，材料が集まること，等々の条件を挙げることができるだろう。そして，その中でも不可欠な条件のひとつ

---

　5)　第三の条件は，『自然学』第3巻第2章201b27-32に明記される。「運動が決定できないと思われることの理由は，運動を存在するものの可能態に置くことも，現実態に置くこともできないからである。なぜなら，このようなものであることが可能なものも，現実的にこのようなものであるものも，どちらも必然的には運動せず，さらにまた運動はある現実態(ἐνέργεια)であるが，未完了な現実態であると思われるからである」。

　6)　Ross (1936), 536.

　7)　Kosman (1969), 41.

　8)　Kostman, 13-14

は，建築家による木材への働きかけであろう[9]。だが，この働きかけは建築活動に他ならないのではないか。同様に，青銅が彫刻になるための条件とは何か。それは彫刻家の働きかけによって青銅が彫刻の形を得ることだが，その過程とは彫刻活動である[10]。もし，コストマンの解釈が運動の定義を循環問題から解放するのであれば，次の2つのどちらかを立証する必要がある。第一に，条件Cにはいかなる運動も含まれないこと，第二に，条件Cの内実として想定しうる運動は，定義の循環を生じさせないような，いかなる運動を用いない別の形式の記述に改めうることである。だが，条件Cの内容はどのようなタイプのものか，または条件Cの記述はいかなる形式を持つか，といった問題にコストマンは応答していない。

　以上のように，エンテレケイアを現実化とする解釈は，循環定義の問題を排除しようとする限り，困難な路線である。一方，エンテレケイアに関する別の解釈が，アナグノストプロスから提案されている[11]。この解釈では，運動の定義中のエンテレケイアをある種の「活動」（activity），すなわち，運動する対象の受動する活動と解する[12]。たとえば，建築活動とは，木材が建築家から働きかけを受けた場合に生じる，その木材の活動である。

　たしかに，エンテレケイアを「活動」と見なしたときは循環定義の問題は回避できる。「現実化」は運動する対象がある状態Aから別の状態Bへ移行すること，すなわち運動を含意してしまう。だが，「活動」は必ずしもAからBの移行を必ずしも含意しない。「活動」は，ある対象が持つ能力や可能態をその対象が発現している状態を表しうる。

　しかし，アナグノストプロス自身も明記しているように，エネルゲ

---

9)　『形而上学』Δ巻第2章 1014a8-10でアリストテレスは「ある原因は可能的なものとして言われ，別の原因は活動しているものとして言われる。たとえば，建築活動の原因は建築家であるか，現に建築をしている建築家である」と述べる。

10)　建築活動における条件Cとは建築家が持つ建築能力の発現であり，建築活動ではないと提案されるかもしれない。たしかに「発現」は運動を必ずしも前提する必要はない。だが，「建築能力」は「木材を家にする」能力，言い換えれば，それを木材に対して発現することによって「木材が家になる」能力である。したがって，循環定義の問題をこの提案は解決できないだろう。

11)　Anagnostopoulos, 59-61.

12)　Anagnostopoulos, 60-61.

イアは「活動」と訳出できるのに対し，エンテレケイアは通常「活動」と訳出できない。この問題に，彼は『自然学』第3巻第1章 201a10-11 の運動の定義の表記に見られるエンテレケイアをエネルゲイア（ἐνέργεια）に訂正することで対応する。すなわち，ἡ τοῦ δυνάμει ὄντος ἐντελέχεια, ᾗ τοιοῦτον, κίνησίς ἐστιν と書かれたテキストを ἡ τοῦ δυνάμει ὄντος ἐνέργεια, ᾗ τοιοῦτον, κίνησίς ἐστιν へと変更する[13]。運動の定義を記述するテキストをこのように訂正すれば，運動の定義は「可能態にあるものの，そのようなものとしての，活動」と見なすことができる。このテキスト訂正の根拠としてアナグノストプロスは次の2つを挙げる。第一に，『形而上学』K巻第9章における運動の定義の表記である。この章は『自然学』第3巻第1-3章の抄録であるが，その中で運動の定義は τὴν τοῦ δυνάμει ᾗ τοιοῦτον ἐστιν ἐνέργειαν λέγω κίνησιν（Met. K 9, 1065b16）と表記される[14]。第二に，シンプリキオスが有していた『自然学』のテキストでは，『自然学』第3巻第1章 201a10-11 における ἐντελέχεια は ἐνέργεια と表記されている[15]。

　では，この2つの根拠は，運動の定義中のエンテレケイアをエネルゲイアに訂正し，運動を活動の一種と理解する解釈を十分に正当化するか。おそらく，不十分である。たしかに，『自然学』第3巻第1章 201a10-11 のエンテレケイアは，正しくはエネルゲイアと表記されていた可能性は否定できない。しかし，『自然学』第3巻第1章 201a10-11 を訂正しただけでは運動を活動の一種とみなすことは難しい。もし，運動が活動の一種であるならば，アリストテレスは運動をエンテレケイアと表記しないだろう。だが，運動の定義を言い換える『自然学』第3巻第1章 201b4-5 と第2章 202a7-8 では，彼はエネルゲイアと書かず，エ

---

13) Anagnostopoulos, 74.
14) 『自然学』第8巻第1章 251a9-10 も τὴν κίνησιν εἶναι ἐνέργειαν τοῦ κινητοῦ ᾗ κινητόν と，ἐνέργεια を読む。
15) 「次のことは付け加えるに値する。アリストテレスは運動を定義するとき，はじめは運動しうるもののそのようなものとしての ἐνέργεια と述べている。だが，アレクサンドロス，ポルピュリオス，そしてテミスティオスをはじめとした多くの者は，定義を解釈するときに，アリストテレスがそれを ἐντελέχεια と呼んでいる少し後を見て，ある写本において ἡ τοῦ δυνάμει ὄντος ἐντελέχεια ᾗ τοιοῦτον κίνησίς ἐστιν と書かれていることを見出し，運動の定義中の ἐνέργεια を ἐντελέχεια に，アリストテレスにとって両者が同じものであるとして，替えている」(Simplicius, 414)。

ンテレケイアと書いている。それではなぜ，彼は当初活動の一種として
運動の定義を表記していたのにも関わらず，後にエンテレケイアに改め
たのだろうか。その理由をアナグノストプロスは説明していない。

　むしろ，『自然学』第3巻第1-3章におけるエンテレケイアとエネル
ゲイアの互換的な使用が示唆することは，2つの用語は共通する意味で
用いられている，ということである。よって，運動の定義中のエンテレ
ケイアは「現実態」か「現実化」と見なすことが適切である。そして，
エンテレケイアが「現実化」と見なせないならば，エンテレケイアを
「現実態」とみなす解釈の方向を採用し，運動の定義を「可能態にある
ものの，そのようなものとしての，現実態」という形式で運動の定義を
理解することにしよう[16]。

3　「可能的にあるもの」の構造

　運動の定義中のエンテレケイアを「現実態」と見なした場合，定義の
循環はひとまず回避できる。だが，次に立ちはだかる問題は「可能態に
あるものの，そのようなものとしての，現実態」をどのように理解す
れば，この「現実態」が運動の結果生じる産物（完成した家）ではなく，
運動（建築活動）を指すのか，という問題である。この解決には，まず
運動の定義の中の「可能態にあるもの」 $τὸ\ δυνάμει\ ὄν$ の構造と内容を
確定する必要がある。

　この $τὸ\ δυνάμει\ ὄν$ 中の $ὄν$ を繋辞とみなし，フレーズ全体を「可能
的に X であるもの」というように補語を補って理解すること，また「可
能的に X であるもの」の具体的内容は運動する対象，たとえば建築活
動の場合，家の素材である煉瓦や石である，という点は解釈者の間で一

---

16)　バラバンは，エンテレケイアを現実態と理解したときは運動が静止で定義された
ことになると批判する。この批判は，運動と静止が対義語であり，あらゆる現実態は静止で
あるという見解に基づく（Balaban, 2-8）。たしかに，この見解を『カテゴリー論』第14章
15b1 は示している。しかし，彼は『自然学』第3巻第2章202a3-6において，静止を運動の
対義語として説明するのではなく，運動によって静止を一方向的に説明している。また，『自
然学』第5巻第6章231a1-2は運動に対立するのは静止ではなく，むしろ運動であると結論
する。したがって，『自然学』の文脈においてはバラバンの批判は妥当ではない。

30 第 1 章 運動の定義

致が見られる[17]。つまり，運動の定義は「可能的に X である対象の，そのようなものとしての，現実態」と再定式化できる。ただし，「可能的に X である対象」を可能態との関連でどのように捉えるかについては見解が分かれる。たとえば，ロスは，煉瓦や石の捉え方について，次の3つの選択肢を挙げる[18]。

(a) 現実的な煉瓦や石
(b) 可能的に家であるもの
(c) 可能的に家に形成される過程にあるもの

以上 3 つの選択肢のうち，(a) は「可能的に X である対象」の候補から排除できる。なぜなら，可能態の捉え方には関わらないからである。他方，(b) と (c) は「可能的に X である対象」の捉え方を説明している。X を運動が完了する目標あるいは終局とすれば，(b) は「可能的に X である対象」，(c) は「可能的に X になる対象」と一般化できる。

　では，(b) と (c) のどちらが妥当な理解か。ロスやギルは (c) を選ぶ[19]。(c) の利点のひとつは，運動が完成した後の産物と，運動するプロセスを区別できることである[20]。「可能的に家であるものの現実態」とは完成した家であるが，「可能的に家に形成される過程にあるものの現実態（あるいは現実化）」は建築活動である。だが，コスマンやロークが指摘するように，(c) それ自体に定義の循環問題を生じさせる要因があ

---

17) 例外的にアポストルは ὄν を存在用法と見なし，τὸ δυνάμει ὄν を「可能的に存在するもの（the potentially existing）」と訳出する（Apostle, 43. 223. cf. Bowin, 240）。この解釈は運動の定義に無用の混乱を招きかねない。運動の定義の提示の直後，アリストテレスはこの定義を運動の 4 種に適用し，移動の場合の τὸ δυνάμει ὄν を「移動しうるもの（τὸ φορητόν）」とパラフレーズする（Phys. III 1, 201a15）。この「移動しうるもの」を「可能的に存在するもの」の一種とすることは不自然だろう。なぜなら，「移動しうるもの」とは移動する対象，たとえばひとりの人間やひとつの石などを想定するからである。

18) Ross (1936), 536.

19) Ross (1936), ibid. Gill, 186.

20) チャールズはロスの解釈を踏襲しつつ，アリストテレスは「X である可能態」と「X になる可能態」を『自然学』第 3 巻で区別していたと主張する。この主張の論拠は運動が完成した後の産物と，運動そのものを区別すべき点に求められている（Charles, 19-20）。ただし，彼はそれ以上のテキスト上の論拠を提示してはいないし，それを直接示唆する文言を『自然学』の運動論から見つけることは難しい。

る[21]。なぜなら、「可能的に家に形成される過程にあるもの」とは、家の形成過程という運動を含むからである。

　もっとも、運動の定義の循環を認め、（c）を採用すべきだとする挑戦的な解釈をハイナマンは提示している。この解釈は「可能的にXである対象」を「可能的に運動するもの」と見なす。この理解に即した場合、運動の定義の要点は、運動する対象が運動する能力を発現することに求められる。この解釈の主要な論拠は、可能的に運動するものの現実化が運動であるとテキストに明記されていると、ハイナマンが主張する点にある[22]。

　しかし、このテキスト理解は不正確である。ハイナマンは運動の定義の表現に近似するテキストを『自然学』第3巻第1-3章および第8巻第1章から9つ集め、それぞれの用例の構造を再構築する。その再構築において彼が重視するのは『自然学』第3巻第2巻202a3-6から取り出した次の命題である。

　$\dot{\eta}$ $\dot{\epsilon}\nu\dot{\epsilon}\rho\gamma\epsilon\iota\alpha$ $\tauο\hat{\upsilon}$ $\delta\upsilon\nu\dot{\alpha}\mu\epsilon\iota$ $\ddot{ο}\nu\tauος$ $\kappa\iota\nu\eta\tauο\hat{\upsilon}$ $\hat{\eta}$ $\delta\upsilon\nu\dot{\alpha}\mu\epsilon\iota$ $\kappa\iota\nu\eta\tau\dot{ο}\nu$ $\ddot{ο}\nu$
　可能的に運動するものとしての可能的に運動するものの現実態[23]

この命題は「可能的にある」（$\tau\dot{ο}$ $\delta\upsilon\nu\dot{\alpha}\mu\epsilon\iota$ $\ddot{ο}\nu$）に補うべきXを明示的に説明する。すなわち、$\delta\upsilon\nu\dot{\alpha}\mu\epsilon\iota$ $\ddot{ο}\nu$ は補語に「運動するもの」（$\kappa\iota\nu\eta\tau\dot{ο}\nu$）を持つ、ということである。この文構造を運動の定義中の「可能的にある」（$\delta\upsilon\nu\dot{\alpha}\mu\epsilon\iota$ $\ddot{ο}\nu$）に適用すれば、「可能態にあるもの」とは「可能的に運動するもの」と理解すべきである。

　ただし、このような解釈が許されるのは、202a3-6の表現が他の運動の定義の表現と並列的に扱いうる場合に限られる。そこで、この分析の元になった202a3-6を実際に確認しよう。

　　すでに述べたように、あらゆる動かすものは、可能的に運動しうるもの（$\tau\dot{ο}$ $\delta\upsilon\nu\dot{\alpha}\mu\epsilon\iota$ $\ddot{ο}\nu$ $\kappa\iota\nu\eta\tau\dot{ο}\nu$）であれば、動かされもする。そし

21）　Kosman (1969), 43. Roark, 306ff. Waterlow, 114-116.

22）　Heinaman, 25-28.

23）　Heinaman, 26.

て，それが動きえないこと（$\dot{a}\kappa\iota\nu\eta\sigma\acute{\iota}a$）が静止である。（なぜなら，そこに運動が属するものが動きえないことが静止だからである。）なぜなら，そのようなもの〔運動しうるもの〕としてのそれ〔運動するもの〕に働きかけること（$\tau\grave{o}\ \dot{\epsilon}\nu\epsilon\rho\gamma\epsilon\hat{\iota}\nu$）と運動することは同じだからである。（*Phys.* III 2, 202a3-6）

202a3-6 にはたしかに $\tau\grave{o}\ \delta\upsilon\nu\acute{a}\mu\epsilon\iota\ \ddot{o}\nu\ \kappa\iota\nu\eta\tau\acute{o}\nu$ という表現が現れる。しかし，この箇所でアリストテレスが運動の定義をパラフレーズしている形跡は見られない。むしろ，202a3-6 の要点は，運動を受動者に生じさせる作用者が運動するか，たとえば建築活動を木材に生じさせる建築家は運動するかという問いに対し，作用者が「可能的に運動しうるもの」である場合にその作用者は運動する，と答えることにある。ここで「可能的に運動しうるもの」とは，ある対象に運動を引き起こす作用者が持ちうる性質である。したがって，202a3-6 の $\tau\grave{o}\ \delta\upsilon\nu\acute{a}\mu\epsilon\iota\ \ddot{o}\nu\ \kappa\iota\nu\eta\tau\acute{o}\nu$ が運動の定義の再表現であるとは捉えがたい。それゆえ，202a3-6 に見られる $\tau\grave{o}\ \delta\upsilon\nu\acute{a}\mu\epsilon\iota\ \ddot{o}\nu\ \kappa\iota\nu\eta\tau\acute{o}\nu$ を，運動の定義中の $\tau\grave{o}\ \delta\upsilon\nu\acute{a}\mu\epsilon\iota\ \ddot{o}\nu$ の解明に援用することは妥当ではなく，202a3-6 を典拠に運動の定義中の「可能的にあるもの」が「可能的に運動するもの」（あるいは「可能的に運動しうるもの」）[24]の省略表現であると分析することはできない。

そこで，運動の定義の「可能的にある」は，(c)「可能的に X になる対象」ではなく，(b)「可能的に X である対象」という形式で理解することにしよう。このとき，運動の定義は「可能的に X である対象の，そのようなものとしての，現実態」という形で理解できる。

---

24) ソーサはハイナマンに次の批判を加える。ハイナマンは $\tau\grave{o}\ \delta\upsilon\nu\acute{a}\mu\epsilon\iota\ \ddot{o}\nu\ \kappa\iota\nu\eta\tau\acute{o}\nu$ を「可能的に運動するもの」（what potentially is chang*ing*）とするが，$\kappa\iota\nu\eta\tau\acute{o}\nu$ は字義的には「運動するもの」よりも，「運動しうるもの」（chang*eable*）と訳すべきである。すると，ハイナマンの解釈の典拠である 202a3-6 とアリストテレスの運動の定義はやはり区別すべきだろう（Sosa, 3-4）。

4 「そのようなものとして」

4.1 「現実的に可能的な X」

前節で確認したロスやハイナマンの解釈は「可能的にあるもの」に「可能的に X になる対象」と「可能的に X である対象」という二義性を認める点で共通している。このように，「X になるもの」と「X であるもの」を運動の定義は何らかの形で区別しているという洞察は正当だと思われる。なぜなら，運動の定義における現実態は，建築活動に入っていない木材ではなく，建築活動中である木材の現実態を意味するべきだが，「可能的に家である木材」という表現は，どちらの木材も区別せずに指示しうるからである。

「可能的に X である対象の，そのようなものとしての，現実態」の現実態をどのように理解すれば，建築活動中の木材の現実態を指示するか。ここで注目すべきは，「そのようなものとしての」ᾗ τοιοῦτον である。運動の定義からこのフレーズを除くと，「可能的に X であるものの現実態」が得られる。だが，この表現が運動を表示するとは考えがたい。なぜなら，この表現は，可能的に家である木材が建築されている運動の局面と，未加工のままで現実的に存在している静的な局面を区別できないからである[25]。したがって，運動の定義の中の「そのようなものとして」ᾗ τοιοῦτον は運動の定義に本質的であるはずである。

「そのようなものとして」の実質的内容を確定するために，まずは指示代名詞 τοιοῦτον の指示対象を明らかにしよう。候補としては，「現実態」と「可能的にあるもの」の2つがある。ただし，運動の定義のパラフレーズにおいて，τοιοῦτον の代わりに「性質変化しうるもの」，「成長増大しうるもの」等をアリストテレスは補う（*Phys.* III 1, 201a11-15）。それゆえ，「そのようなものとして」の指示代名詞 τοιοῦτον は「現実態」ではなく，「可能的にあるもの」を指示する。すると，運動の定

25）　この理由により，アリストテレスの運動の定義を「可能的にあるものの現実態」とヘッフェのように単純化してしまうと（Höffe, 111），運動の定義としての要点が欠落してしまうだろう。

義は「可能的にXである対象の，可能的にXであるものとしての，現実態」と理解される。

　次に，「可能的にXであるものとしての」は運動の定義にいかなる要素を加えているのか。この課題に対し，コスマンやギルは『魂について』第2巻第5章417a21-b2等で表明される，いわゆる第一可能態・現実態と第二可能態・現実態の区分を援用する。たとえば，「可能的に話者である人間」は，言語能力をいまだ持たないが，将来その能力を獲得する幼児も，言語能力をすでに獲得したが，今は沈黙している成人も指示する。また，「現実的に話者である人間」は，今は沈黙している成人も指示するが，実際に発話している成人も指示する。幼児と沈黙している成人は両者とも「可能的な話者」である。ただし，幼児は「可能的に可能的な話者」，いわば二重の可能態であるのに対し，成人は「現実的に可能的な話者」という形で区別できる。この沈黙している成人のあり方を指示するのが運動の定義中における「可能的にXであるものとしての」の役割である[26]。つまり，この理解に即せば，運動の定義は「可能的にXであるものの，現実的に可能的にXであるものとしての，現実態」という形で理解できる。この解釈の特色は，二重の〈可能態・現実態〉を運動の定義に読み込み，ᾗ τοιοῦτον を「現実的に可能的なXとしての」と解することである。たしかに，この理解に沿えば，運動している対象，運動前の対象，運動後の対象の3つのあり方を区別できる。たとえば，建築活動前の未加工の木材は「可能的に可能的な家」であり，建築活動が完了して家になった木材は「現実的に現実的な家」であるが，建築活動中の木材は「現実的に可能的な家」として区別できる。

　ただし，この解釈は2つの問題を抱えている。第一の問題は，コスマンとギルが依拠する『魂について』第2巻第5章の事例と『自然学』の運動論の事例の間に離齬があることである。『魂について』第2巻第5章の具体事例によれば，第一可能態から第一現実態への変容は幼児の言語学習であり，第二可能態から第二現実態への変容は言語能力を獲得した成人が発話することである。他方，『自然学』第3巻第1章

---

26)　Kosman (1969), 51-54. Gill, 185-186.

201a16-19 においてアリストテレスは運動の事例として，建築活動，学習，治療活動，回転すること，跳躍すること，成熟すること，老化を挙げる。ここで留意すべきは，「学習」が挙げられていることである。『自然学』の運動論において，学習は運動の事例のひとつである。すると，コスマンらの解釈が要求する二重の〈可能態・現実態〉の区分は，言語を習得してない段階から実際に発話する段階までの間（第一可能態から第二現実態までの間）ではなく，言語を習得していない段階から言語能力を獲得するまで間（第一可能態から第一現実態の間）に見出されなければならない。つまり，『魂について』で表明される第一可能態・現実態と第二可能態・現実態の区分を，『自然学』の運動の定義に単純に導入することはできない[27]。第二の問題は，この解釈に対しチャールズが提起した批判である。コスマンの解釈に即せば「木材が現実的に可能的な家である」は「建築活動が現実的にある」を含意する。だが，建築活動が始まる前の木材は家になる能力を持っている。それゆえ，建築活動前の木材は「可能的に可能的な家」というよりも，むしろ「現実的に可能的な家」である。つまり，「現実的に可能的な X」という表現は，運動する対象の現実態と，運動する前の静的な状態にある対象の現実態を，具体的な事例に即した形では区別できていない[28]。

したがって，二重の〈可能態・現実態〉を運動の定義に導入し，「そのようなものとして」を「現実的に可能的な X として」と捉える解釈は，十分に正当化されていない。そこで，二重の〈可能態・現実態〉を導入せずに，運動の定義を理解する道を模索しよう。

4.2 「そのようなものとして」の主語

「そのようなものとして」（$\hat{\eta}$ $\tau o \iota o \hat{v} \tau o \nu$）は「可能的に X であるものとしての」と理解するとしても，次のことも確認すべきである。アナグノストプロスが指摘するように，$\hat{\eta}$ $\tau o \iota o \hat{v} \tau o \nu$ には，その主語に関して，2 通りの文法的理解がありえる[29]。

---

27) コストマンによるコスマン解釈批判も同様の問題に着目する（Kostman, 9-10）。

28) Charles, 19-20. ベーレも同様の批判によってコスマンの解釈を却下する（Beere, 204）。

29) Anagnostopoulos, 47.

（a）可能態にあるものの，現実態が可能的にあるものとしての，現実態

（b）可能態にあるものの，可能態にあるものが可能態にあるものとしての，現実態

ハッセイやボドナーは（a）を採る[30]。運動の定義を（a）の形で理解した場合，この「可能的にXであるものとしての」は運動がある特殊な現実態であることを説明するフレーズとなる。たしかに，アリストテレスは運動を特殊な現実態，すなわち未完了の現実態を指すと述べている（*Phys.* III 2, 201b31-32）。しかし，アナグノストプロスによれば，（a）は認めがたい。第一に，「現実態は可能的にあるものである」という命題は，可能態が現実態を特徴づける奇妙な命題である。第二に，『自然学』の運動論において「～として」（ᾗ）の後に置かれる事例は，「運動しうるもの」（201a29），「可能的なもの」（201a32），「可能である」（201b5）等であるが，これらの主語が「現実態」であるとは想定しがたい[31]。

　しかし，「可能的にXであるもの」の主語を「可能的にXであるもの」と見なした場合，「『可能的にXであるもの』が『可能的にXであるもの』として」という表現は同語反復的である。ただし，ここで主語となる「可能的にXであるもの」とは具体的には運動する対象，たとえば建築活動における木材を指すと見なせば，同語反復は解消される。つまり，「木材（＝『可能的にXであるもの』）が『可能的に家であるもの』として」という形で，「そのようなものとして」（ᾗ τοιοῦτον）を理解するのである。このように，「可能的にXであるもの」の主語を運動する対象と見なせば，この運動する対象のあり方を「そのようなものとして」（ᾗ τοιοῦτον）は「可能的にXであるもの」として限定することになる。そして，運動の定義は，次のように再定式化されるだろう。

30）　たとえば，ハッセイは「そのようなものとして」を「可能的なものの，『可能的にあるものとしての現実化』」（The actuality-qua-potentially-being of what potentially is）と言い換えるべきだと提案する。Hussey, 58. cf. Bodnár, 278.

31）　Anagnostopoulos, 47-49.

可能的に X である対象の，その対象が可能的に X であるものとし
ての，現実態

この定式に従えば，建築活動中の木材と，建築活動完了後の木材を区別
できる。建築活動中の木材は可能的に家である。それに対し，建築活動
完了後の木材は現実的に家であるから，もはや可能的に家ではない。
　だが，この再定式もいまだ万全ではない。なぜなら，この再定式は建
築活動前の木材と建築活動中の木材を区別できていないからである。建
築活動前の木材も可能的に家であり，建築活動中の木材も可能的に家で
あるという点では違いはない。

4.3　『自然学』第 3 巻第 1 章 201a27-34 の解釈
　建築活動前の木材と建築活動中の木材はどのように区別できるか。こ
の問いに答えるには，「そのようなものとして」の意味をアリストテレ
ス自身が説明する議論が重要である。

　　私が「として」と言うのは次のようなことである。つまり，青銅は
　　可能的に影像であるが，しかし青銅の青銅としての完全現実態は，
　　運動ではない。なぜなら，青銅としてあることと，可能的に何かで
　　あることは同じではないからである[32]。もしそれらが，端的にも説
　　明においても同じであるなら，青銅の完全現実態は，青銅として，
　　運動であるだろう。しかし，先に述べられたように，これらは同じ
　　ものではない。(*Phys.* III 1, 201a29-34)

影像の形成を今までの考察で得られた運動の定義の再定式に即して記述
すれば「可能的に影像である青銅の，青銅が可能的に影像であるものと
しての，現実態」と表される。他方，彫刻活動前の未加工の青銅は，現
実的に青銅であり，かつ可能的に影像である。だが，引用によれば，青
銅は可能的には影像であるにも関わらず，青銅の青銅としての現実態は
運動ではない。言い換えれば，「可能的に影像である青銅の，青銅が青

---

[32]　201a32 の κινητῷ は，ロスやツェークル等のテキストに即し，削除する。

銅であるものとしての，現実態」は運動ではない，ということになる。

すでに確認したように，コスマンはこの201a29-34に二重の〈可能態・現実態〉を読み込む[33]。だが，この読み込みが許されないならば，いかなる理解が可能だろうか。これまでの考察で得られた運動の定義の再定式を元に，引用した201a29-34の論点を整理することからはじめることにしよう。

(a) 青銅は可能的に彫像である。(201a29-30)
(b) 「可能的に彫像である青銅の，青銅が青銅であるものとしての，現実態」は運動ではない。(201a30-31)
(c) 青銅としてあることと，可能的なXとしてあることは同じではない。(201a31-32)
(d) 「可能的に彫像である青銅の，青銅が可能的に彫像であるものとしての，現実態」は運動である。(運動の定義の再定式より)

「そのようなものとして」が現実態を限定しているのではなく，運動する対象を限定しているのであれば，(b) と (d) から次の2つが導き出されるだろう。

(e) 青銅が青銅であれば，その青銅は運動する対象ではない。
(f) 青銅が可能的な彫像であれば，その青銅は運動する対象である。

(e) と (f) の差異，すなわち青銅が可能的な彫像か，それとも単なる青銅に過ぎないのかの差異が，その青銅が運動する対象かそうではないかを区分する。つまり，(f) は運動する対象のあり方を表し，(e) は彫

---

33) この201a27-34には，各解釈者のエンテレケイアや運動の定義の文法構造の解釈に即して，今日まで多様な解釈が提示されてきた。たとえば，ハッセイは「〜として」を「現実態」を限定する句と解釈するが，「青銅であること」は性質や可能態ではないから，青銅としての現実態は青銅であり，他方「可能的に彫像であること」は彫像へと変容する性質を含むから，可能的に彫像であるものとしての現実態はこの性質の活動を表す，と説明する (Hussey, 61)。この説明は「青銅であること」と「可能的に彫像であること」の区別を説明しているものの，「可能的に彫像であること」を彫像へと変容する性質と捉えることは，運動の定義の内部に「変容」の概念が混入することになり，結果，定義の循環を招く恐れがある。

像活動前の未加工の青銅のあり方を表す[34]。

さて，(c) は「青銅としてある」($\tau\grave{o}\ \chi\alpha\lambda\kappa\hat{\wp}\ \epsilon\hat{\iota}\nu\alpha\iota$) と「可能的な X としてある」($\tau\grave{o}\ \delta\nu\nu\acute{\alpha}\mu\epsilon\iota\ \tau\iota\nu\acute{\iota}$) が同一ではないと主張する。しかし，(a) は「可能的に彫像である」を青銅に術語づけることを拒否しない。彫刻活動中の青銅も，彫刻活動前の青銅も，可能的に彫像であるという点では同じである。この齟齬はどのように理解すべきだろうか。

アリストテレスの運動の定義を理解するための鍵はこの齟齬の解消にあると思われる。指摘すべきは，彫刻活動前の青銅は必ずしも彫像になるわけではないことである。未加工の青銅は壺になることもできれば，剣にもなることも，皿にもヘルメットにもなることもできる。彫刻活動前の青銅にとって「可能的に彫像である」は数ある可能性のひとつに過ぎない。それゆえ，彫刻活動前の青銅は「可能的に彫像である」とも言えると同時に，「可能的に剣である」とも「可能的に皿である」とも言える。すなわち，(e) の「青銅が青銅であれば」においては，「青銅が可能的に彫像であり，かつ可能的に壺であり，かつ……」といった，複数の可能態を青銅に述語づけることを許容する。

これに対し，彫刻活動を実際に受けている青銅は剣や皿やヘルメットを目指してはいない。その青銅が彫刻活動中である限り，その青銅は彫刻を目指している。つまり，(f) の「青銅が可能的な彫像である」とは「青銅は可能的な彫像であるが，彫像以外のいかなるものでもない」という形式で，ただ彫像のみの可能態を青銅に述語づけることを許す。

このように (e) と (f) を区別すれば，建築活動前の木材と建築活動中の木材も区別できる。建築活動前の木材は，たしかに可能的に家であるが，城塞でも，軍船でもありうる。それに対し，建築活動中の木材は可能的に家であるが，他の可能性は除外される。

---

34) 他方，彫像が完成した後の青銅のあり方は，「青銅が現実的な彫像である」という形で表されるだろう。

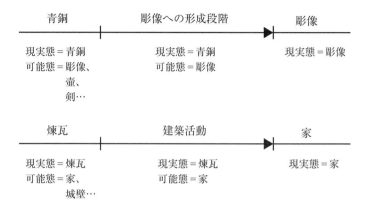

4.4 運動の定義の内実

つまり，運動の定義中の「可能的にXであるものとして」のXは，その運動が目指す目的や終局を指示する。そして，このような解釈に即したとき，アリストテレスの運動の定義は次のように理解される。

> 可能的にXである対象の，その対象が可能的にXのみであるものとしての，現実態

このように再定式化された運動の定義は妥当だろうか。検討してみよう。

この解釈による運動の定義は，『自然学』に描かれたオリジナルの表現，「可能態にあるものの，そのようなものとしての，エンテレケイア」から乖離していない。次に，この運動の定義は，可能態，現実態，運動する対象，運動の終局あるいは目的の4つの項から成っており，循環定義の問題を起こすことはないだろう。また，コスマンらの理解とは異なり，第一可能態・現実態と第二可能態・現実態の区別も導入してもいない。さらに，この運動の定義の再定式における「現実態」は，運動が完了した後の産物を指示していない。建築活動が完了した後の木材は，すでに現実的に家であって，「可能的に家である」わけではないからである。また，この運動の定義は，運動する前の対象と運動中の対象を区

別できる。建築活動前の未加工の木材は家だけでなく，複数のものの可能態であり，「可能的に家のみである」とは言えないからである。一方，建築活動中の木材は「可能的に家のみである」を満たしている。

それゆえ，『自然学』第3巻第1章の運動の定義を上記の再定式のように理解することは，妥当な解釈だと思われる。

5 運動の定義と空間的・時間的延長

以上の運動の定義の再定式化から，アリストテレスの運動の定義に沿って運動を理解するには，① 運動する対象[35]，②運動する対象の実際の状態，言い換えれば現実的な状態，③ 運動する対象の目的あるいは終局の3つの項が必要であることが明らかとなった。だが，本章冒頭で指摘したことであるが，彼の運動の定義は，可能態と現実態を用いて運動を表現してはいるが，空間的延長や時間的延長の概念を明示的に用いてはいない。

しかし，アリストテレスの運動論はこれらの概念を欠いて成立する議論であるようには思えない。たとえば，『自然学』第3巻第1章 200b27-28 において，アリストテレスは彼自身のカテゴリーを導入し，200b33-201a1 および 201a11-15 において，実体，量，性質，場所のそれぞれに運動をあてがい，それぞれに対応する運動として，生成消滅（γένεσις καὶ φθορά），性質変化（ἀλλοίωσις），増大と減少（αὔξησις καὶ φθίσις），移動（φορά）に分類する。このような分類を可能とするためには，すでに物体が空間的延長を持つことと，場所の概念が含意されなければならない。なぜなら，成長と増大は，運動する対象の空間的延長が② L から③ M へと変化することであり，また，移動とは運動する対象の場所が② P から③ Q へと変化することだからである。それゆえ，可能態と現実態を用いた運動の定義の形式的記述とは別に，空間的延長の存在を運動論は要請しているように思われる。

また，時間的延長の概念も可能態と現実態に関する記述の間に垣間見

---

35) 「運動は事物とは別に存在しない」（*Phys.* III 1, 200b32-33. cf. 201a1-3）。

ることができる。

> ある同じものが可能的にもあり，完全現実的においてもある。ただ
> し，それは同時（ἅμα）であったり同じものに即してであったりで
> はない。むしろ現実的には熱いが，可能的には冷たいという意味で
> ある。（*Phys.* III 1, 201a19-22）

熱さや冷たさ等の相反する性質は，ある同一の対象において同時には現
実化することは矛盾を生じさせる。だが，ものが熱くなるという運動変
化が成立すると考えられるのは，その対象があるときに冷たいという性
質を実際にもち，別のときに熱いという性質を実際に持つからである。
それゆえ，運動が成立するならば，③運動する対象の目的あるいは終局
は，今とは異なる瞬間に現実化することが期待される。

　さらに，運動の定義がひとつひとつの運動を実際に適切に説明できる
ようになるには他の課題も残されている。たとえば，②運動する対象の
現実的な状態と③運動する対象の目的あるいは終局は，連続しているの
だろうか，断続しているのかは判明ではない。また，運動の一種である
移動をこの定義は説明することまでには至っていない。移動とは運動す
る対象の場所が②Ｐから③Ｑへと変化することである。それゆえ，運
動の定義が場所を記述できるなら，場所の定め方が判明であるべきだろ
う。

　ここで，運動論とこれに続く議論の関係について次のことを指摘して
おきたい。運動論においてアリストテレスは空間的延長や時間的延長を
暗黙のうちに要請しているように思われる。この要請は，たとえば『自
然学』第3巻第1章200b21の「運動が場所，空虚，時間を欠くのは不
可能であると思われる」という文言にも見出すこともできるだろう。し
かし，空間的延長や時間的延長を運動の定義に明示的に導入していない
からといって，運動の定義が失敗しているわけではない。彼が運動論
で達成したことは，生成変化や移動といった種を含む運動概念一般のモ
デルを提示することであった。そして，このモデルの構築は，現実態と
可能態の概念に訴えることによってひとまず達成された。そして，運動
概念一般のモデルの構築の次に，空間的延長や時間的延長の考察をアリ

ストテレスは準備している（*Phys.* III 1, 200b12-24）。つまり，『自然学』
第 3，4 巻の構造が示しているように，アリストテレスは空間的延長や
時間的延長の説明を先に与えた上で運動概念を定めるのではなく，運動
概念を定めたうえで，運動との関連のもとで空間的延長や時間的延長を
扱おうとしているのである。

第 2 章

無 限 論
──物体・現実態・可能態──

1　は じ め に

　「無限」の概念に魅了されてきた数学者や科学者，哲学者は数知れない。のみならず，無限への注目はソクラテス以前の哲学者に遡る長い歴史を持っている。$τὸ\ ἄπειρον$，すなわち「無限」または「限りのなさ」を万物の始源（$ἀρχή$）とした哲学者としてアナクシマンドロスの名は良く知られている。また，その後のピュタゴラス派やエレア派における無限概念の展開は，ソクラテス以前の哲学が織りなす形而上学的展開における軸のひとつとして挙げることができる[1]。だが，無限概念に関して古代ギリシアの哲学者の中でもっとも影響力を残した哲学者はアリストテレスであろう。無限論冒頭の『自然学』第 3 巻第 4 章 202b30-36 で彼は，自然に関する学は大きさと運動と時間に関わると述べる[2]。これらの 3 つが無限であるか否かという考察は，宇宙が無限に延長するのか，一定の大きさに留まるのか，運動はいつか止まるのか，それとも続いていくのか，宇宙に発生はあるのか否かといった宇宙論的問題と関

　1）　Lear (1979), 187. Sweeney, XXVIII-XXIX.

　2）　「自然に関する学は大きさと運動と時間に関わる。そして，それら大きさ，運動，時間は無限か有限（$πεπερασμένον$）であることが必然である。たとえ，たとえば性質（$πάθος$）や点のように無限でも有限でもないものがあるとしても，（なぜなら，様態や点などはおそらく無限や有限に分類する必要はないからである），自然を扱う者が無限について次のように考察することは適切であろう。無限が存在するか否か，そして存在するとすれば，無限は何であるか。」(*Phys.* III 4, 202b30-36)

連するのと同時に，物体や運動や時間には最小単位があり，原子論的性格があるか否かといった自然学を遂行するための根本的な基盤に直結する。

　無限論におけるアリストテレスの考察の結果は次の2つの有名な結論に集約される。第一に，無限大は現実的には存在しない，第二に，分割無限は可能的に存在する，である。第一の結論は，宇宙は有限であるという宇宙観・自然学的世界観の表明である[3]。一方，第二の結論は，延長的対象が原子的ではなく，連続的であることを確信させる。この結論は数学史においても重要な意味を持つばかりではなく[4]，彼の哲学において中心的な役割を果たす概念ペアである可能態と現実態の解釈に関わる。通常，アリストテレスは，現実化しないもの，たとえば動物としてのスフィンクスを可能的に存在するものとはしない。しかし，分割無限は現実化しないにも関わらず，可能的には存在する。それゆえ，『自然学』の無限論の解釈は，アリストテレスの可能態概念を我々が一般的に理解するには不可欠である。

　ただし，以上の2つの結論を導く議論を解釈者たちはしばしば独立して扱ってきた。特に近年の研究は『自然学』第3巻第6-8章で展開される「可能無限」の議論に力点を集中するあまり，『自然学』第3巻第5章における無限大否定論との関連を軽視しているように思われる。もっとも，この軽視はある意味では当然かもしれない。本章で確認するように，『自然学』第3巻第5章はカテゴリーや四元素説といったアリストテレス独自の理論に強く依拠するが，『自然学』第3巻第6-8章における分割無限の議論にはそのような理論の影が薄く，両者に共通する理論的背景は一見では確認しづらい。それどころか，分割無限が存在する論拠を述べる『自然学』第3巻第6章206a9-18は分割無限の存在を数学的観点から立証しているように見える。分割無限が存在する論拠は原子

---

　3)　『自然学』第3巻第5章と同様に『天体論』第1巻第5-7章も無限の大きさの物体が存在できないことを証明する。ただし，『自然学』第3巻第5章と比して『天体論』は以下の特徴がある。円運動する物体，すなわち天球が無限な大きさを持つか否かを検討する（Cael. I 5, 271b28-273a6）。4元素のそれぞれが本性的に持つ上下にむかう自然運動のみならず（Cael. I 6, 273a7-20），無限の大きさの物体が持つはずの重さにも着目し，その物体の重さは有限でも無限でもありえないと主張する（Cael. I 6, 273a20-274a19）。

　4)　Moore, 39. Catalano, 264.

的な線の存在，つまり一定の長さを持つが，それ以上分割できない線の存在が否定できることにある（206a17-18）。そして，「線」は数学的対象のひとつであろう。アガッツィが主張するように，アリストテレスは『自然学』第3巻第5章までは自然学的観点から論じてきたが，『自然学』第3巻第6章では観点を戻して分割無限を数学的観点から論じていると議論を整理することは不自然ではない[5]。そして，このような洞察が正しければ，彼は分割無限の考察を運動や自然といった概念から距離を置いて展開したことになるだろう。

　しかし，彼は先行する運動論において『自然学』第3巻以降の考察の中心が自然と運動にあると表明し，運動の性質である連続性を解明するためには無限を考察する必要があると説いていた（*Phys.* III 1, 200b12-24）。そして，無限論に見られるいくつかの記述は，分割無限の議論が運動論の文脈上に位置することを示している。まず，『自然学』第3巻第4章で無限に関する諸見解を紹介した後，彼は同章末尾で「無限」と呼ばれるものを分析する。すなわち，付加による無限，分割による無限，両者による無限である（204a6-7）[6]。このように無限に関する本格的な考察を始める前に，無限概念を整理し，さらに無限大と分割無限に同時に言及していることは，アリストテレスは結果としては無限大と分割無限を別々に論じ，正反対の結論を導いたが，大局的には一貫した視点の下で扱おうとしていた，という無限論全体の構造を示唆する。また，分割無限の議論の冒頭である『自然学』第3巻第6章で，彼は「すでに述べられたように，大きさは現実的には無限ではない。しかし，大きさは分割によっては無限である」（206a16-17）と述べる。この「述べられたように」は先行する『自然学』第3巻第5章への言及である。そして，分割無限の議論で原子的点の存在を否定するアリストテレスの

　5）　たとえば，アガッツィは『自然学』第3巻第6章206a15-16の「大きさは，現実的には無限ではありえないことが語られたから，分割の点であることになるだろう。なぜなら，分割できない線を論駁することは困難ではないからである」は，アリストテレスが無限の存在を承認していたことと，この承認の根拠は数学に求められていたことの2つを示す，と指摘する（Agazzi, 24）。cf. *Phys.* II 2, 193b31-34.

　6）　シンプリキオスやロスによれば，アリストテレスにとって，付加による無限とはたとえば自然数であり，分割による無限とは線分，両者による無限は時間である（Ross (1936), 547. Simplicius, 470-471）。

48   第2章　無限論

議論の背景にあるのは，ロスたちがコメントするように『自然学』第6
巻第1-2章であろう[7]。その限り，アリストテレスにとって分割無限の存
在の確信は純粋な数学的議論の帰結と言うよりも，自然学的な関心から
発せられた考察から得られたと見なすべきである。なぜなら，『自然学』
第6巻第2章は時間や運動といった自然哲学の基礎的概念を用いるこ
とによって，線が線に大きさが大きさに分割されることを証明し，さら
に原子的な点の存在を否定するからである。分割無限の議論と運動論と
の関係を示すさらなる論点は『自然学』第3巻第7章207b21-25であ
る。該当箇所でアリストテレスは大きさ，運動，時間の3つに言及し，
先項の無限性を後項が派生的に受け継ぐと論じる。この議論における運
動への言及は，分割無限の議論でも運動論との関連と，自然学的立場が
失われていないことを示す。

　では，この文脈的関連を無限論読解に活かした場合，無限論はどのよ
うな性格を持つか。『自然学』第3巻第4章でアリストテレスは無限に
関する諸見解を紹介し，ピュタゴラス派とプラトンは無限を実体として
見なしている一方で（203a4-6），アナクサゴラスやデモクリトスなどの
自然学者は元素（$\sigma\tau o\iota\chi\epsilon\iota\alpha$）と無限を関連づけて考察した（203a16-b2）
と報告する。つまり，自然学者は無限を実体としない。事実，アリス
トテレスは同章末尾で自然学者が無限に関して問うべきことを，感覚
的な大きさに無限なものは存在するか否か，という形に制限している
（204a1-2）。また，同様の立場から書かれたと思われる一節が，『自然
学』第3巻第5章にも見出される。無限は実体としては存在しないこ
とを示した後，アリストテレスは数学的対象や思惟的な対象に無限が存
在するかという問いを考察から外し，感覚的対象，すなわち物体に無
限大のものが存在するかという問いに以降の考察を制限すると宣言する
（204a34-b4）。つまり，アリストテレスは無限大という意味での無限を
感覚的対象が持つ属性のひとつとして扱っている。

　このような立場が分割無限の議論でも保持されているならば，たとえ
ば「分割無限が存在する」という主張は，分割無限が感覚的対象のうち
に存在する，という主張だと理解すべきだろう。この理解は2つのテキ

---

7)　Ross (1936), 554-555. Wagner, 520. Hussey, 82.

ストから正当化できると思われる。第一のものは『自然学』第3巻第6章の次の箇所である。

> そのような無限な感覚的物体が現実的に存在しえないならば，明らかに付加による〔無限は〕可能的に存在しない。ただし，すでに述べたように分割と逆のことをする場合は例外である。（206b24-27，傍点は筆者）

ここでアリストテレスは付加による無限な物体は存在しないと断りをいれる。ただし，同時に彼は付加による無限に例外を設けている。それは，分割と逆の操作で得られる無限である。彼の考えは次のようなものである。長さ L を半分に分割しつづければ，L/2，L/4，L/8，…，$L/2^n$ の微小な長さが得られる。逆にこの微小な長さを付加していけば，L/2，L/2+L/4，L/2+L/4+L/8，…，$L-L/2^n$ の長さが得られる。このような長さが，例外的な付加による無限である。

　以上が上の引用の趣旨であるが，本書が注目したいのは傍点をつけた「感覚的物体」（206b25）である。この引用の主張は，付加による無限の物体は存在しないが，例外的な意味であるならば存在する，というものである。ただし，この例外的な付加による無限が実体としての無限であると解すべき証拠はない。文脈的にはむしろ，例外的な意味であるならば付加による無限の物体が存在すると主張しているように思われる。ところで，この例外的な付加による無限は，分割の結果生じる長さ $L/2^n$ を逆に足し合わせたものである。この和が長さ L の物体の一部を構成するならば，長さ $L/2^n$ は数学的で実体的な長さではなく，物体が持つ長さでなくてはならない。そうであるならば，分割無限も数学的で実体的な長さというよりも，むしろ物体が有しうる性質のひとつと見なすべきだろう[8]。

　8）　チャールトンは『自然学』第3巻第6章206b18-19と第7章207a33-35を次のように定式化する。「xを自然学的実在とし，有限の大きさをyであるならば，あらゆるyにおいてyより大きいxが存在することは不可能である」（Charlton (1991), 130）。この定式において，xを自然学的実在としていることは，分割無限の議論が自然学の文脈で読まれうることを示唆している。

第二のものは『自然学』第 3 巻第 7 章の末尾である。

　　無限の本質は欠如である一方で，自体的には連続的で感覚的なもの
　　が基体（ὑποκείμενον）である。（207b35-208a2）

この引用は，「無限の本質は欠如である」という重要な主張を含む。こ
の主張の解釈は本章第 4 節で改めて行うが，ここでは無限の基体が感覚
的対象だという記述に着目したい。この記述は分割無限が直接的には感
覚的対象に分類されることを示している。さらに，この引用の「感覚的
なもの」が「物体」を意味するならば，分割無限は物体の属性（ただし，
「欠如」という否定的な属性）として扱われていることを示唆している[9]。
　以上のように，アリストテレスは無限論を自然学的視点から遂行する
ことで，自然学を遂行するための基盤概念である物体，運動，そして時
間に連続性と分割性を確保しようとしたのだと思われる。
　このように『自然学』第 3 巻第 6-8 章で展開される分割無限の考察も
運動論の文脈上に位置する。この事実から，本章は以下のような観点か
ら該当箇所を検討する。アリストテレスは『自然学』第 3 巻第 5 章で
無限大の物体の存在を否定する一方で，『自然学』第 3 巻第 6 章では分
割無限が（可能的に）存在すると主張する。だが，後者の主張は前者の
主張と整合的だろうか。もし，両者が不整合ならば，彼は分割無限が存
在するという主張に失敗していることになる。逆に，両者が整合的であ
れば，その論拠は『自然学』で遂行されている自然学的考察において，
対象を存在すると彼が主張するための満たすべき条件，あるいは回避す
べき条件の一部を提示していることになる。ただし，この問題に答える
には，『自然学』第 3 巻第 5 章がいかなる論拠によって無限大の存在を
否定しているのかを確認し，分割無限が存在するという主張を正確に理
解せねばならない。
　それゆえ，本章は以下の構成で考察を行う。まず，第 2 節では『自然
学』第 3 巻第 5 章において無限大の存在を否定する論拠には必ずしも

───────────
　9）　cf. *Phys.* III 5, 204b2. この理解はバーンによっても示唆されている（Byrne, C, 99）。
（ただし，彼の理解において，「無限」の語が無限大を意味するのか，分割無限を意味するの
かは不明瞭である）。

アリストテレスの四元素説に還元されない主張があることを指摘する。次に，第3節では分割無限に関する予備的考察として，「分割」に着目した分析を行い，この分析をもとに第4節では分割無限は可能的にのみ存在するのか，それとも現実的にも存在するのか，という問題を考察する。そして，第5節は分割無限を質料の一種とする主張の解釈を試みる。最後に，彼の分割無限が無限大の存在を否定する論拠と整合的か否か，そして分割無限の議論が先行する『自然学』第3巻第1-3章の運動論にいかなる寄与を果たしたのかを検討したい。

2 『自然学』第3巻第5章の物体観

2.1 『自然学』第3巻第5章と四元素説

『自然学』第3巻第5章は感覚的対象（$\alpha i \sigma \theta \eta \tau \acute{o} v$）から離存する実体（$o\dot{v}\sigma \acute{\iota} \alpha$）としての無限を否定する議論（204a8-34）と，「増大の方向で無限な物体」（204b3-4），いわば無限大の物体を否定する議論（204a34-206a8）の2つで構成される。そして，前者の議論はカテゴリーをはじめとするアリストテレスの存在論的立場を背景に持つ一方で[10]，後者の議論は彼の四元素説が支配的な理論であるように感じられる[11]。

この四元素説は『自然学』第3巻第5章の議論が成立するために不可欠の理論であることは疑いえない。たとえば，無限大の物体が移動も

---

10) 実体としての無限を否定する議論は3つの論点に分けられる。概略すれば，第一の論点は無限が大きさや多さではなく実体であれば分割不可である（204a9-14），第二の論点は，数や大きさは実体として存在しないからには，数や大きさの自体的性質のひとつである無限はなおさら実体ではない（204a17-20），第三の論点は実体としての無限の部分も無限になる（204a20-27）。ここには『自然学』では詳論されないカテゴリー概念や事物と本質の関係といったアリストテレスの存在論的知見が見られる。たとえば，第二の論点における数や大きさは実体として存在しないという主張には，ハッセイやウォーターフィールドが指摘するように，『形而上学』MN巻で表明される数学的対象の離存性の否定が背景にあると考えられる。Hussey, 78. Waterfield, 249.

11) Ross (1936), 83-84. Charlton (1991), 129. アリストテレスの四元素説では，4つの元素，すなわち火，空気，水，土を措定し，あらゆる（月下の世界の）物体をこの4つの元素に還元させる。また，これら4つの元素はそれぞれ感覚的性質を持つ。すなわち，火元素は〈熱・乾〉を，空気元素は〈熱・湿〉を，水元素は〈冷・湿〉を，土元素は〈冷・乾〉である。cf. *GC.* II 3, 330a30-b9.

52 　　　　　　　　　　　第 2 章　無限論

静止もしないとする論拠は，火や土などの感覚的対象はそれぞれ「固有の場所」を持つことに求められる（205a8-19）。この「固有の場所」は物体の自然運動に説明を与える。すなわち，土元素を多く含む石は，土元素に固有の場所である大地に接しているときは静止するが，固有の場所ではない空中や水中にあっては大地に向けて落下する[12]。また，四元素間の変化の原則[13]，たとえば空気元素が水元素になる，という原則も無限論に確認できる。『自然学』第 3 巻第 5 章 204b14-19 と 205a22-25 においてアリストテレスは，無限が複数の元素から構成され，かつそのうちの元素のひとつの量が無限であり，他の元素の量が有限である可能性を否定する。たとえば，無限大の物体が火元素と空気元素で構成され，そして，火元素が無限の量で空気元素が有限の量であるとしよう。空気元素は火元素から性質〈乾〉を受け取った時，火元素に変化する。そして，火元素が無限大であるならば，空気元素はすべて火元素に変化するだろう。なぜなら，火元素が無限大であれば，有限な空気元素はいつか火元素になるからである。

　このように『自然学』の無限論において，アリストテレスの四元素説は既知の自然哲学理論として導入されている。そして，この四元素説はその独自性ゆえ，解釈者の注目を引き付けてきた。たとえば，ゾルムゼンは「自然の場所」の概念と，世界全体の中で四元素が調和を保つことが無限論で果たした役割を強調する[14]。他方，ウォーターフィールドは『自然学』第 3 巻第 5 章に哲学的な価値はないと辛口の評価を下す。なぜなら，四元素説に立脚した議論はデモクリトスら当時の論敵に対して説得力を持たないからである[15]。

　だが，『自然学』第 3 巻第 5 章の議論全体と四元素説との関係は確認すべきである。というのも，理論的基盤がすべて四元素説に還元されることと，四元素説が数ある論拠のひとつに過ぎないことは，区別できるからである。では，該当の議論展開はどちらの関係を示しているか。

---

12)　*Cael.* I 2, 268b14-269a2 や *Phys.* II 1, 192b8-15 参照。

13)　*GC.* II 4, 331a23-b2 等。

14)　Solmsen, 166-167. cf. Ross (1936), 84. チャールトンも『自然学』第 3 巻第 5 章における運動と力の概念がアリストテレス独自のものであることを強調する。Charlton (1991), 129.

15)　Waterfield, xxxxiii-xxxiv.

2 『自然学』第3巻第5章の物体観　　53

　アリストテレスは無限大の物体を否定する3種類の反論を提示する。後の2つの議論は自然学的（φυσικῶς）反論であり，四元素説の強い影響が見られる[16]。だが，最初に導入される論理的（λογικῶς）反論には四元素説を見出すことはできない。

　　もし，物体の説明（λόγος）が「表面によって限られたもの」であ
　　れば，知性の対象であれ，感覚の対象であれ，無限の物体は存在し
　　えない。（Phys. III 5, 204b5-7）

引用における論旨は，物体の説明が「表面によって限られたもの」であれば，無限の物体という概念は論理的不整合（つまり，「限りがない限られたもの」）を招くから，無限の物体は存在しない，というものだろう。さらに，注目すべきことに，引用ではこのような論理をアリストテレスは知性的対象である物体，おそらく数学的対象に分類される非感覚的な物体にも拡張しうると考えている。つまり，この論理的反論は自然学の枠組みを超えた視野を持つ。それゆえ，この論理的反論は四元素説を導入せずとも成立する[17]。
　また，自然学的反論にも四元素説の導入を必要としない論点がある。自然学的反論の前半を構成する議論のうち，無限大の物体が複数の元素から構成され，かつすべての元素が無限である，という選択肢を否定する論点に着目しよう。

　　だが，それぞれの元素が無限であることも不可能である。物体はあ
　　らゆる方向に延長を持つものであり，無限は限りがない距離を持つ
　　ものである。それゆえ，無限な物体はあらゆる方向に無限な距離を

　16）　自然学的反論は204b11-205a7と205a7-206a8の2つに分かれる。そして，前半と後半のどちらの反論でもアリストテレスは議論を無限大の物体が持つと想定される構成要素の配分，つまり無限大の物体が単一の元素である場合と，複数の元素から成る合成物である場合とに分類し，別々に検討を行い，それぞれの選択肢をひとつずつ否定する。

　17）　ルクレールのようにこの論理的反論が特権的位置を有すると解する（Leclerc, 50-52）ことは行き過ぎだと思われる。テキスト上の位置からみて，論理的反論は結論と見なしがたいし，アリストテレスにとって論理的反論と自然学的反論のどちらかに優位があるようにも感じられないからである。

持つものとなる。(*Phys.* III 5, 204b19-22)

この反論はすべての元素が無限である場合の問題点を指摘している。た
だし，その論理推移は不明瞭であり，舌足らずな感がある。しかし，こ
こで確認できることは，この反論が指摘している問題点に自然の場所の
概念や四元素の調和原理，あるいは元素が4つであるといった，アリ
ストテレスの四元素説に直接関わる主張は含まれないことである。それ
ゆえ，この論点は彼の四元素説を信奉しない者にも向けられうる。
　それゆえ，『自然学』第3巻第5章における自然学的反論は四元素説
を欠いたならば成立しないものの，すべての論点が四元素説のみに立脚
するものではないであろう。

2.2 『自然学』第3巻第5章の理論的背景
　『自然学』第3巻第5章204b19-22の記述は『自然学』第3巻第5章
における自然学的反論には四元素説以外の教説が内在していることを示
唆する。その教説を取り出すために204b19-22を分析しよう。

(a) 無限大の物体がすべて無限であるような複数の元素から構成され
　　ると仮定する。
(b) 一般的に物体はすべての方向に向かう大きさを持っている。
(c) 無限大の大きさの物体はすべての方向に無限大の大きさを持って
　　いる。

また，204b19-22の結論は文脈的に以下ものだと想定される。

　　結論：したがって，無限大の物体は複数の元素から合成されたもの
　　としては存在しない。

　204b19-22の問題は，ハッセイが指摘しているように，テキストが
(c) から結論に至る論理過程を欠くことにある[18]。この問題を解決する

---

18) Hussey, 80.

2 『自然学』第 3 巻第 5 章の物体観　　　55

ために，シンプリキオスとトマス・アクィナスは次のような論点を補足
する[19]。

(d) 無限大の物体は宇宙全体を占有する。
(e) 2 つ以上の物体は同じところに存在しえない以上，(d) は不可能
である。

　この補足を行えば，204b19-22 の論旨は次のようになる。手中のペン
や眼前の石といった物体は存在することは事実である。一方，無限大の
物体が存在すると仮定したなら，その物体は宇宙全体を占有する。そう
であるならば，無限大の物体（の部分）はペンや石が存在するところに
存在する。したがって，無限大の物体が存在するならば，2 つの物体が
同じところに存在することを認めねばならない。しかし，2 つの物体は
同じところに存在しえない。したがって，ペンや石と無限大の物体（の
部分）は同じところに存在しえない。そして，ペンや石が存在すること
が事実であれば，無限大の物体は存在しない。
　204b19-22 にこのような論点を補足することは解釈として十分に可能
である。この場合，214b19-22 は 2 つの前提に支えられている。第一の
前提は「ペンや石などの物体が存在する」であり，第二の前提は「2 つ
（以上）の物体が同じところに存在しえない」である。
　第一の前提は運動や自然を扱う際には自明視せねばならない前提であ
る。もちろん，感覚的対象の存在に疑念を持つ哲学的見地にコミットす
る人物はこの前提を認めないかもしれない。だが，アリストテレスが
無限論でこのような特殊な哲学の見地にコミットしていたとは想定し難
い。なぜなら，彼は無限を自然学的視点から考察しているし，感覚的対
象の存在を懐疑する形跡もないからである。したがって，第一の前提を
彼は認めるだろう。
　また，第二の前提もソラブジが考察するようにアリストテレスが認め
るものであろう[20]。この前提を物体の排他性と呼ぶとすると，この物体
の排他性は彼自身がしばしば表明するものである。たとえば，『魂につ

---

19)　Simplicius, 477. Aquinas, 355.
20)　Sorabji (1988), 72-78.

いて』では，もし魂が物体であるなら，同じもののうちに2つの物体が存在してしまうと論じる（*DA.* I 5, 409b3-4）。『自然学』第3，4巻においても，物体の排他性に関わる主張が見出される。場所論では，場所が物体であるならば，同じもののうちに2つの物体が存在することになるから，場所は物体ではないと論ずる（*Phys.* IV 1, 209a6-7）[21]。また，空虚論では，空虚の存在が主張される当時の論拠のひとつとして，空虚が存在しないならば，物体の排他性を侵さない限り，運動は存在しないと主張する議論が紹介される（*Phys.* IV 7, 213b5-12, b18-20）。彼はもちろん空虚の存在を否定することになるが，このときに物体の排他性を否定した形跡はない。（空虚論における物体の排他性は第4章第3章で再考する）。したがって，無限論の204b19-22に対するシンプリキオスらによる提案は，アリストテレスの自然哲学における基本命題の枠内に収まる。

　ここで，次のことを指摘しておこう。この物体の排他性は四元素説にも質料形相論といったアリストテレス独自の自然哲学理論に必ずしも還元されない。なぜなら，他の自然哲学体系，たとえば原子論，においても採用可能な命題だからである。したがって，『自然学』第3巻第5章を支える理論的基盤は彼独自の自然学的教説ではない。

　さて，物体の排他性以外にも，『自然学』の無限論には四元素説や質料形相論に還元されないような自然哲学的立場が見出される。『自然学』第3巻第5章205a7-206a8で展開される第二の自然学的反論の目的は，無限大の物体は運動も静止もしないことを証明することである（205a10-11）。この反論も，第一の自然学的反論同様，無限大の物体が複数の元素から合成された場合と，単一の元素である場合をそれぞれに矛盾を指摘する，という論法が用いられている。加えて，すべての論点はアリストテレスの四元素説に依拠しているように見える。たとえば，205a22-25は仮に無限大の物体を構成する複数の元素のひとつが無限だとしたら，他の有限な元素を消失させると主張する[22]。

　21）　場所論中では『自然学』第4巻第2章210a10-11や第5章212b25にも物体の排他性への言及がある。さらに，『魂について』第2巻第7章418b13-18，『天体論』第3巻第6章305a19-20なども物体の排他性に言及する。

　22）　「だが，〔無限な物体の部分〕は有限なものではありえない。すべてのものが無限だ

2 『自然学』第 3 巻第 5 章の物体観　　　57

　ただし，ここで注目すべきは第二の自然学的反論の冒頭である。この冒頭からわれわれは第二の自然学的反論の土台を確認できる。

　　すべての感覚的対象（τὸ αἰσθητόν）は本性的にどこかにあり，そ
　　れぞれに何らかの場所が存在するならば…（*Phys.* III 5, 205a10-11）

アリストテレスは感覚的対象すなわち物体はどこかに存在すると述べる。さらに，引用以降の議論で彼は「すべての感覚的物体は場所のうちにある」（205b31）や「すべての物体は場所のうちにある」（206a1）と述べる。以上の発言は物体と場所の関係に関わる。すなわち，「ある物体が存在するならば，その物体はどこかに存在する」，「ある物体がどこにも存在しないならば，その物体は存在しない」という存在論的要件である[23]。

　ここで以下のことを確認しておきたい。まず，第二の自然学的反論の基本的論理構造は，無限大の物体がどこにも存在しないから，無限大の物体は存在しない，というものである。そして，存在論的要件「ある物体が存在するための必要条件はその物体がどこかに存在することである」はアリストテレスにとって物体が持つべき根本的な性質であろう。ただし，この要件自体は四元素説のみが採用する要件ではない。なぜなら，この存在論的要件は四元素説も採用可能だが，他の自然哲学も採用しうるからである。つまり，物体が存在するには，その物体がどこかに存在するという存在論的要件は，アリストテレス独自の自然哲学体系を越えた，物体に関する一般的な存在論的要件である。

　物体が持つべき物体の排他性はアリストテレスと自然哲学者の学説史的関係にひとつの示唆をもたらし，「物体はどこかに存在する」という存在論的要件はアリストテレスの分割無限の解釈にひとつのヒントを提供する。一例を挙げよう。アリストテレスが古代原子論を批判したことは有名である。彼の物体観と原子論者の物体観との相違のひとつは，前

———————————

としよう。すると，たとえば火や水の一方が無限であり，一方がそうではないことになるからである。そのようなものは反対のものにとっては消滅である」（*Phys.* III 5, 205a22-25）。

　23）　『自然学』第 4 巻第 1 章 208a29-31 の「トラゲラポスやスフィンクスはどこにいるのか」という発言も，同一の存在論的要件を表明していると思われる。

者が物体の無限分割性を認めるのに対し，後者は無限分割性を認めない点にある。おそらく，分割無限という概念は両者の差異を鮮明に描き出すであろう。しかし，物体の排他性は，本書第4章第3節で確認するように，アリストテレスと古代原子論者がどちらも採用する物体観である。他方，アリストテレスが分割無限を数学的対象ではなく，物体が持つ属性と見なしていたならば，そのような物体的分割無限も物体が持つべき存在論的要件を何らかのかたちで満たさねばならないだろう。

3 分割無限における「分割」

3.1 分割無限と大きさ

アリストテレスの分割無限に関しては今日まで多様な解釈が提起されてきた。その理由のひとつは，分割無限解釈において最重要テキストである『自然学』第3巻第6章冒頭の論理展開が凝縮されていることにある。

> もし無限が端的にないならば多くの不可能が明らかに帰結する。つまり，時間の始まりや時間の終わりがあることになるし，大きさは大きさに分割しえないことになるし，数は無限でありえないことになる。このように規定されるとどちらも不可能であるように見える場合は，調停者を必要とする。つまり，ある意味ではあり，ある意味ではないとすべきである。「ある」は可能的に言われるときと，現実的に言われるときがあり，無限は加算によって無限である場合と，分割によって無限である場合がある。大きさは，現実的には無限ではありえないことが語られたから，分割の点であることになるだろう。なぜなら，分割できない線を論駁することは困難ではないからである。すると，無限が可能的にあることが残る。この「可能的にある」を次のように理解してはならない。「この影像が可能である」場合に「この影像は将来ある」ように，現実的に将来あるような無限がある，というように。むしろ，「ある」は多義的である。たとえば昼間や競技会があるのは，常に別々のものが生成していく

ことによってである。このように無限もある。（なぜなら，昼間や競技会に関しても現実的にも可能的にもあるからである。つまり，オリンピック競技会があるのは，競技会の生成が可能であることによってでもあり，競技会の〔実際の〕生成によってでもある。）（*Phys*. III 6, 206a9-25）

この議論でアリストテレスは無限大（加算による無限）と分割無限を現実態と可能態に対応させているように見える。ただし，この対応関係の妥当性を彼は明確に説明していない。そこで，彼がこの引用内で主張している着想を取り出してみよう。

A. 時間には始まりと終わりがなく，大きさは大きさに分割可能であり，数は無限であるゆえに，無限は存在する。
B. 大きさは現実的には無限ではない。
C. 分割できない線は存在しないゆえに，分割無限は存在する。
D. 分割無限は可能的に存在する。
E. 分割無限は将来現実化しない。

論点 A は無限の存在の論拠として機能している。時間が永遠性を持つこと，大きさがどこまでも分割性を持つこと，そして無限な数が存在することは，無限が存在すると返答するための根拠として挙げられている。近年の解釈でも，時間の永遠性，大きさの分割性，数の無限性を接続させる議論は多い[24]。ただし，無限が可能的に存在するという主張の

───────

24）　たとえば，Hintikka, 200. Lear (1979), 202-208. Bowin, 235-239 など。ただし，数の無限性は無限論の中では大きさの分割性と関連させて論じられている。該当する『自然学』第 3 巻第 7 章 207b1-15 の基本的な発想は，無限の数をわれわれが思考できる理由は大きさの分割の回数が無限だからであるという点にある。この発想の背景には，たとえば『形而上学』*M* 巻第 3 章で表明されるような数の実在性に関する立場，すなわち数が自然学的対象からの抽象された存在者であるという数学的非プラトン主義が内在しているのだろう（cf. Lear (1979), 195-196. Bechler, 117-118）。つまり，アリストテレスにとって数の無限性は，単にわれわれがいかなる自然数よりも大きな自然数を想定できることのみに求められるのではなく，大きさの無限分割性に依拠することによってはじめて説明されるものである。また，時間の永遠性に関しては第 3 巻第 6 章 206a24-b3 と第 8 章に言及が見られるが，この箇所の要点は大きさの分割における産物は存続するが，時間の部分は消滅していく，という存在の仕方の違いにあり，時間の永遠性自体を論証してはいない。また，『自然学』第 3 巻第 7 章 207b21-

主要な根拠は論点 C「分割できない線は存在しないゆえに，分割無限は存在する」にある。

　ここでアリストテレスが大きさの分割性を重視することは彼が，無限を論ずる元来の目的に適っている。『自然学』第 3 巻第 1 章 200b16-21 でアリストテレスは無限を考察する動機を連続性の概念に説明を与えるためと述べていた。そして，『自然学』第 3 巻第 6 章以降の議論の大部分は，大きさの分割性に関わるように思われる。それゆえ，本節と次節は大きさの分割性と無限概念の関係に検討対象を集中することにしよう。

　大きさの分割性に着目したとき，「無限」とは基本的に大きさや線の分割に関わる。ただし，アリストテレスの分割無限概念の周辺は一度整理されるべきである。

3.2　大きさの分割

　アリストテレスの分割無限は，第一に大きさを分割することに依拠する。ただし，分割の概念については区別すべき，次の 4 つの要素がある。

① 　分割可能性
② 　分割という活動
③ 　分割の結果，生じる産物
④ 　分割の結果，生じる産物の数

アリストテレスの無限論解釈に多様な解釈が生じる要因のひとつは，これら 4 つの要素それぞれが無限性を有し，すべて「可能無限」と呼ばれうることにあると思われる。まず，② 一定の大きさを分割する活動は無限回可能である。そして，分割する活動が進むにつれ，③ 分割の結果生じる産物は無際限に小さくなっていく。同時に，④ 分割によって生じる微小な部分も無限個生成しうる。また，分割の結果生じる産物

---

27 では時間の無限性が述べられるが，該当箇所の考察対象は時間の永遠性ではなく，時間の可分割性もしくは連続性である。時間の永遠性の論証は『自然学』第 3 巻第 7 章の課題ではなく，『自然学』第 8 巻で果たされる課題だと思われる。

はそれぞれ分割可能性を有するので，この意味で ① 分割可能性も無限に生起する。そして，大きさが無限分割性を持ち，分割は何度も繰り返しうる限り，これら①‐④は完了することはなく，したがって，これら4つの全てが可能無限と呼ばれうる[25]。

　ただし，アリストテレスが分割無限の議論で扱う「無限」が主要に意味するものは，③における無限性だろう。たとえば，彼が後に与える「その外に常に何かがあるもの」（$o\hat{\upsilon}$ $\dot{\alpha}\epsilon\acute{\iota}$ $\tau\iota$ $\ddot{\epsilon}\xi\omega$ $\dot{\epsilon}\sigma\tau\acute{\iota}$, *Phys*, III 6, 207a1-2）という無限の定義，および直前に提示され，無限の定義としては却下される「外に何ものもないもの」（$o\hat{\upsilon}$ $\mu\eta\delta\grave{\epsilon}\nu$ $\ddot{\epsilon}\xi\omega$, *Phys*, III 6, 207a1）という通念的な無限理解は，分割や性質の再起性の回数よりも，ものの延長に言及しているからである。

　では，大きさを分割するとはいかなる活動か。この分割にリアーは2つのタイプを提示している。物理的分割と，理論的あるいは思惟上の分割である[26]。無限論の文脈においてどちらをアリストテレスが採用するかを判定しよう。

　『自然学』第3巻第6章206a9-25には，「ある」は多義的に語られる（$\tau\grave{o}$ $\epsilon\hat{\iota}\nu\alpha\iota$ $\lambda\acute{\epsilon}\gamma\epsilon\tau\alpha\iota$ $\pi o\lambda\lambda\alpha\chi\hat{\omega}\varsigma$）という，アリストテレス哲学体系にとって中心的な教義が見られる。この「ある」の多義性の分類は，『形而上学』$\varDelta$ 巻第7章で展開される。該当箇所では「ある」は大きく4つに区分される。付帯的な「ある」，自体的な「ある」（いわゆるカテゴリー），真であることを意味する「ある」，さらに「可能的にある」か「現実的にある」を意味する「ある」，である。そして，「可能的にある」と「現実的にある」の違いをアリストテレスは6つの例に基づき説明する

---

25) たとえば，ウォーターフィールドの解説は専ら②線を分割する活動の回数の無限性に着目している（Waterfield, xxxiv-xxxv. cf. Sweeney, 171. Styrman, 8）。また，ロスが用いる「可能無限」という言葉は③を意味するが，しばしば①も指示しているように思われる（Ross, 50-53）。また，ボーウィンは「可能無限」という言葉で③を指示するが，意図的に①を互換的にも用いている（Bowin, 242-243）。リアーは無限を③の意味に概ね解しているが，①にも焦点を当てることがある。彼は『自然学』第3巻第6章206a27-29を参照し，無限が存在すると言われる仕方の要点は，現実化しないままでいる可能性が常にある点にある（傍点筆者）と分析する（Lear (1979), 191）。「可能無限」という言葉について付言すれば，この言葉は分割無限だけではなく，無限大にも，時間の永遠性にも，数の無限性にも拡張可能であることが，無限論解釈をさらに複雑にさせていると思われる。

26) Lear (1979), 190.

62 第2章 無限論

(*Met. Δ* 7, 1017a35-b9)。これらの例は2つのグループに大別できる。第一のグループの例が示す〈可能態・現実態〉関係は〈能力の保持・能力の発揮〉の関係として見なすことができる[27]。「見る者である」,「知っている」(言い換えれば「知っている者である」)[28],「静止しているもの」の3つである。「知っている者である」に即せば,ある人が医術の知識を用いて実際に患者を治療していれば,その人は医者である。ただし,現に実際に治療していなくとも,医術の知識を持っており,治療する能力があるならば,その人は医者である。つまり,実際に治療している人は現実的に医者であり,実際には治療していないが,治療する能力を持つ人は可能的に医者である。第二のグループは,この「ある」の二義を実体(οὐσία)に適用した場合の事例である。その事例としてアリストテレスは「木材の中のヘルメス像」,「半分の線」,「穀物」を挙げる。木材が未加工の場合,命題「木材の中にヘルメス像がある」の「ある」は「可能的にある」と解される。木材に彫刻が施されてヘルメス像になった場合,命題「ヘルメス像がある」の「ある」は「現実的にある」を意味する[29]。

 ただし,これらの例のうち「半分の線」は奇妙な例である。なぜなら,線が実体の一例とされているからである。この第二のグループは「実体に関しても同様である」(*Met. Δ* 7, 1017b6) という発言から導入されるが,アリストテレスは通常,線に代表される数学的対象を実体とは見なさない。また,医術を知っている者や穀物といった例と線の例の間にも差異がある。医術を知っている者や穀物については「可能的にある」状態から「現実的にある」状態へと移行する具体的な活動や過程を想定しうる。たとえば,可能的に医術を知っている者から現実的に医術

---

27) Witt, 673-674.

28) 自体的な「ある」を検討する場面で,「人間が健康な者である」(τὸ ἄνθρωπος ὑγιαίνων ἐστίν) と「人間が健康である」(τὸ ἄνθρωπος ὑγιαίνει) には差異はないと述べられているから,「知っている」をたとえば「知っている者である」(ἐπιστήμων εἶναι) と同じだと見なせる。cf. Kirwan, 146.

29) 同様の例は『形而上学』Θ巻第6章 1048a32-35 にも見られる。そこでは,「木材の中のヘルメス像」「全体の線の中の半分の線」「知っている者」が挙げられている。ただし,「全体の線の中の半分の線」の原文は ἐν τῇ ὅλῃ τὴν ἡμίσειαν であり,線 (ἡ γραμμή) の語はない。もっとも,形容詞 ὅλος と ἥμισυς が女性形であることから γραμμή を補うことは容易であろう。Ross (1924), vol. 2, 250.

を知っている者へと移行するのは，その人が医術の訓練を受けること
か，その人が治療活動を行うことによってである。また，可能的なヘル
メス像から現実的なヘルメス像へ移行するのは，彫刻家が木材に彫刻を
施す過程である。それに対し，半分の線が「可能的にある」から「現実
的にある」に移行する活動や過程は明確ではない[30]。半分の線が「可能
的にある」から「現実的にある」に移行する活動や過程はいかなるもの
か。それは線を分割する活動だと思われるが，それは誰がどのようにし
て行う分割か。

　ロスによれば，『形而上学』Δ巻第7章で線を実体として扱う理由は，
ピュタゴラス派やプラトン主義者にアリストテレスが譲歩しているから
である[31]。しかし，この種の譲歩を認めずとも，その理由を彼の体系内
から推察することもできる。『自然学』第2巻第2章193b22-35で，彼
は数学者と自然学者それぞれによる数学的対象の扱い方を次のように対
比する。数学者と自然学者は共に点や線を研究対象とするが，自然学者
は主に物体や物体の運動に付帯する点や線を扱う。一方，数学者は思惟
($\nu\acute{o}\eta\sigma\iota\varsigma$) によって点や線を物体や運動から離存させ，物体から独立し
て存在する実体であるかのように数学的対象を扱う。この対比を考慮す
れば，『形而上学』Δ巻第7章で線が実体として扱われている理由は数
学者の立場を代弁しているからだと説明できる。

　そして，『形而上学』Δ巻第7章の「線」が数学者の扱う対象ならば，
線の分割とは線の物理的分割ではなく，人間が思惟によって行う分割だ
と解釈できる。この解釈を支持するのが『魂について』第3巻第6章
である。当該箇所は思惟と「分割されていないもの」($\dot{a}\delta\iota\alpha\acute{\iota}\rho\epsilon\tau o\nu$) の
関係を論じる[32]。そして，同章430b6-14は半分の長さが「現実的にあ

　30）　ウィットによれば，1017b2-9での〈可能態・現実態〉は〈過程・目的〉に対応し，
可能態と現実態の間に連続的な過程が存する（Witt, 674）。たしかに，ヘルメス像や穀物の例
はこの対応に適う。ただし，「半分の線」においてはどのような過程が想定されるのかを彼女
は示していない。それゆえ，この1017b2-9が〈可能態・現実態〉を〈過程・目的〉という形
で整理されるか否かは疑う余地がある。cf. Burnyeat (1984), 125.

　31）　Ross (1924), vol. 1, 309. cf. Kirwan, 146-147.

　32）　ギリシア語の$\dot{a}\delta\iota\alpha\acute{\iota}\rho\epsilon\tau o\nu$は「分割されていないもの」と「分割されえないもの」
の両方を意味しうるが，ハムリンが指摘するように（Hamlyn, 142），『魂について』第3巻第
6章の文脈では分割されえない線（いわば原子論的な線）ではなく，分割されていない線と
解するほうが妥当だろう。

る」ことと，「可能的にある」ことの違いを次のように説明する。全体の長さを分割し，半分の長さを別々に思惟する場合，半分の長さは現実的にある[33]。一方，全体の線を分割されていないものとして捉えた場合，半分の長さは可能的にある。このように『魂について』第3巻第6章は，線の分割が思惟による活動であること，さらに線の分割と「現実的にある」「可能的にある」の区別も説明する。

　この説明を『形而上学』Δ巻第7章に適用しよう。半分の線が「可能的にある」から「現実的にある」への移行に必要な手順とは物理的に行う分割ではない。むしろそれは思惟によって成される分割であり，言わばわれわれが頭の中で行う分割である。この理解をさらに『自然学』の無限論に適用すれば，分割無限の論拠となる大きさの分割も思惟によってわれわれの頭の中で行われると考えられる。事実，不可分の線が存在しないことを証明する『自然学』第6巻第1-2章は現象の観察からもたらされる論証ではない。むしろ，線と運動の類比による理論的論証である。したがって，リアーが提示した分割の2つのタイプのうち分割無限の議論における分割とは理論的分割あるいは思惟上の分割だと考えられる。

　もっとも，大きさの分割を思惟上の分割と解釈した場合，本章第1節で示した無限論理解の方針と齟齬が生じる。なぜなら，大きさの分割が思惟的活動であれば，分割の結果（可能的に）生じる分割無限は思惟的対象だろうからである。このような想定は，本書が主張した『自然学』第3巻第6章以降の「大きさ」の扱われ方，すなわち大きさは物体に付帯するという解釈と相容れない。しかし，大きさの思惟による分割と自然学的観点は次のように整理すれば調和しうる。解決の糸口は『自然学』第3巻第7章の以下のテキストに見出される。

　　思惟〔のみ〕を信頼するのはばかげている。なぜなら，事物の側には増加や不足がないのに，思惟の側には増加や不足があることになるからである。われわれのひとりひとりを無限に増大させることで何倍の大きさにも思惟することができよう。だが，その人がわれわ

33）　431b12 の「同時に時間をも分割する」（διαιρεῖ καὶ τὸν χρόνον ἅμα）という表現は長さの分割も含んでいる。

れの大きさよりもそれだけ大きいとしても[34]，そう思惟するゆえではない。実際にその人がそれだけ大きいからである。それ〔そう思惟すること〕は〔実際にそうであることにとって〕[35]付帯的なことである。（208a14-19）

アリストテレスは思惟と事物を対比している。そして，思惟の側ではなく，事物の側に信頼を置くべきだと主張する。なぜなら，ある人間の大きさを決定するのは思惟ではなく，その人間の実際の大きさだからである。この主張は，無限論において認識可能性または想像可能性と，事物の実際の状態は区別されていること[36]，そして思惟による活動には制限が加えられていることを示唆する。その制限とは，思惟の活動対象は事物の実際のあり方に即する，ということである。したがって，『自然学』においては思惟による分割の対象も自然学的対象であると見なすべきだろう。つまり，思惟による大きさの分割と自然学的観点の対立は，ある自然学的対象すなわち物体が持つ大きさを人間が思惟によって頭の中で分割する，という形で解消される。したがって，大きさの分割が思惟による活動であることと，無限論がアリストテレスにとって自然学的観点から論じられていることは矛盾しない。

　このとき，アリストテレスの分割無限の存在の論拠であった論点 C「分割できない線は存在しないゆえに，分割無限は存在する」とは，物体に属する大きさを人間の思惟が無限に分割しうるがゆえに分割無限が存在する，とパラフレーズされる。そして，分割無限は，思惟の活動によってはじめてその存在が顕在化するが，その物体から独立して存在するようなものではない[37]。

　34）　ロスは 208a18 の τοῦ ἀστεός と ἤ の削除を提案する（Ross (1936), 562）。この削除にワーグナー，ヒンティッカ，ハッセイ，ウォーターフィールドらも従っている（Wagner, 531. Hintikka, 211. Hussey, 18. Waterfield, 76）。本書もこの提案を採用する。

　35）　Hussey, 18 の補足に従う。

　36）　cf. Wagner, *ibid.* Hintikka, 211.

　37）　分割無限が離存性を持つことについては，アリストテレスは分割無限の議論でも敵対的な態度をとっている。たとえば，締めくくりに当たる『自然学』第 3 巻第 8 章は，無限が可能的に存在するとしても，その無限を離存する存在として見なす見解に反論を加える議論である。

66　第 2 章　無限論

4　分割無限は現実的に存在するか

4.1　『自然学』第 3 巻第 6 章 206b12-14

　アリストテレスの無限概念に関して広く流布している理解は，無限は可能的にのみ存在するが，現実的には存在しない，というものである[38]。しかし，この理解には疑念が提起されている。たしかに，『自然学』第 3 巻第 6 章 206a9-25 は，命題「分割無限は可能的に存在する」が「分割無限が将来現実化する」を意味しないと主張する。しかし，「分割無限が現実的に存在しない」とは主張していない。また，ヒンティッカが指摘するように，通常「X が可能的にある」は「X がいつか現実的にある」を含意する[39]。それゆえ，分割無限も現実的に存在すると期待する余地がある。事実，この期待を支持する記述が『自然学』第 3 巻第 6 章 206b12-14 に見られる。

$$\mathring{\alpha}\lambda\lambda\omega\varsigma\ \mu\grave{\epsilon}\nu\ o\mathring{v}\nu\ o\mathring{v}\kappa\ \mathring{\epsilon}\sigma\tau\iota\nu,\ o\mathring{v}\tau\omega\varsigma\ \delta'\mathring{\epsilon}\sigma\tau\iota\ \tau\grave{o}\ \mathring{\alpha}\pi\epsilon\iota\rho o\nu,\ \delta\upsilon\nu\acute{\alpha}\mu\epsilon\iota\ \tau\epsilon$$
$$\kappa\alpha\grave{\iota}\ \mathring{\epsilon}\pi\grave{\iota}\ \kappa\alpha\theta\alpha\iota\rho\acute{\epsilon}\sigma\epsilon\iota.\ \kappa\alpha\grave{\iota}\ \underline{\mathring{\epsilon}\nu\tau\epsilon\lambda\epsilon\chi\epsilon\acute{\iota}\alpha\ \delta\grave{\epsilon}\ \mathring{\epsilon}\sigma\tau\acute{\iota}\nu},\ \mathring{\omega}\varsigma\ \tau\grave{\eta}\nu\ \mathring{\eta}\mu\acute{\epsilon}\rho\alpha\nu\ \epsilon\mathring{\iota}\nu\alpha\iota$$
$$\lambda\acute{\epsilon}\gamma o\mu\epsilon\nu\ \kappa\alpha\grave{\iota}\ \tau\grave{o}\nu\ \mathring{\alpha}\gamma\mathring{\omega}\nu\alpha,\ ...\ ^{40)}$$

注目すべき記述は下線を引いた $\mathring{\epsilon}\nu\tau\epsilon\lambda\epsilon\chi\epsilon\acute{\iota}\alpha\ \delta\grave{\epsilon}\ \mathring{\epsilon}\sigma\tau\acute{\iota}\nu$ である。このテキストを翻訳すると以下のようになる（傍点は筆者）。

　　さて，無限は可能的に，そして縮小の方向にのみある。そして，〔無限は〕，昼間や競技会があるとわれわれが語るような仕方で，完全現実的にある。[41]

---

38)　Heath, vol 1, 342. Solmsen, 164. Catalano, 264. White, 169.

39)　Hintikka, 197-198. Lear (1979), 188. Waterfield, xxxiv. Bostock (2006), 117.

40)　ベッカー版による。ロスは，"$\mathring{\alpha}\lambda\lambda\omega\varsigma\ \mu\grave{\epsilon}\nu\ o\mathring{v}\nu\ o\mathring{v}\kappa\ \mathring{\epsilon}\sigma\tau\iota\nu,\ o\mathring{v}\tau\omega\varsigma\ \delta\grave{\epsilon}\mathring{\epsilon}\sigma\tau\iota\ \tau\grave{o}\ \mathring{\alpha}\pi\epsilon\iota\rho o\nu,$ $\delta\upsilon\nu\acute{\alpha}\mu\epsilon\iota\ \tau\epsilon\ \kappa\alpha\grave{\iota}\ \mathring{\epsilon}\pi\grave{\iota}\ \kappa\alpha\theta\alpha\iota\rho\acute{\epsilon}\sigma\epsilon\iota\ (\kappa\alpha\grave{\iota}\ \mathring{\epsilon}\nu\tau\epsilon\lambda\epsilon\chi\epsilon\acute{\iota}\alpha\ \delta\grave{\epsilon}\ \mathring{\epsilon}\sigma\tau\iota\nu,\ \mathring{\omega}\varsigma\ \tau\grave{\eta}\nu\ \mathring{\eta}\mu\acute{\epsilon}\rho\alpha\nu\ \epsilon\mathring{\iota}\nu\alpha\iota\ \lambda\acute{\epsilon}\gamma o\mu\epsilon\nu\ \kappa\alpha\grave{\iota}$ $\tau\grave{o}\nu\ \mathring{\alpha}\gamma\mathring{\omega}\nu\alpha)...$" と，$\mathring{\epsilon}\pi\grave{\iota}\ \kappa\alpha\theta\alpha\iota\rho\acute{\epsilon}\sigma\epsilon\iota$ の後のピリオドを削除し，$\kappa\alpha\grave{\iota}\ \mathring{\epsilon}\nu\tau\epsilon\lambda\epsilon\chi\epsilon\acute{\iota}\alpha\ \delta\grave{\epsilon}\ \mathring{\epsilon}\sigma\tau\acute{\iota}\nu...\tau\grave{o}\nu$ $\mathring{\alpha}\gamma\mathring{\omega}\nu\alpha$ を丸括弧に入れて読む。

41)　ロスの校訂に従ったとしても $\mathring{\epsilon}\nu\tau\epsilon\lambda\epsilon\chi\epsilon\acute{\iota}\alpha\ \delta\grave{\epsilon}\ \mathring{\epsilon}\sigma\tau\acute{\iota}\nu$ に補うべき主語は $\tau\grave{o}\ \mathring{\alpha}\pi\epsilon\iota\rho o\nu$ で

4　分割無限は現実的に存在するか　　67

この翻訳に素直に従えば，分割無限は可能的に存在するのみならず，現実的にも存在するとアリストテレスは主張していたことになる。

　この『自然学』第3巻第6章206b12-14の扱いは無限論の解釈論争のひとつである。たとえば，ハッセイはこの文の主語となる「無限」を分割無限ではなく，無限に進行するプロセスと読み替えることで，現実的な分割無限を否定しようとする[42]。他方，ヒンティッカやマッシーはこの一文を論拠に，分割無限が現実的にも存在すると解し，そこから無限論解釈を展開する[43]。さらに，ワーグナーは後世の挿入の可能性を示唆している[44]。

　分割無限は可能的にのみ存在するのか，それとも現実的にも存在するのか。この問いを考察する一助として解釈者が参照する箇所が『形而上学』Θ巻第6章1048b9-17である。

　　また，無限や空虚や，その他そのようなものは，他の多くのもの，つまり見る者，歩く者，見られるものとは異なる意味で[45]，可能的に〔ある〕や現実的に〔ある〕と言われる。つまり，他の多くものは端的にも真であるときがありうる。なぜなら，「見られるもの」は「見られている」場合と「見られることができる」場合があるからである。だが，無限は，それが現実的に離存しうるものとなる，という意味で可能的にあるのではなく，知（γνῶσις）にとってあ

あり，「無限は現実的にある」と訳される。

　42）　Hussey, 84.

　43）　Hintikka, 200. Massie, 576. ヒンティッカの無限論解釈の基盤はアリストテレス哲学の全体に充実性原理（the principle of plentitude）の保持を求めることにある。充実性原理は何かが可能的に存在するには，それが現実的に存在する（した）ことを求める。しかし，この原理と分割無限は可能的にのみ存在するという見解は真っ向から対立する。この対立は，分割無限は現実的にも存在する，という見解がアリストテレスの実際の主張であることを『自然学』第3巻第6章206b12-14を典拠に示しうるならば，解消するであろう。しかしながら，充実性の原理をアリストテレス哲学の基盤にすえ，さらにこの原理を前提に無限論を解釈する正当性はリアーをはじめとした解釈者から批判されている。Lear (1979), 189-190. Côté, 491-493. Bowin, 243-244.

　44）　Wagner, 525.

　45）　1048b10のἐνεργείᾳ πολλοῖςの間にイェーガー校訂のOCT版はオベルスを挿入するが，ロスの提案通り，ἐνεργείᾳ ⟨ἢ⟩ πολλοῖςとするのが妥当だろう。Ross (1924), vol2 252. cf. Bearnyeat (1982), 127. Makin, 272.

る[46]。つまり，分割に終わりがないことはその〔＝分割の〕現実化が可能的にあることを証明するが，無限が離存することを証明しない。（1048b9-17）

この引用は無限と空虚という『自然学』第3，4巻の考察対象に言及するのみならず，無限と可能態・現実態との関係も論じており，注目に値する。特に重要な発言は「無限は，現実的に離存するものとなる，という意味で可能的にあるのではなく，知にとってある」（1048b14-15）である。この発言に，たとえば「無限は知にとっては現実的にある」と補うことが許されれば，分割無限は可能的に存在するのみならず，現実的にも存在するとアリストテレスが考えていたことになる。

4.2 「無限」と「離存」

　ただし，『形而上学』Θ巻第6章1048b9-17の発言の意図を明晰にするには，引用中の「無限」と「離存」の意味内容を整理せねばならない。マッシーは，引用中の「無限」が分割無限だけではなく，無限大も同時に指示すると捉える[47]。この場合の無限大とは，無限大の大きさではなく，大きさを分割する回数である。しかし，この1048b9-17に「分割」の語は現れているが，「数」や「数える」に類する語は現れていない。したがって，1048b9-17中の「無限」は分割無限を基本的に指示するだろう。

　次に，「離存」を検討しよう。「無限は，現実的に離存しうるものとなる，という意味で可能的にあるのではない」という発言は，「離存する無限」の存在を否定している。そして，この「離存する無限」とは物体あるいは実体から離存する無限だとも解される。こう解したとき，アリストテレスの主張は，物体や実体から離存する無限は現実的にも可能的にも存在しない，というものになる。ただし，この主張は，マッシー

---

46) メイキンは1048b15の γνώσει を γενέσει に置き換え，「生成しつつある」と訳す（Makin, 272）。だが，γενέσει と読む写本は報告されていない。
47) マッシーの理解では，「分割が続いていくことは分割の現実化が可能的にあることを証明するが，無限が離存することを証明しない」という発言は，終わりがない分割活動は，数えるべき対象が常に残存することを示している，ということを意味する。Massie, 577-578.

が指摘するように，物体から離存しない無限を直接否定するものではない[48]。なぜなら，「離存」の語が通常対比するのは，現実態と可能態の対概念の関係ではなく，実体と量や性質等のカテゴリー間に成立する関係だからである[49]。したがって，『形而上学』Θ巻第6章1048b9-17は物体から離存しない分割無限は現実的に存在することを，少なくとも直接的には否定していない。

　しかしながら，『形而上学』Θ巻第6章で導入された「離存」の語がどのような意味での「離存」であり，さらに物体から離存しない無限が現実的に存在するとアリストテレスが主張するか否かは，再考する必要がある。

　引用した『形而上学』Θ巻第6章1048b9-17において，無限は「見られる者」と対比されている。この対比から指摘できる論点は，可能態・現実態が無限に適用された場合と「見られる者」に適用された場合とでそれらの意味は異なることである。誰にも見られていない人は可能的に「見られる者」である。一方，誰かに実際に見られている人は現実的に「見られる者」である。このように，可能的に「見られる者」である状態と，現実的に「見られる者」である状態は区別できる。ただし，「見られる者」はどちらの場合でも実体であり，ある特定の人間を指示しうる。それゆえ，「見られる者」は別の人間などの他の実体からは離存する。一方，1048b9-17の「現実的に離存しうるものとなる，という意味で可能的にあるのではなく」という文言が指摘することは，実体同士がお互いに持つような離存性を無限は持たないことである。このように「見られる者」と無限は実体からの離存性の有無によって区別しうる。

　この区別を読解に読み込むならば，『形而上学』Θ巻第6章1048b9-17の主眼のひとつは離存性の有無と現実態・可能態の関係の解明ということになる。だが，このように理解することは2つの点で不可解で

---

48)　Massie, *ibid.* Burnyeat (1984), *ibid.*

49)　Hintikka, 216. だが，「離存」の語は必ずしも一義的ではない。たとえば，ファインは「離存」には少なくとも3つの意味があることを指摘する。すなわち，(1) 場所的な離存：AとBが異なる場所にあること，(2) 定義的な離存：Aの定義がBを含まないこと，(3) 存在論的な離存：Bが存在しなくともAが独立して存在しうること，である (Fine, 34-36)。

ある。第一に，離存しえないものの事例として無限（および空虚）は適
切ではない。離存しえないものの事例として，なぜアリストテレスは無
限という珍しい事例を用い，彼がよく用いる「白」などの実体以外のカ
テゴリーの事例を用いなかったのか。第二に，『形而上学』Θ巻第6章
1048b9-17と『自然学』第3，4巻との結びつきが弱まってしまう。「無
限や空虚や（中略）可能的に〔ある〕や現実的に〔ある〕と言われる」
とあるように，彼は無限と可能態・現実態を接続している。この接続
は，既存のほとんどの解釈が指摘する通り，『自然学』の無限論を読者
に想起させる。さらに，1048b9-17と『自然学』の無限論には，線ある
いは大きさの分割性に着目するという共通点がある。加えて，1048b9-
17は『自然学』第4巻第6-9章で扱われる空虚にも言及している。した
がって，『形而上学』Θ巻第6章1048b9-17と『自然学』第3，4巻
は関連していると解するべきである。しかし，『自然学』の無限論で，
実体的無限を扱う第3巻第5章204a8-34と，無限の非離存性を強調す
る第3巻第8章を除いて，離存性の概念に訴える議論は登場していな
い。それにも関わらず1048b9-17の主眼を離存性と現実態・可能態の
関係の解明と見なすと，この箇所と『自然学』の分割無限の議論を連結
する必然性が消失する。結果として，『自然学』の分割無限が現実的に
存在しうるか否かという問題に，『形而上学』Θ巻第6章1048b9-17は
いかなる判断材料も提供できなくなろう。

　したがって，『形而上学』Θ巻第6章1048b9-17の主眼は，離存性の
有無と現実態・可能態の関係の解明ではない。むしろ，『自然学』の考
察から得られた無限（および空虚）という特殊事例と現実態・可能態と
の関係の解明と見なすべきである。

　それでは，分割無限と離存性，そして現実態・可能態はどのように
関わるか。具体的な分割として，2mの木材を1mの木材に切断する場
合のことを考えよう。切り出される前の1mの木材は2mの木材の部分
として可能的に存在する。一方，2mの木材から切り出された後は，1m
の木材は現実的に存在する。この事例において離存性は2つの形で関
わる。第一の離存性は，木材と木材の長さである1mの間に成立する。
すなわち，1mの長さは木材から離存しないという形で，実体と他のカ
テゴリーとの間に成立する（非）離存性が適用される。しかし，この種

の離存性は現実態・可能態と関わらない。第二の離存性は 1m の木材と 2m の木材の間に成立する。2m の木材から切断される前，換言すれば 1m の木材が可能的に存在するとき，1m の木材は 2m の木材から離存していない。他方，2m の木材から切り取られた後，換言すれば 1m の木材が現実的に存在するとき，2m の木材は消失しており，この意味で 1m の木材は 2m の木材から離存している。この考えを一般化すれば次のようになる。ある量が現実的に存在するとは，その量を持つ実体が別の実体から離存して存在することである。同様に，ある量が可能的に存在するとは，その量を持つ実体が別の実体から離存しておらず，むしろその別の実体に内在していることである。1m が可能的に存在するとは，1m の木材が 2m の木材に部分として内在していることである。このような考えに即せば，『形而上学』1048b9-17 中の「無限は，現実的に離存するものとなる，という意味で可能的にあるのではない」が主張することは，分割無限は可能的に存在するが，一定の大きさを持つ物体からは離存しない，というものとなる。

　以上の考察をまとめよう。『形而上学』Θ 巻第 6 章 1048b9-17 の主眼は分割無限と可能態・現実態の関係の分析にある。そして，この議論中の「離存」は，実体と他のカテゴリーとの間に成立する（非）離存性に言及するものではない。むしろ，ある量が付帯する実体と，別の量が付帯する別の実体が離存するゆえに，これら 2 つの量が離存している，といった実体との間，あるいは事態をこの議論中の「離存」は表現している。

　ここで次のことを指摘しておこう。このように理解した場合，『形而上学』Θ 巻第 6 章 1048b9-17 は実体から離存しえない分割無限が現実的に存在すると捉える解釈を正当化する論拠ではなく，むしろ否定する論拠となる。「分割無限が現実的に存在する」が真であるためには，物体的な分割無限がある一定の大きさを持つ物体から実際に離存せねばならない。だが，このとき「無限は，現実的に離存するものとなる，という意味で可能的にあるのではない」というアリストテレスの発言は，物体的分割無限は一定の大きさを持つ物体から現実的に離存するものとなる，という意味で可能的にあるのではない，という発言として理解される。すると，物体的分割無限は一定の大きさを持つ物体から現実的には

離存しないと彼は主張していることになる。それゆえ，実体から離存し
えない分割無限は現実的に存在すると解することはできないだろう。

4.3 「知にとってある」

『形而上学』Θ 巻第 6 章 1048b9-17 における可能態・現実態と分割無
限との関係をより明晰にするために，続けて「〔無限は〕知にとってあ
る」（1048b15）の考察に進もう。この一節に関して最初に確認すべき
ことは，ロスのように「可能的に」のみを補うか[50]，ヒンティッカのよ
うに「可能的にかつ現実的に」と補うか[51]，という問いである。

　どちらの読みもテキスト上は許容できる。ただし，この節の直前で，
「無限は，それが現実的に離存しうるものとなる，という意味で可能的
にあるのではなく」と書かれており，分割無限と可能態の関係が説明さ
れている。それゆえ，「知にとってある」も分割無限と可能態の関係を
説明していると期待される。そうであるなら，「知にとってある」には
「可能的に」のみを補うことが自然であるように見える。また，「知に
とってある」に「現実的に」を補うことを，「知にとってある」に続く
次文「分割に終わりがないことは分割の現実化が可能的にあることを証
明するが，無限が離存することを証明しない」（1048b15-17）は否定す
るように思われる。なぜなら，この次文の力点もまた，分割無限が「可
能的にある」事態を説明しているように感じられるからである。

　ただし，「分割に終わりがないことは分割の現実化が可能的にあるこ
とを証明するが，無限が離存することを証明しない」にヒンティッカ
とクーロメノスは以下の文章構造理解を提示している。この 1048b15-
17 のギリシア語テキストは，τὸ γὰρ μὴ ὑπολείπειν τὴν διαίρεσιν
ἀποδίδωσι τὸ εἶναι δυνάμει ταύτην τὴν ἐνέργειαν, τὸ δὲ χωρίζεσθαι
οὔ である。通常，この文の主語は τὸ γὰρ μὴ ὑπολείπειν τὴν διαίρεσιν
と見なされる[52]。この読みに対し，彼らは τὸ εἶναι δυνάμει ταύτην τὴν
ἐνέργειαν を主語とし，「分割の現実化が可能的にあることは，分割に
終わりがないことを証明するが，無限が離存することを証明しない」と

　50）　Ross (1924), vol. 2, 252.

　51）　Hintikka, 197.

　52）　Ross (1924), 252-253. Lear (1978), 192-193.

4 分割無限は現実的に存在するか　　　73

訳する[53]。このように解するヒンティッカの論拠は『自然学』第 3 巻第 4 章 203b22-25 にある。この箇所でアリストテレスは無限の存在を人々が想定する根拠を分析する。すなわち，数，数学的大きさ，そして天界の外が無限だとする考えが生じるのは，これの対象が思惟では汲みつくせないからである。この思考形態を一般化すれば，思惟の活動，より正確には思惟の活動の不完了性が，人々に無限の存在を想定させる，という論理が展開できる。このような思考形態は「分割の現実化が可能的にあることは，分割に終わりがないことを証明する」というヒンティッカの理解と構造を一にする。

　しかし，『自然学』第 3 巻第 4 章 203b22-25 と『形而上学』Θ 巻第 6 章 1048b9-17 には 2 つの文脈上の相違がある。第一の相違は見解を提示した人物の相違である。『自然学』第 3 巻第 4 章の見解は，ペリパトス派以外の人々が持つ無限に関する通念的パイノメナ（およびその通念的パイノメナに対するアリストテレスによる分析）である。それに対し，『形而上学』Θ 巻第 6 章の見解は，アリストテレス自身が積極的に提示した見解である。発言者の相違は両著作で表明された思考形態が同一であることを保証しない。第二の相違は「無限」の語の指示内容にある。『自然学』第 3 巻第 4 章が紹介する見解は，分割無限というよりも無限大という考えが人々にいかに生じるのかを説明している。これに対し，『形而上学』Θ 巻第 6 章は，大きさの分割や分割無限を（少なくとも視野に入れて）語られている。この第二の相違も，両著作に見られる思考形態が同一であることを保証しない。それゆえ，『自然学』第 3 巻第 4 章 203b22-25 を論拠に，『形而上学』Θ 巻第 6 章 1048b9-17 の文章構造を解釈するこのとの正当性は疑わしい。

　一方，通常の読みのように，$\tau\grave{o}$ $\gamma\grave{a}\rho$ $\mu\grave{\eta}$ $\dot{\upsilon}\pi o\lambda\epsilon\acute{\iota}\pi\epsilon\iota\nu$ $\tau\grave{\eta}\nu$ $\delta\iota a\acute{\iota}\rho\epsilon\sigma\iota\nu$ を主語とし，1048b9-17 を「分割に終わりがないことは分割の現実化が可能的にあることを証明するが，無限が離存することを証明しない」と読むことは，『自然学』第 6 巻第 1-2 章とも整合する。『自然学』第 6 巻第 1-2 章は不可分の大きさが存在せず，線は分割しきれないと主張する議論であるが，この主張こそアリストテレス自身の大きさの分割性に関

---

53)　Hintikka, 216-217. Kouremenos (1995), 55. 傍点は筆者による。

する見解に他ならない。すると,「分割に終わりがないことは分割の現実化が可能的にあることを証明するが,無限が離存することを証明しない」は次のように理解できる。『自然学』第 6 巻第 1-2 章,およびそれに類する議論は,大きさをわれわれが実際に分割できることを証明するが,分割無限が一定の大きさから離存して存在することを証明しない。

1048b15-17 への以上の文法構造理解が正しいならば,この 1048b15-17 から「知にとってある」に「可能的にかつ現実的に」と補足することは難しくなる。仮にそのように補足した場合,アリストテレスは,分割の現実化が可能的にあるから,分割無限は知にとって可能的にかつ現実的にある,と推論したことになる。だが,この推論はかなりの論点を補う必要があるだろう。一方,「知にとってある」に「可能的に」のみを補足した場合の議論推移は,分割の現実化が可能的にあるから,分割無限は知にとって可能的にある,となる。この議論推移は,われわれは思惟によって大きさを実際に分割できるから,分割無限は知にとって可能的にある,という形にパラフレーズできる。したがって,この箇所の議論推移を健全に保つために,「知にとってある」には「可能的に」のみを補うべきである。

以上の解釈は『形而上学』Θ 巻第 6 章 1048b9-17 の理解に次の 2 つを示唆する。第一の示唆は「無限は知にとってある」からもたらされる。すなわち,分割無限は思惟の活動によって顕在化するということである。第二の示唆は本節の検討課題に関わる。すなわち,『形而上学』Θ 巻第 6 章 1048b9-17 は,分割無限が現実的にも存在するとアリストテレスが主張した,という根拠にはなりえない。本節が提示した解釈が正しいならば,この箇所は分割無限が現実的に存在することよりも,むしろ逆のことを主張しているように思われるからである。したがって,『形而上学』Θ 巻第 6 章 1048b9-17 は,分割無限を現実的にも存在するとアリストテレスが見なしていたと解する論拠として機能しない。

4.4 昼間・競技会のあり方と分割無限

アリストテレスにとって分割無限が可能的にのみ存在するか,それとも現実的にも存在するかという問いに『形而上学』Θ 巻第 6 章 1048b9-17 が明確な判断材料を提供しないならば,この問題の発端である『自

4　分割無限は現実的に存在するか　　　75

然学』第 3 巻第 6 章 206b12-14 に立ち戻るべきだろう。そこでは，無限は現実的に存在すると述べられていた。この発言の内実を探るために，この記述の導出過程を確認しよう。

　この 206b12-14 は無限の説明に昼間と競技会との類比を用いている。この類比は該当箇所に先行する『自然学』第 3 巻第 6 章 206a18-25 で導入される。再度引用しよう。

> この「可能的にある」（δυνάμει ὄν）を次のように理解してはならない。「この彫像が可能である」場合に「この彫像は将来ある」ように，現実的に将来あるような無限がある，というように。むしろ，「ある」（τὸ εἶναι）は多義的である。たとえば昼や競技会があるのは，常に別々のものが生成していくことによってである。このように無限もある。（なぜなら，昼や競技会に関しても現実的にも可能的にもあるからである。つまり，オリンピック競技会があるのは，競技の生成が可能であることによってでもあり，競技の生成によってでもある。）（206a18-25）

アリストテレスが否定する無限のあり方は，「分割無限が将来存在する」に変換可能な「分割無限が可能的に存在する」である。ただし，「分割無限が現実的に存在する」自体を否定する文言は見られない。それゆえ，この引用をマッシーは利用して，分割無限は可能的にのみ存在するわけではないと解釈する[54]。

　しかし，この解釈を直接証拠立てる文言もこの引用には見られない。この引用が間違いなく含む主張は次の通りである。(1)「彫像が可能的にある」は彫像が将来現実化することを含意するが，「分割無限が可能的にある」はそうではない。つまり，分割無限は将来現実化しない。言い換えれば，大きさの分割を幾度行っても，その結果生じる産物としての小さな大きさは分割無限ではない。(2) 昼間や競技会のあり方は彫像のあり方と異なっている。(3) 昼間や競技会のあり方と分割無限のあり方には類似点がある。(4) 昼間や競技会は次々に生成するという

---

54)　Massie, 578-579.

形で存在する。

（1）は，分割無限が現実的には存在せず，可能的にのみ存在する，という主張へとつながるだろう。しかし，この主張は，昼間や競技会と同様に分割無限は現実的に存在する，と述べる『自然学』第3巻第6章206b12-14と不整合に見える。しかし，分割無限と現実態の関係を直接考察する前に，昼間や競技会がどのような意味で現実的に存在するのかを確認すべきだろう。そこで，先に（2）と（4）の解釈へと進もう。

（4）は競技会が次々に生成すると主張するが，この「競技会」のとらえ方にクープは2つの候補を挙げている[55]。第一の「競技会」の候補は，次々に行われる競技会全体（すなわち4年毎に行われる競技会の全体）である。このとき，206a24-25の「競技の生成が可能であることによってでもあり，競技の生成によってでもある」とは，2010年の競技会の生成が可能であることによってでも，2006年の競技会の生成によってでも競技会全体は存在する，ということを意味する。第二の候補はある一回の競技会全体である。この場合，「競技の生成が可能であることによってでもあり，競技の生成によってでもある」とは，その競技会中の競技のひとつであるマラソンの生成が可能であることによってでも，水泳が実際に行われていることによってでもその競技会は存在する，ということを意味する。この2つのうち，クープは後者の理解を選んでおり[56]，本書もこの見解に従いたい。

さて，競技会のあり方と無限のあり方に関して，しばしば次のような解釈がなされることがある。競技会はある期間にその現実化が完全に達成されるものではなく，ある種のプロセスである。そして，このようなあり方と同様に無限のあり方もプロセスである[57]。この解釈に加え，シンプリキオスらは先行する運動論との直接的な関係を提示する[58]。運動

---

[55]　Coope (2012), 272-273.

[56]　クープの論拠は，競技会が「常に別々のものが生成していく」($\dot{\alpha}\epsilon\grave{\iota}\ \ddot{\alpha}\lambda\lambda o\ \kappa\alpha\grave{\iota}\ \ddot{\alpha}\lambda\lambda o$ $\gamma\acute{\iota}\gamma\nu\epsilon\sigma\theta\alpha\iota$) ものであるから，何らかの変化が常に生じるものだからという点と，206a29-33において，人間と比較されているのは競技会の全体ではなく，特定回の競技であるというものである。Coope (2012), 273.

[57]　Ross (1936), 50. 555. Hamelin, 285. Bowin, 234, 239-240. Hintikka, 207. Bostock (1990), 117. cf. Agazzi, 26.

[58]　「運動しうるものの，可能的にあることを維持する完全現実態は運動であったのと同様に，無限の完全現実態は〔運動である〕」(Simplicius, 493)。　近年の解釈ではボーウィ

4 分割無限は現実的に存在するか　　　77

一般のあり方と，競技会および昼間のあり方には，前者が完了すること
があり，後者が完了することがないという点で違いがある。ただし，可
能態と現実態に跨るあり方をするという点では類似性がある。そして，
大きさの継続的な分割は，終局として分割の完了を目指すが，分割活動
の全体は完了することはなく，続いていく。それゆえ，運動の定義が語
るような「可能的なものの，そのようなものとしての完全現実態」とい
う運動のあり方によって分割無限のあり方を説明すれば，分割無限が可
能的に存在するという見解と分割無限が現実的にも存在するという見解
は両立する。

　だが，運動一般と，競技会および昼間，そして分割無限のそれぞれの
あり方はどこまで類似するか。まず，運動論で提起された運動の定義
と，競技会や昼間のあり方は，完了するか否かという点以外にも差異が
ある[59]。アリストテレスにとって，運動は連続的なものである。しかし，
ヒンティッカや M. ホワイトが指摘するように[60]，分割無限は不連続な
諸段階からなる集合としてのプロセスに結び付けられている。「オリン
ピック競技会があるのは，競技会の生成が可能であることによってで
もあり，競技会の〔実際の〕生成によってでもある」（206a24-25）とい
う記述は，「昼間や競技会に関しても現実的にも可能的にもある」を具
体的に説明している。すなわち，競技会が現実的にも可能的にもあると
言われるのは，その競技会を構成する諸段階の一部（たとえば短距離走）
が実際に行われ，別の一部（たとえばマラソン）は将来行われるからで
ある。同様に，昼間が現実的にも可能的にもあると言われるのは，ある
一日が実際に進行しつつあり，そして次の一日が将来やって来るだろう
からである。それゆえ，競技会や昼間のあり方は，運動一般が持つよう
な性格とは異なり，不連続な諸段階が集まって成立するようなプロセス

ンやベックラーが採用している（Bowin, 239-241. Bechler, 116-120）。ただし，ベックラーは
次々に分割する活動は連続的な活動ではなく，断続的な（continual）活動であることも指摘
している（Beckler, 117）。

　59）　リアーは競技会と分割過程の差異として，後者は競技が終わる瞬間があることを指
摘する（Lear (1988), 67）。しかし，アリストテレスが競技会と共に昼間の例を挙げているこ
とを考慮するならば，競技会はその終了を考える必要がない活動としてこの箇所では扱われ
ていると思われる。

　60）　Hintikka, 206. White, M., 11.

である。そして，このようなプロセスによって分割無限のあり方は説明される。

　では，このような競技会や昼間のプロセスとしてのあり方は，どのように分割無限のあり方と接続するのか。実のところ，分割無限のあり方と競技会のあり方も，異なる要素があるように思われる。競技会の場合は，競技会の部分である各競技が現実化している期間がある。しかし，分割無限はそうではない。長さ L の線分に対して二分割を n 回行った場合，$L/2^n$ の線分が産物として残る。では，この $L/2^n$ の線分は分割無限そのものか。そうであるなら，分割無限が現実的に存在すると言いうる。だが，アリストテレスは原子論的な長さも，点から線分が構成されることも認めない。それゆえ，$L/2^n$ がいくら短くとも，それは有限で，分割可能性を有する長さである[61]。それゆえ，$L/2^n$ は分割無限そのものではない。そもそも，ヒースが指摘するとおり[62]，$L/2^n$ が有限な長さである限り，それは限界（$\pi\acute{\epsilon}\rho\alpha\varsigma$）を持つから，境界を持たないもの，すなわち $\ddot{\alpha}\pi\epsilon\iota\rho\rho\nu$ とは言えないだろう。

　長さ L を二分割し続ける過程において，長さ $L/2^n$ の分割も現実的に存在し，その分割の結果生じる長さ $L/2^{n-1}$ も現実的に存在する。しかし，「分割無限が現実的にある」が真であった瞬間あるいは期間はあっただろうか。線分を n 回分割する前ではない。なぜなら，分割無限は現実化していなかったからである。線分を n 回分割した後でもない。やはり，分割無限は現実化していないからである。つまり，長さ L の線分を二分割し続ける過程で生み出される産物は分割無限ではありえず，$L/2^n$ の長さを持つ線分にすぎない。それゆえ，「分割無限が現実的にある」が真である瞬間や期間は想定し難い。また，仮にそのような瞬間があったとすれば，分割無限が可能的に存在するというあり方は，彫像が可能的に存在するというあり方と同一のものとなる。したがって，「分割無限が可能的にある」は真である瞬間や期間があっても，「分割無限が現実的にある」が真である瞬間は，分割に応じて次々に生産される産物としての短い長さの中には見つけることは不可能である。

　ボロティンの推測によれば，可能的に無限である有限な大きさが現実

61）　*Phys.* III 6, 206a27-29. cf. Lear (1979), 191.
62）　Heath, vol 1, 107-108. cf. 206a27ff.

4 分割無限は現実的に存在するか　　79

的に無限であるのは，大きさの連続的な分割が実際に行われていると
きである[63]。しかし，この推測は成功していない。たしかに，大きさを
次々に分割する継続的活動において，分割が現実化することや，大きさ
が分割前に持っていた分割可能性が現実化したことまでは事実と見なせ
る[64]。それゆえ，継続的な分割活動に注目すれば，〈可能態・現実態〉を
介した分割無限のあり方と昼間や競技会のあり方には，類似する点があ
る。継続的な昼間全体を構成する一日や，競技会の部分を構成する短距
離走やマラソンは，ひとつひとつ現実化していくのと同様に，分割し続
ける活動を構成する一回毎の分割も現実化するからである。しかし，大
きさを分割する継続的な活動の集合が有限な大きさを構成するわけでは
ない。

　このように，分割という活動と，分割の結果生じる産物を区別し，継
続的な分割活動ではなく，分割の産物としての分割無限に注目する限
り，昼間や競技会のあり方と分割無限のあり方は異なる。競技会や昼間
のあり方では，それらを構成する一部が現実化する。それに対し，大
きさを分割する継続的な活動によって長さ L/2n の線分が現実化しても，
この線分は分割無限の一部ではない。

　ただし，競技会や昼間のあり方と分割無限のあり方には共通点もあ
る。それは「常に別のものが次々に生成していく」ことである。競技会
の場合，それを構成する競技が次々に生じる。分割無限の場合，継続的
な分割によって小さな大きさが次々に生じる。ただし，分割無限のあり
方は可能的である。なぜなら，継続的に大きさを分割しても，分割無限
が現実的に存在する瞬間や期間はないからである。よって，分割無限
は，分割の結果新たに生じた小さな大きさの中に，可能的に存在するに
過ぎない。そして，大きさの継続的な分割によって，無限分割が可能的
に存在するという事態が再起的に生成していく[65]。このような再起性が

---

　63)　Bolotin, 72.
　64)　クープはこの方向を採用しているように思われる。彼女の解釈によれば，大きさ
は継続的な分割のプロセスを受けることはできないが，大きさは際限ない分割のプロセスを
受けていく（be undergoing）可能性を持っており，この可能性は現実化する（Coope (2012),
277-278）。
　65)　ヒンティッカの解釈に対するリアーの批判は重要である。リアーの診断によれ
ば，ヒンティッカは，可能的な無限が存在する証拠となる実際の分割のプロセスと，現実的

競技会や昼間のあり方と分割無限のあり方に共通してみられる特性である。

　本書の立場は以下の2つの命題にまとめられる。

（A）「競技会全体がある」が真であるのは「その競技会を構成する特定の競技が現実的にあり，別の競技が可能的に存在する」場合である。

（B）競技会のあり方は分割無限が可能的に存在することの再起性を説明する。

　分割無限が持つ再起性とは，分割無限が可能的に存在することと現実的に存在することが繰り返されることではない。それは，連続的な大きさの分割の繰り返しにおいて，無限分割が可能的に存在することが繰り返されることである。

　ここで，分割無限は現実的に存在しうるか否か，という問題に答えよう。本書の立場が正しいならば，継続的な分割活動を通じて現実化するのは，大きさを分割する活動や，分割後の大きさが持つ分割可能性である。しかしながら，その分割の結果生じる産物としての分割無限は，可能的には存在するが，現実的にも存在するとは主張しえない。ただし，この理解は無限が完全現実的にも存在すると語る『自然学』第3巻第6章206b12-14と対立する[66]。分割無限が現実的にも存在するという解釈を導きうる『自然学』第3巻第6章206b12-14の「〔無限は〕，昼間や競技会があるとわれわれが語るような仕方で，完全現実的にある」の主語である「無限」が分割無限を指示しているかは疑わしい。分割無限が現実的に存在するとアリストテレスが主張すること自体が疑わしいから

な無限が存在する証拠となる実際の分割のプロセスを区別していない。しかし，いかなる実際の分割のプロセスもある大きさが現実的に分割無限であることの証拠にはならない（Lear (1979), 191-192）。同様の指摘は Coope (2012), 274-275.

　66）　分割無限が現実的にも存在すると解する場合，次の3つの問題を解決せねばならないと思われる。第一に，競技会や昼間のあり方は分割無限のあり方とどのように関わるのか。第二に，後にアリストテレスが強調することになる分割無限の質料性をどのように説明するのか。第三に，そもそも分割無限が現実的に存在するとはどのような事態なのか。これらの3つの問いに明白に回答した解釈は，筆者が確認する限り，いまだ提示されていない。

である。それゆえ，ハッセイのように，この文の主語となる「無限」は③分割無限ではなく，①無限に進行する分割のプロセスと読み替えるという提案は一定の説得力を持つと思われる[67]。

　以上より，分割無限と現実態・可能態に関するアリストテレスの公式見解とは「分割無限は可能的にのみ存在する」というものであろう。

5　分割無限の質料性

5.1　分割無限と質料の関係

　アリストテレスの分割無限に関する独自の見解は，分割無限が可能的に存在するという主張だけではない。次の2つの主張も彼の独自の見解として挙げるべきだろう。第一に，無限を「その外に常に何かがあるもの」（*Phys.* III 6, 207a1-2）と定義すること，第二に，分割無限を質料の一種と分析することである。

　無限と質料の関係は，以下の4つのテキストで語られる。

　A: そして，〔無限〕は質料のように可能的にあるのであり，有限なもの（τὸ πεπερασμένον）のように自体的にあるのではない。（*Phys.* III 6, 206b14-16）

　B: 無限は大きさの完結性の質料であり，可能的に全体である。だが，現実的に〔全体〕ではない。無限は減少の方向も逆の加算の方向にも分割可能であるが，自体的に全体的で有限なものではなく，別のものに即してそうだからである。（*Phys.* III 6, 207a21-22）

　C:〔無限〕は，無限としての限り，〔もの〕を包むものではなく，〔もの〕に包まれるものである。それゆえ，無限は不可知なものである。なぜなら，質料は形相を持っていないからである。それゆえ，無限は全体の説明のうちにあるよりも，むしろ部分の説明のうちにあることは明らかである。というのは，全体の質料は，青銅

---

　　67)　この点について，リアーはより強固な姿勢を持っている。つまり，アリストテレスによってある大きさが可能的に無限であるのは，終わりのない分割のプロセスが続きうるからである（Lear (1979), 193）。

製の彫像における青銅のように，部分だからである。(*Phys.* III 6, 207a24-28)

D: 議論に従えば，あらゆる大きさを超越するような増大の方向の無限は存在するとは考えられないが，分割の無限は存在すると考えられる。なぜなら，質料や無限は内部で包まれるものであり，形相は包むものだからである。(*Phys.* III 7, 207a33-b1)

E:「原因」は４つに分けられるが，無限が質料としての原因であることは明らかである。そして，無限としてのあり方は欠如である一方で，自体的には連続的で感覚的なものがその基体である。明らかに他のすべての人々も質料として無限を用いている。それゆえ，無限を〔もの〕に包むものとするが，〔もの〕に包まれるものとしないのは不条理である。(*Phys.* III 7, 207b34-208a4)

これらの引用は質料概念と無限との関係を述べている。そして，引用Dが示唆するように，質料と関係づけられている無限とは，無限大でも，無限に進行する分割のプロセスでもなく，分割無限であろう。ただし，テキストは，分割無限が質料であるという主張を読者が理解するために必要な論点を欠いている。第一に，分割無限を質料と見なす積極的な議論の推移がテキストに見られない。無限論中で質料形相論に関連する言葉の初出は引用Aの『自然学』第3巻第6章206b14-16であり，無限論中で質料形相論に関連するテキストも5つの上の引用がすべてである。第二に，質料形相論が『自然学』第3, 4巻における概念装置のひとつであることは事実だとしても[68]，質料形相論を無限論に導入する動機や利点も明瞭ではない[69]。

　無限と質料との関係についてしばしば提案される解釈は，質料一般が

---

68)　この事実は『自然学』第3巻第1-3章の運動論で形式や形相という術語が見られることからも，『自然学』第4巻第1-5章の場所論で場所の定義を検討する際に，場所が形相か否か，場所が質料か否かが考察されていることからも確認できる。*Phys.* III 1, 201a4. III 2, 202a9. III 3, 202a36. IV 2, 209b2-32. IV 4, 211b5-212a2. cf. *Phys.* IV 7, 214a13-16. IV 9 217b20-27.

69)　このような情報の欠落は，無限を質料とする見解を一部の近年の解釈者たちが軽視する一因となっていると思われる。たとえば，クーレメノスは無限が質料であることを無限論解釈で扱っていない（Kouremenos (1995)）。また，ボストックは無限と質料には実際には共通点がないと指摘する（Bostock (2012), 488）。

可能態に位置づけられることと無限が可能的に存在することとを結びつけ，無限と質料の関係を可能態の概念を介した類似関係として捉えるものである[70]。しかし，引用Bは無限を質料の一種に分類しており，引用Eは無限を質料因と定めている。それゆえ，無限と質料の関係をアリストテレスは単純な類似関係ではなく，内実を伴ったものとして提示している。

　分割無限が質料であることを理解するために，まず上記の4つの引用における主張を整理しよう。

（A1）　無限は質料のように可能的にある。
（A2）　有限なものは自体的に存在するが，無限は自体的には存在しない。
（B1）　無限は大きさを完結させる質料である。
（B2）　無限は可能的に全体である。
（C1-D1）　無限はものに包まれる。
（C2）　無限は不可知（$\check{a}\gamma\nu\omega\sigma\tau o\varsigma$）である。
（D2）　質料はものに包まれる。
（E1）　無限は質料因である。
（E2）　無限の本質（$\tau\grave{o}\ \epsilon\hat{\iota}\nu\alpha\iota\ \dot{a}\pi\epsilon\acute{\iota}\rho\omega$）は欠如である。
（E3）　無限の基体は連続的で感覚的なものである。

引用Aが有限と無限を対比させていることを考慮すると，（A2）「無限は自体的には存在しない」は，有限の大きさを持つものは他の実体から独立して存在するのに対し，有限の大きさを何度分割しても，分割無限と見なされるような大きさが実体から独立して存在する事態は生じえない，という主張であろう。また，（C1-D1）「無限はものに包まれる」は分割無限が有限の大きさを持つものに包まれる，という主張だと思われ

　70）　ヒンティッカは，質料と形相の対比は可能態と現実態の対比との同化であると説明する（Hintikka, 207）。また，ウォーターフィールドは次のように解説する。分割無限は決して現実化しない。他方，質料は可能的に何らかの実体であるが，それ自身では実体にはなりえない。このような現実化しえない可能性という点で無限と質料は近似している（Waterfield, 251-2）。この理解は，おそらく引用A中の「無限は質料のように（$\dot{\omega}\varsigma$）」に着目することに依拠している。cf. Lear (1988), 72.

る。これらの主張は分割無限の概念そのものから導かれうる。

5.2 分割無限と質料形相論

残りの論点は分割無限と質料との関係に直接関わる。両者の関係の手がかりを得るために，まずは（E1）「無限は質料因である」を検討しよう。質料因の一般的規定は『自然学』第 2 巻第 3 章 194b24-25 および『形而上学』Δ 巻第 2 章 1013a24-26 において与えられる。すなわち，事物の質料因とは事物がそれから生成し，その事物に内在するものである（ἐξ οὗ γίγνεταί τι ἐνυπάρχοντος）。たとえば，彫像の質料因は青銅であり，盃の質料因は銀である。さらに，これらとは異なる事例をアリストテレスは『自然学』第 2 巻第 3 章 195a16-21 で挙げる。音節の質料因は字母であり，人工物の質料因は材料であり，物体の質料因は火や他の元素であり，全体の質料因は部分であり，結論の質料因は前提である。質料因は事物を作る素材としての原因を主として指示するが，その事物が必ずしも物理的対象に限定されないことには留意すべきである[71]。実際に，質料と形相の関係は類比関係で理解すべきであると『自然学』第 1 巻第 7 章 191a8-12 は述べる[72]。

分割無限の質料性を理解するためには，質料としての分割無限に対応する結合体を確認すべきだろう[73]。その結合体をハッセイは物理的物体として見なしている[74]。この見解は『自然学』の無限論が自然学的探求の文脈の中に置かれていることと一致する。ただし，彼自身も指摘しているように，正確を期するためには物理的物体に制限を加える必要がある[75]。無限分割の概念を得るには大きさの分割を際限なく行うことがで

71）　ソラブジらが注意を喚起している。Sorabji (1980), 40. Lloyd (1995), 158-159. Byrne, C., 88. Johnson, 44-45.

72）　該当箇所によれば，質料（基体）の本性は類比に即して知られうる。そして，基体との類比は，彫像に対する青銅やベッドに対する木材，一般的には形相（μορφή）を持つものに対する未だ形相を持たない無形（ἄμορφον），という形で説明される。

73）　ロスは引用 B に着目し，無限は全体の中の要素として存在する質料であるが，それが全体を構成するには限定を有する形相の助けを要すると解説する（Ross (1939), 51-52）。この解説は概ね妥当と思われるものの，分割無限に対応する形相や結合体が不明瞭なままに留まる。

74）　Hussey, 87. cf. Coope (2012) 285.

75）　Hussey, 96.

5 分割無限の質料性　　　85

きなければならない。それゆえ，質料としての分割無限に対応する結合体としての物理的対象は，連続的で同質的な物体，たとえば水や空気といった元素などであると考えられる。もっとも，結合体を同質的物体と見なす場合，分割無限と同質的物体の関係はカテゴリー錯誤を感じさせる。分割無限が実体ではなく，量のカテゴリーに分類されるのだとしたら，分割無限が連続的で同種的物体，たとえば水や動物の肉を構成するという主張は，1cm が水や動物の肉を構成するという主張が奇妙であるのと同様に奇妙である[76]。しかしながら，質料と結合体の関係は類比関係として理解すべきことに留意せねばならない。アリストテレスが分割無限と有限を対比させていることや，（B1）「無限は大きさを完結させる質料」という発言は，質料形相論が量のカテゴリーに類比的に適用されていることを示している[77]。そして，『形而上学』⊿ 巻第 17 章 1022a5-6 では「〔限界とは〕大きさの形相，あるいは大きさを持つものの形相であろう」という記述も見られる。それゆえ，分割無限に対応する結合体とは，感覚的で連続的な有限の大きさの物体が持つ延長的側面だと推察される。

　さて，『自然学』第 2 巻第 3 章 195a16-21 の中には無限論解釈にとって興味を惹く論点がある。すなわち，質料因は基体としての原因であり，部分であるのに対し，形相因は本質としての原因であり，全体や複合，形相である，と記述されていることである。このように部分と全体を対比させる論点は引用 B と C と近似している[78]。ここから，全体と部分の関係を無限論に導入すれば，有限な大きさは全体である一方で，分割無限はその部分ということになる。言い換えれば，物体が持つ延長的側面は，分割過程の産物である無数の小片から構成される[79]。この意味

　76）　ゾルムゼンは，無限を質料とすることによって無限論の視点が量としての無限から，質としての無限すなわち無限の無規定性へと移っていると分析する（Solmsen, 162-163）。しかし，彼は具体的にどこまでが量としての無限に関する議論であり，どこからが質としての無限に関する議論かを示していない。

　77）　大きさに対する質料形相論の適用可能性はスィーニーも指摘する（Sweeney, 120-121）。

　78）　Solmsen, 162.

　79）　ハッセイの理解による。「この文脈において『可能的に全体である』とは無限の分割過程が作り出す小片の無限の系列である。あるいはそれに応じた，無限の付加過程における小片の部分的な和の無限の系列である。それゆえ，述べられていることは，無限の分割過

86   第 2 章　無限論

で，分割無限は有限な大きさの部分であり，かつ質料因であると考えられる。

5.3　分割無限の欠如性

だが，（E2）「無限の本質は欠如である」という主張は困難を生じさせる。「基体」「形相」「欠如」という語で想定される論点は『自然学』第 1 巻第 7 章や『形而上学』Λ 巻第 2 章で表明される運動変化の 3 つの原理である。たとえば，「非教養的な人間が教養的な人間になる」という運動変化には「人間」と「教養的」と「非教養的」の 3 つの原理がある。「人間」は基体としてこの運動変化において存続するが，形相である「教養的」と欠如である「非教養的」は存続しない。そして，『自然学』第 1 巻第 7 章 190a1-3 は，「人間の本質（$\tau\grave{o}$ $\mathring{a}\nu\theta\rho\acute{\omega}\pi\omega$ $\epsilon\mathring{\iota}\nu\alpha\iota$）」と「無教養の本質（$\tau\grave{o}$ $\mathring{a}\mu o\acute{\upsilon}\sigma\omega$ $\epsilon\mathring{\iota}\nu\alpha\iota$）」を，また「青銅の本質（$\tau\grave{o}$ $\chi\alpha\lambda\kappa\hat{\omega}$ $\epsilon\mathring{\iota}\nu\alpha\iota$）」と「未造形の本質（$\tau\grave{o}$ $\mathring{a}\sigma\chi\eta\mu\alpha\tau\acute{\iota}\sigma\tau\omega$ $\epsilon\mathring{\iota}\nu\alpha\iota$）」を区別する。これらの例において，人間や青銅は基体または質料の例であり，無教養や未造形は欠如の例である。だが，無限の本質が欠如であるならば，（E2）と無限を質料とする主張は簡単には両立できない。シンプリキオスが指摘するように，形相と欠如は互いに対立するのと同様に，無限と有限は対立する。そして，無限が形相を与えられて有限になったならば，欠如である限り，無限は消失するはずである[80]。だが，もし無限が形相を与えられれば消失するのであれば，基体として持つべき特性，すなわち運動変化の前後において存続するという特性を無限は持たない。

　この問題は，（C2）「無限は不可知である」と関連する。無限は不可知であるという記述自体は『分析論後書』第 1 巻第 24 章 86a5 をはじめとしたアリストテレスの著作に散見される[81]。ただし，引用 C によれ

程が物理的物体で起こるとき，（a）無限，すなわち部分の無限の集合は，質料が可能的に存在するのと類比的な形で可能的にのみ存在する，（b）無限が『可能的に全体である』のは，付加によって可能的に全体を構成するという意味である，それゆえ，（c）無限は大きさの完全性が構成されている材料である」（Hussey, 87. cf. Bowin, 242-243.）。

　80）　Simplicius, 513.

　81）　「無限は不可知である」という記述は，『分析論後書』第 1 巻第 24 章 86a5 以外にも『自然学』第 1 巻第 4 章 187b7-9，『形而上学』B 巻第 4 章 999a27，『弁論術』第 2 巻第 3

5 分割無限の質料性　　87

ば，無限が不可知であるのは，無限自身が持つ特性によるのではなく，無限が質料であることによる。それゆえ，（C2）は質料の不可知性からの帰結として解釈すべきである[82]。

質料が不可知であることを一般的に指摘する論点としては，『形而上学』Z 巻第 10 章 1036a8-9 が挙げられる。該当箇所においてアリストテレスは「質料はそれ自身では不可知である」と述べる。ただし，この発言は難解である。この発言の直後に質料の例として青銅と木材という例が挙げられるが（1036a10），もし青銅が不可知であるならば，青銅を青銅としてわれわれは知ることができないことになるからである。

この疑念を解決するには，ハルパーが指摘するように，青銅や木材はいかなる意味でも不可知だとは書かれていないことに着目すべきだろう[83]。1036a8-9 は質料「それ自身」は不可知だと述べる。この発言は，青銅が青銅自身として見なされた場合に青銅は不可知だという主張ではなく，青銅が彫像の質料と見なされた場合にその青銅は不可知であるという主張だと解される。他方，青銅を結合体としての青銅と見なした場合は，その青銅は知られうる。なぜなら，青銅は青銅の形相を持つから

章 1402a6 に見られる。そして，これらの記述と『自然学』第 3 巻第 6 章 207a24-28 との関連性が指摘されることがある（Hussey, 88. Keyt (1983), 374 等）。ただし，これらの箇所を（C2）の解釈に直接援用することは難しい。たとえば，『自然学』第 1 巻第 4 章 187b7-9 では，無限は無限である限り不可知であり，多さにおける無限や大きさにおける無限は不可知な量の一種であり，種における無限は不可知な性質の一種である，と述べられる。この箇所における語「無限」の指示対象は分割無限を含みうるものの，分割無限以外の無限や数的無限をも含む。それに対し，（C2）における「無限」は分割無限を専ら指示すると考えられるからである。

82)　アポストルによれば，無限の量をわれわれが知ることができないのは，無限が生成過程にあるからである（Apostle, 235. cf. Glazebrook, 208）。この提案は分割無限のあり方から無限の不可知性を説明する試みであるが，この提案には質料の概念がほとんど役割を果たしていないという問題点がある。

83)　Halper, 105. これとは異なる理解として，スカルサスは『形而上学』E 巻 2 章 1027a13-21 を参照し，質料は付帯的なものの領域に属するが，付帯的な物事には学が存在しないからであると論ずる（Scaltsas, 94-95）。他方，オーウェンズは質料が知られうる条件として『自然学』第 1 巻第 7 章 191a8-12 を参照する（Owens, 338-339）。この箇所は基体の本性は類比に即して知られうると述べる。そして，基体との類比は，彫像に対する青銅やベッドに対する木材，一般的には形相（μορφή）を持つものに対する未だ形相を持たない無形（ἄμορφον），という形で説明される。このように類比的な説明によってのみ質料は知られうる。

である[84]。

　以上の見解を『自然学』の無限論に導入しよう。すると，(C2)「無限が不可知である」は，分割無限と質料の関係に関して次のことを示すことになる。まず，分割無限と質料との関係が語られる文脈における「質料」は，結合体ともみなしうる質料ではなく，あらゆる形相を欠いた質料を意味する。それゆえ，質料としての分割無限は，彫像の質料としての青銅とあり方を異にする側面を持つ。なぜなら，青銅は青銅の形相を有し，質料と形相から成る結合体とも見なしうるのに対し，分割無限はいかなる形相も持たないからである。そして，(A1)「無限は質料のように可能的にある」における「質料」もあらゆる形相を欠いた質料を意味するならば，命題「青銅が可能的に彫像である」は青銅が将来現実的に彫像になることを含意しうるのに対し，(B2)「無限は可能的に全体である」は分割無限が将来現実的にある全体となることや，ある一定の量になることを含意しない。なぜなら，分割無限はいかなる形相も持ちえないからである。

　このように無限論における質料概念を理解すれば，分割無限が可能的にのみ存在するという見解と，分割無限が質料であるという見解は整合する。分割無限が現実的に存在するには，分割無限は形相あるいは限界を受容し，ある一定の量とならねばならない。しかしながら，分割無限が限界を与えられ，形相を受容したならば，もはや分割無限は無限ではなく，限界を持つもの，すなわち有限となり，もはや無限ではない。それゆえ，分割無限は結合体とも見なしうる質料ではなく，形相を必然的に欠くような，欠如としての質料である。

　以上の考察をまとめよう。分割無限が質料の一種であるのは，分割無限が可能的にのみ存在することから類比的に帰結することではない。この扱いの出発点は，分割無限が大きさを構成する部分であるという洞察である。ただし，分割無限はいかなる限界も持たず，いかなる形相も持ちえない。それゆえ，分割無限は欠如としての質料であり，その存在はあくまで可能的なものに留まるのだろう。

---

84)　cf. *Met.* Z 10, 1036a8-9.

6 無限論と運動の概念

　無限論の冒頭で，アリストテレスは，自然に関する学は大きさと運動と時間に関わり，これらの大きさ，運動，時間は無限か有限であることが必然であると述べる（*Phys.* III 4, 202b30-34）。その一方で，無限論に先行する運動論においては，無限を論ずる必要性を運動と連続性との関係から訴えていた（*Phys.* III 1, 200b16-21）。では，運動論との関係で無限論の意義を捉えたとき，無限論は運動一般の解明にどのような寄与をしたのか。

　まず，無限論の『自然学』第 3 巻第 5 章は無限を実体としての無限と属性としての無限に細分していた。この細分は，第一にアリストテレスが彼自身のカテゴリー概念，第二にカテゴリー概念にまつわる実体の離存性と，それ以外のカテゴリーの非離存性の前提に基づく。さらに，当該箇所後半で無限に関する考察を無限大の物体に制限したことは彼の無限論は自然学的観点から遂行されていたことを示唆する。また，『自然学』第 3 巻第 5 章後半における無限大の物体を否定する議論は，今日まで解釈者が強調してきたように，アリストテレス独自の自然哲学理論である四元素説に依拠する議論が多く見える。おそらく，四元素説が無限論に内在する主要な物体観であり，無限大否定論を成立させる必要条件だと見なすのは正しい指摘である。しかしながら，無限論には四元素説に還元されない物体観がある。「ある物体が存在するならば，その物体はどこかにある」という存在論的条件と，「同じところに 2 つ以上の物体は存在しない」という物体の排他性である。四元素説に加えて，これらの物体観も宇宙を有限なものととらえるアリストテレスの自然学的世界観の基盤に数えるべきであろう。そして，この世界観は後続の『自然学』第 4 巻第 1-5 章における場所論で表明される天界に関する諸見解，たとえば万物の共通の場所は天界である（*Phys.* IV 2, 209a33-b1）や，天界を包むいかなる物体も存在しない（*Phys.* IV 5, 212b8-10）等を正当化するために必要な見解である。

　もっとも，『自然学』第 3 巻第 1-3 章との運動論との関係で重視すべ

きは，やはり『自然学』第3巻第6-8章で展開された分割無限の議論だろう。

　本章の検討からは，分割無限は可能的にのみ存在し，有限の大きさを構成する質料であるが，本性的には限定を欠いた欠如と見なされていることが確認された。質料として捉えられた分割無限の概念と『自然学』第3巻第1章の運動論との関連については，まずリアーが指摘した次の2つを挙げることができる[85]。第一に，無限論の議論は，自然的対象の物理的延長の内部構造を明らかにしている。第二に，運動の分割性を説明することに寄与している。

　ただし，これらの指摘に加えて，無限論が運動論に果たした寄与をもうひとつ挙げることができる。本書第1章で示したように，アリストテレスにとって運動一般の理解には，物体の現実的な状態と，その物体の運動が終わる終局の状態を必要とする。そして，前者は現実態であり，後者は可能態である。しかし，可能態として見なされる状態と現実態として見なされる状態のそれぞれは区別できる。たとえば，彫刻が施されつつある石と，完成品としての彫刻は区別できる。

　他方，『自然学』第3巻第7章 207b21-25 で彼は大きさにおける無限と，運動における無限と，時間における無限は同じではないが，大きさにおける無限に即することによって運動における無限が，運動における無限に即することによって時間における無限が語られると指摘する。そして，大きさの連続性を分割無限が可能的に存在すると主張することによって確保できるなら，そこから派生的に運動の連続性も確保されることになるだろう。すると，運動する対象の現実的な状態と，その運動する対象が向かう終局の状態は，非連続で断絶した状態ではなく，その間に連続性を有する延長が存すると見ることができる。彫刻が施されつつある石と，完成品としての彫刻は区別されるものの，両者の間には連続性がある。

　このように，『自然学』第3巻第4-8章の無限論は，物体が持つ大きさ，あるいは空間的延長の連続性を確保するのみならず，空間的延長の連続性を分割無限の存在によって確保することを通じて，運動の定義に

85）　Lear (1988), 65-66.

おける可能態と現実態の 2 つの状態の間に連続性を確保するという寄
与を果たす議論として位置づけられる。

第 3 章

場 所 論

——固有の場所と運動概念——

1　は じ め に

　アリストテレスの『自然学』第 4 巻第 1-5 章は「場所」（τόπος）を考察する議論である[1]。彼はこの場所論において複数の課題を挙げている。その冒頭の『自然学』第 4 巻第 1 章 208a27-29 は場所が存在するか否か，場所はどのように存在するか，場所は何であるかという 3 つの問いを挙げる[2]。さらに『自然学』第 4 巻第 4 章 211a7-11 は，場所の

---

　　1)　アリストテレスの場所概念に関する古典的問題として，『自然学』の見解と『カテゴリー論』の見解との不一致がある。『カテゴリー論』第 6 章 5a8-14 は，場所が連続性を有することを説明するために，物体の諸部分が共通の境界を持つゆえに，物体の諸部分が占める場所の部分も共通の境界を持つ，と論じる。この記述は，『カテゴリー論』では場所が 3 次元的延長かつ物体と重なり合うものとして扱われていることを示す（King, 87-88. Mendell, 208-210）。しかし，『自然学』で提示された場所の定義である「包むものの第一の限界」は，場所が厚みを持たず，物体と重なり合わないものとして最終的には析出されたことを示す。それゆえ，ヤンマーは『カテゴリー論』は「空間」を論じ，『自然学』は「場所」を論じた，と分析する（Jammer, 17. cf. Sorabji (1988), 187）。しかし，『自然学』と『カテゴリー論』のどちらでもアリストテレスは τόπος を用いており，彼が意図的に別々の概念を論じた形跡は見られない。ファーリーによれば，両著作における見解の相違の根源は，『カテゴリー論』が物体の部分それぞれが場所を持つことを容認するのに対し，『自然学』はこのことを容認しないことにある（Furley, 19-20）。両著作の見解の相違を発展史的に解消する試みとしてメンデルの考察がある。この考察によれば，『カテゴリー論』の場所概念はプラトンの『ティマイオス』における χώρα 概念の影響下で論じられており，また，『カテゴリー論』ではあらゆる述語づけは究極的には実体に関する述語づけに結びつくので，ある実体の場所はその実体に属するという立場が導かれるが，『自然学』の場所論では，場所と物体の離存性が問題となるので『カテゴリー論』での立場をアリストテレスは放棄した（Mendell, 213-226）。

　　2)　「自然学者は無限と同様に，場所についても知らなくてはならない。場所は存在する

94　　　　　　　　　　　　第3章　場所論

定義によって，場所に関する難問が解決され，そして場所が有すると思われる性質が事実であることが説明され，さらに場所に関する難問の原因が明らかにならねばならないと述べる[3]。

　ただし，場所論が置かれた文脈を考慮すると，これらとは別の課題が果たされていることも期待される。場所論冒頭では，場所的運動あるいは移動は最も共通の運動であることが指摘されている（*Phys.* IV 1, 208a31-32）。したがって，場所論は運動概念の解明となんらかの形で関係しているはずである。とりわけ，アリストテレスが場所論で与えた場所の定義は物体の移動の説明に寄与することをわれわれは期待する。

　アリストテレスは『自然学』第4巻第4章212a6で場所を「包むものの第一の限界」と定める。他方，『自然学』第3巻第1章で提起された運動の定義や，『自然学』第5巻第1章224b1をはじめとした箇所で言及される「あらゆる運動は何かから何かへと変容する」という運動変化の原則は，運動をわれわれが理解し，記述するには，①運動する対象に加え，2つの異なる項が必要であることを示す。すなわち，②運動する対象の現実的な状態と③運動が終了する状態である。運動の一種である生成変化の場合，建築活動を例にとれば，（A）建築前あるいは建築過程の木材と，（B）完成した家が想定できる。同様に，運動の一種である移動の場合，その2つの異なる項は，（A）その物体が現にある場所と，（B）そこに到達すればその移動が終わる場所となるだろう。たとえば，アテナイからデルフォイへの移動を記述するためには，（A）

か否か，場所はどのように存在するのか，場所は何であるのか」（*Phys.* IV 1, 208a27-29）。この3つの問いのうち場所はどのように存在するか（πῶς ἔστι）という第二の問いで対応する議論および求められている内容は不明瞭である。実際に，場所論は「場所についても，それが存在すること，およびそれが何かということが語られた」（*Phys.* IV 5, 213a10-11）という言葉で締めくくられており，あたかもアリストテレスは第二の問いを忘却したかのような印象を受ける。ロスの提案によれば，第二の問いの内実は場所が離存する実体として存在するか，ものの形相か質料といった要素として存在するか，包まれる物体外部の物体の要素として存在するか，という議論である（Ross (1936), 562)。（ロスは明示していないが，第二の問いには『自然学』第4巻第2章と第4巻第4章が対応するのであろう）。

　3)「探求は次のように行われるように努めるべきである。場所の何であるかが示されることによって，疑問となっていることが解決され，場所が持つ性質と思われることは実際に場所が持つ性質であり，さらに場所に関する了解困難な難問の原因も明白にならねばならない。」（*Phys.* IV 4, 211a7-11）

アテナイ，（B）デルフォイを想定すればよい[4]。

このような移動の説明項として要求される2つの場所を，場所の定義である「包むものの第一の限界」が識別することができるなら，この定義はあらゆる移動を説明する力を持つと想定される。しかし，この識別は単純には果たされない。なぜなら，場所の定義が説明に成功する移動は限られるように感じられるからである。

たとえば，飛び込み台からプールに飛び込むという移動は，説明に成功する例である。「包むものの第一の限界」に即せば，水中の人間の場所はその人間と水が触れ合う水側の接触面あるいは限界であろうし，飛び込み台の上の人間の場所はその人間と空気が触れ合う空気側の限界であろう。それゆえ，プールへの飛び込みは，その人間と空気が触れる空気側の限界と，その人間とプールの水が触れ合う水側の限界という2つの場所によって記述できる。このように，移動の前後でその物体を「包むもの」の差異が明確な移動に関してならば，場所の定義に即した形で説明可能である。

だが，物体が移動しても，移動前の「包むものの第一の限界」と移動後のそれに差異を認め難い場合がある。机の上に置かれたビー玉が，その机の上を5cmほど移動した，という例を考えよう。ビー玉の移動前の場所は，ビー玉と机および空気との限界である。だが，ビー玉の移動後の場所も，ビー玉と机および空気との限界である。このように移動の前後でその物体を「包むもの」が同一であるような短い移動を，場所の定義は説明できないように思われる。

また，物体が移動していなくとも，「包むもの」が異なる場合がある。水の入ったコップにビー玉を入れ，そのビー玉が移動しないように水を吸い出したとしよう。水を吸い出す前のビー玉の場所は，ビー玉と水が触れ合う水側の接触面である。また，水を吸い出した後のビー玉の場所は，ビー玉と空気が触れ合う空気側の接触面である。だが，コップの底にあるビー玉は移動してはいない[5]。

　4）　ただし，奇妙にもアリストテレスは場所論で「東京」や「リュケイオン」といった地理的対象を具体事例として挙げない。

　5）　このような問題点はテオフラストスによって古くから提起されてきた。「留意すべきは，テオフラストスも彼の『自然学』で提起した，場所に関してアリストテレスが与えた議

96 第3章 場所論

　このようにアリストテレスが与えた場所の定義は，必ずしも移動前と移動後の場所の違いを説明することもできなければ，移動と静止を区別することもできないものであるように見える。

　場所の定義が孕む問題はこれのみではない。アリストテレスは『自然学』第4巻第4章212a6で提起した「包むものの第一の限界」を洗練させ，『自然学』第4巻第4章212a20-21において「包むものの第一の不動の限界」（τὸ τοῦ περιέχοντος πέρας ἀκίνητον πρῶτον）を場所の定義として再提示する。しかし，「不動の」を付加した第二の場所の定義はさらなる難点を産む。その問題のひとつは，場所の定義中の「第一の」と「不動の」が不整合を起こすことである。机の上のビー玉において，ビー玉を取り囲む机や空気は動きうる。そうであるなら，ビー玉を「包むものの不動の限界」とは何を指示するのだろうか。

　以上のように，『自然学』で提起された場所の定義は解釈上の問題を抱える。これらの問題のもとで本章が目指すのは，場所論が立脚する基盤を開示することを通じて，移動を説明する能力を持つような場所の定義の理解を提示することである。この目的のために，まずはアリストテレスが場所に与えた「固有性」と「離存性」の特色を確認する。次に，『自然学』第4巻第1章で導入するエレア派のゼノンが挙げた場所のパラドックスに関し，彼の応答を検討することによって，場所がどのような形で存在するとアリストテレスが見なしたのかを解明する。そして，場所の「不動性」に関する難点を検討しつつ，「包むものの第一の不動の限界」がより具体的にはどのような対象を指示しうるかを考察する。最後に，場所の定義中の「限界」に注目することによって，小さな移動

論に対する次の問題である。(1) 物体が表面のうちにあることになる，(2) 場所が動き得るものとなる。(3) すべての物体が場所のうちにあるわけではなくなる。なぜなら恒星〔の天球〕は場所のうちにはないからである。(4) もし，諸天球〔のすべて〕を統合したならば，宇宙は場所のうちにはないことになる。(5) 場所のうちにあるものは，もし包むものが取り除かれたなら，もはや場所のうちにないことになる」。(Simplicius, 604. FHS&G, 146, 1-4, 引用中の括弧内番号は FHS&G, 303 の翻訳に即する)。このうちの (5) が本書の疑念に対応する (cf. Sorabji (1980), 196)。なお，これらの問いを通じてテオフラストスがアリストテレスの場所の定義を拒絶したのか否かについては見解が分かれる。この箇所をヤンマーやアルグラはアリストテレスの場所論に対する挑戦と見なす (Jammer, 21. Algra, 237)。他方，モリソンによれば，テオフラストスはアリストテレスの場所の定義を否定した資料的論拠はなく，「包むものの第一の限界」を保持している (Morison (2010))。もっとも，アリストテレスの場所の定義にテオフラストスが問題点を指摘していることは否定できないであろう。

も説明する能力を持つような場所の定義の理解を提示したい。

2 場所の要件

場所の定義を提示する直前の『自然学』第4巻第4章210b34-211a5でアリストテレスは場所の定義が説明可能であるべき，場所に属する6つの性質を挙げる[6]。順に，① 場所は事物を第一に包む，② 場所は事物の部分ではない，③ 場所は事物よりも大きくも小さくもない，④ 場所はその事物から離存しうる，⑤ 場所はすべて上と下を持っている，⑥ 物体のそれぞれは本性によって移動し，固有の場所に止まる，である。この性質のうち①から④は『自然学』第4巻第2章における考察において提示された場所が有する2つの要件に関わる。本節はその2つの要件を確認する。

2.1 場所の固有性

『自然学』第4巻第2章でアリストテレスは次の文言から場所の探求を開始する。

　　ものはある場合には自体的に言われ，別の場合には派生的に言われ

---

6)　210b34-211a5 で挙げられる性質を本書のように6つではなく，①と②，⑤と⑥を結合して合計4つとする解釈もある。6つとする解釈はシンプリキオスに見られ（Simplicius, 565），近年ではロス，ハッセイ，モリソンらが採用している（Ross (1936), 364. Hussey, 26. 111-112. Morison (2002), 104)。それに対し4つにまとめる解釈をラング，アルグラ，マックギニスは支持する（Algra, 172. Lang, 78-79. McGinnis, 142)。ラングによれば，テキストで①と②，⑤と⑥を結ぶ καί を選言的に理解するのは文法的に不自然であるゆえ，これらの καί はたとえば①と②を説明していると理解すべきだとする。たとえば①と②は，「事物を包む」ことは「事物のいかなる部分でもない」ことと強い関連性がある，あるいは同値である。この提案に私見を述べるならば，たしかに「事物を包む」ことは「事物のいかなる部分でもない」ことを含意するように感じられるものの，いかに前者から後者が導き出されるのかが説明されていない。また，『自然学』第4巻第4章 211b10-11 の「型式が，それがものを包むゆえに，〔場所で〕あると思われる」という記述にも注意が必要であろう。この記述は，「事物を包む」ものはその事物の型式と同一視される場合があり，それゆえ「事物を包む」ことと「事物の部分である」ことの両立可能性が（少なくとも素朴な見解として）あることを示唆しているからである。以上の疑念のゆえに，本書はラングらの見解を採用せず，210b34-211a5 で挙げられる性質を6つとした。

る。それゆえ，そのうちにすべての物体がある場所は共通のもので
あり，そのうちに〔ある物体が〕第一にある場所は固有の場所であ
る。たとえば，天界のうちに君が今いるのは天界のうちにある空気
のうちに〔君がいる〕からであり，さらに空気のうちに〔君がいる
のは〕空気のうちにある大地のうちに〔君がいる〕からであり，同
様に，それのうちに〔君がいるのは〕，君以外に何ものも包んでい
ないこの場所のうちに〔君がいる〕からである。もし，場所がそれ
ぞれの物体を第一に包むものであるならば，〔場所とは〕何らかの
限界ということになるだろう。(209a31-b2)

アリストテレスは共通の場所と固有の場所の2種類の場所を区別する。
すなわち，あらゆる物体に共通の場所である天界と，ある単一の物体に
固有の場所である。そして，ある物体の場所が空気や大地であると言い
うるのは，空気や大地のうちにその物体の固有の場所があるからであ
る。そして，その物体に固有の場所以外の場所がその物体の場所である
のは，固有の場所からの派生による。

　この「場所の固有性」がアリストテレスの場所の考察の出発点であ
る。ここでその特色に関して，次の3点を確認しておこう。第一に，
場所の固有性は，『自然学』第4巻第4章210b34-211a5で場所に要求
された要件のうち，① 場所は事物を第一に包む，に対応する。そして，
場所の定義である「包むものの第一の限界」には，「第一の」が対応す
る。ただし，場所論の射程は，ある物体の固有な場所が何であるかを説
明するだけに留まらず，ラングが指摘するように，その物体の派生的な
場所がいかなる意味でその事物の場所と言えるのかを説明することまで
広がっている[7]。たとえば，『自然学』第4巻第5章212b16-19において，

---

7)　Lang, 75. cf. Morison (2002), 79-80. ただし，ラングは『自然学』第3巻第1章
200b21-25に解釈の論拠を求めている。彼女は次のように論じる。「このような理由と，そ
れらがすべてに共通で普遍的なものであるという理由で，〔運動を〕論じた者はそれらひと
つひとつについて探求するべきである。固有なものについての考察は共通なものについての
考察よりも後だからである」。ラングの解釈はこの箇所に現れる「固有」($\iota\delta\iota os$) と「共通」
($\kappa o\iota\nu\acute{o}s$) の図式を，上で引用した『自然学』第4巻第2章209a31-b2における「固有」と
「共通」に当てはめている。しかし，この解釈には疑念がある。『自然学』第3巻第1章の引
用における「共通」とは文脈的に「場所や空虚や時間があらゆる運動に共通」(Waterfield, 56.
cf. Ross (1936), 359) という意味であり，『自然学』第4巻第2章209a31-b2における「共通」

すべてのものは天界のうちにあるが，天界は場所ではなく，天界に属し，動きうる物体に接触する境界（ἔσχατον）がすべての物体の場所だと主張する。この「境界」は運動の定義における「限界」に対応している[8]。このように，万物にとって共通の場所である天界が，アリストテレスはいかなる意味で場所であるのかを場所の定義を用いて説明している。それゆえ，場所の定義は，それぞれの物体に固有の場所を指示するだけではなく，「万物の場所は天界である」における「天界」や「船の場所は川である」における「川」のように，日常的にも用いられうるような場所の用例も正当化する。このように，場所の定義は場所に関する日常的発言を精密にしたものではあっても，放棄させるものではない。

　第二に，場所と物体との関係についてである。場所の考察の導入において，彼は物体から独立した存在として場所を扱ってはいない。むしろ，彼は何かの場所，つまり特定の物体や実体が有するものとして場所を扱っている。この洞察は，場所と物体との関係を破棄せず，むしろ強固に保持していることを示している。引用に継続する議論で，彼が場所の候補として物体の形相と質料を挙げるのは（*Phys.* IV 2, 209b2-11），このような基本的態度から導かれる推察であろう。

　第三に，場所をその物体に固有のものと見なすべき理由についてである。モリソンは，場所に固有性を求める利点が2つの問題の解決にあることを挙げる[9]。第一の問題は，ある人物 X がある家のうちにおり，その家の中の台所のうちにおり，さらにその人物以外を包まないもの「P」のうちにいる場合，X の場所は家でもあり，台所でもあり，P でもあることになる。つまり，ある単一の物体には複数の場所を挙げることができてしまう。第二の問題は，ある人物 X と別の人物 Y が同じときに台所にいた場合，X と Y は台所という同じ場所にいることになる。同じ場所にいるのであれば，X と Y の場所を区別することはできない。人物 X と人物 Y の固有の場所とそれに派生的な場所を区別することは，この2つの問題を防ぐ。そして，「2つ以上の物体は同じ固有の場所に

とは「天界があらゆる物体に共通」という意味である。それゆえ，ラングが想定するような並列関係を読み込むことは難しい。

　8）　ロスに従い，この τὸ ἔσχατον を内部の表面と理解する（Ross (1936), 578）。

　9）　Morison (2002), 8-10.

100 第3章 場所論

同時に存在できない」と，「ある1つの物体が2つ以上の固有の場所に同時に存在できない」という原則を解決する鍵となっている。

おそらく，モリソンの指摘は正しい。ただし，この指摘は同時刻における場所に着目している。だが，場所論が運動論に後続する議論であること，そして，場所論においてアリストテレスは物体を静的なものではなく，動的なものとして見なしていることを考慮するならば[10]，この指摘はさらに時間的にも拡張可能である。ある物体に固有ではない場所は，その物体が移動したとしても同一である場合がある。Xの場所をXに固有なものと見なさない場合，Xが台所の中を移動したとしても，Xの場所は台所で固定される。しかし，台所の中であっても，移動前のXの場所と移動後のXの場所は区別できなければならない。つまり，物体の移動を説明するには，その物体の場所に時間的な側面からも固有性が要請される。もし，同時刻に台所にいるXとYの場所がそれぞれ固有のものであり，それぞれの固有の場所がXとYの場所を区別することを可能にするならば，同様にXの移動前の固有の場所と移動後の固有の場所も区別できるはずである。

以上のような特性を持った場所の固有性は，場所の定義中の「第一の限界」に関わる。この定義がどのようにXの移動において移動前のXの場所と移動後のXの場所を区別できるかという問題に答えるには場所の定義の解釈が必要となるが，その解釈のために場所が有するもうひとつの要件の確認へと移ろう。

2.2 場所の離存性

『自然学』第4巻第2章でアリストテレスは場所の候補として，物体の形相と物体の場所を挙げ（209b2-11），続く第4章では物体とそれを包む物体の間に想定される「すきま」（διάστημα）[11]と，その物体を包

---

10) 「ここで，包まれる物体とは移動の仕方で運動しうるものである」（*Phys.* IV 5, 212a6-7）。cf. *Phys.* IV 2. 210a2-4. *Phys.* IV 4. 211a12ff.

11) 「物体とそれを包む物体の間にあると想定されるすきま」を否定する『自然学』第4巻第4章211b14-25は内容だけではなく，テキスト上においても困難を抱える。アリストテレスがこの箇所で，場所を「すきま」と想定すると場所の概念が無限後退に陥ることを示そうとしていることは確実である（b24-25）。しかし，まずこの「すきま」の語の意味が判明ではない。この語の意味は211b19-21のテキスト校訂に依拠する。この箇所をベッカーは εἰ

2　場所の要件　　101

む外部の物体の境界を挙げる（211b7-9）。場所の定義を論ずる文脈にお
いて，形相と質料を場所の定義の候補から除外するためにアリストテレ
スが求めた場所の特性のひとつが場所の離存性，つまり包む物体から場
所は離れて存在しうるという性質である。

　『自然学』第4巻第1章でアリストテレスは場所が存在する証拠と
なるパイノメナのひとつとして，水と空気の相互置換を挙げる（208b1-
8）。水を容器から捨てれば，容器には空気が水と入れ替わりに置換され
る。水が入っているとき，容器は「水が入った容器」として水と結びつ
いており，水が流れ出たなら「空気が入った容器」として空気と結びつ
いている。だが，容器の中に入っているものが何であろうが，容器は内
容物の違いに関わらず存在する。内容物がいかなるものであっても，容
器は存続し続ける。このような場所と容器との類似性を背景に[12]，アリ

δ' ἦν τι τὸ διάστημα τὸ πεφυκὸς καὶ μένον ἐν τῷ αὐτῷ τόπῳ, ἄπειροι ἂν ἦσαν τόποι, す
なわち「もし，ある『すきま』が本性的なものであり同じところに留まるものだとすると，
場所は無限となるだろう」と読む。これに対しロスは，テミスティオスのパラフレーズに即
し（Themistius, 166），εἰ δ' ἦν τι [τὸ] διάστημα‹καθ' αὑτὸ πεφυκὸς ‹εἶναι› καὶ μένον›, ἐν
τῷ αὐτῷ ἄπειροι ἂν ἦσαν τόποι「もし，本性的にそれ自体で存在し，留まるような何らか
の『すきま』があるとすると，同じところに場所が無限にあることになるだろう」と訂正す
る。両者のテキストの違いは次のようなものである。ロス校訂に従えば，この「すきま」は
あらゆる物体から離存するものを意味し，結果としてあらゆる物体から独立して存在する空
間や空虚を指示する。ベッカー校訂に従えば，この「すきま」は必ずしもあらゆる物体から
の離存性を持たない。ハッセイはロスの校訂に対し大きなテキストの修正と，続く
b23-25の文意が不明瞭になることを疑問視し，ロスの提案を却下して「すきま」を包む物体
に依拠し，包む物体とともに移動する延長（extention）と見なす（Hussey, 115-116）。メンデ
ルは後続の空虚論との関係を強く見て，ロスの理解を採用するが，211b14-25に対する明確
な再構成を行っていない（Mendell, 220-221）。モリソンはロスの理解を採用しつつ，212b21-
22で具体事例として導入される述べられる水と空気の相互置換を水が容器から抜け出るプ
ロセスと見なし，容器の中の水は特定の「すきま」（interval）を占拠するが，この「すきま」
の内部には無限の「すきま」があり，この無限の「すきま」を水が抜け出る間のある時点で
空気の一部が占有するが，同時あるいは重なり合って存在する，と解する（Morison (2002),
123-132）。この解釈が現在のところ最も妥当な理解だと思われる。ただし，この211b14-25
に関して次のことを指摘しておきたい。ロスの理解を採用し，「すきま」をいかなる物体も欠
いた純粋な延長と解した場合，211b14-25は後続する空虚論を先取りし，「すきま」あるいは
空虚が存在しないことをも示す議論となる。だが，文脈的には，211b14-25は場所の候補の
妥当性を検討しており，また211b14-25が導く難点は場所が移動すること，場所の場所が発
生することの2点である。それゆえ，211b14-25はもし物体を欠いた「すきま」が存在した
としても，それは場所とは見なされない，という弁証法的な議論と解するべきである。ここ
で「すきま」あるいは空虚の存在非存在の積極的な議論は行われていない。

　12）「さらに次のことも明らかである。容器は内容物に属するものではないから，（なぜ

ストテレスは場所に関して 2 つの性質を指摘する。第一の性質は，それぞれの物体の場所はその物体からの離存性を持つことである（*Phys.* IV 2, 209b22-24）。第二の性質は，物体 X の場所は X の部分でもなければ X の様態でもないことである（*Phys.* IV 2, 209b27）[13]。この性質は『自然学』第 4 巻第 4 章 210b34-211a5 で挙げられる 6 つの性質のうち④に該当する。それゆえ，X の場所は，X を包むものであるが，X の形相ではなく，X を外から包むものに求められることになる（*Phys.* IV 2, 209b27-33）。

　ただし，場所に求められた離存性については，次の 2 点に留意する必要がある。第一に，この離存性はある対象 A と B が空間的に離れても存在しうるという意味での場所的な離存性であって，定義的な離存性や，思惟によって離存しうる，という意味での離存性ではない。なぜなら，場所論では感覚的対象である物体の実際の物理的移動が扱われているからである。

　第二に，この離存性は通常の空間的離存性とは異なる側面がある。時刻 t_1 における物体 X の場所 P_1 とし，時刻 t_2 において X が P_1 から離れ，場所 P_2 に移動した場合，場所 P_1 は，正確に言えばもはや X の場所ではない。X と入れ替わりに入った別の物体 Y の場所である。物体とその場所には離存性があるが，実際に両者が離存したときには，その場所は別の物体に属する場所となる。また，X と P_1 が離存するとしても，X がいかなる場所も喪失するということにもならない。

　また，さらに注意せねばならないことは，ここでアリストテレスは場所を容器と類比的に扱うことで，物体とその場所の離存性を導出しているが，後の議論では場所と容器を区別することである。両者の最大の

なら第一義的には「それ」と「それのうちにあるもの」は異なるからである），場所は形相でも質料でもなく，それらとは異なるものである。なぜなら，これら質料と形式は内容物に属するからである」（*Phys*, IV 3, 210b27-31）。他の箇所では 210a24, b11, 28, 211b16, 23, 212a13, 14, 15 において言及される。

　13）場所を物体の形相と質料から区別する議論は本文中に挙げたほかに 3 つある。事物は事物それ自らの場所（火の元素を持つ軽い物体にとっては上）に運ばれることはできない（210a2-4）。事物の場所がその事物のうちにあるとすると，場所が場所のうちにあることになる（210a5-9）。空気の形相か質料がその場所であるとすると，空気から水が生じれば，その空気の場所は消滅する（210a9-11）。

2　場所の要件　　　103

違いは，容器は物体だが，場所は物体ではない，という点にある[14]。た
だし，この区別から場所はいかなる物体からも離存する，換言すれば
場所は実体性を持つ，という見解を引き出すことはできないように思わ
れる。たしかに，この見解を支持する発言が『自然学』第4巻第1章
に見出される。アリストテレスは，ヘシオドスの『神統記』を場所の
存在を示す第四のパイノメナとして用い，存在するものにとっては場
（χώρα）が最初にあることが必要だと解釈する（208b32）[15]。ここから
彼は次のように述べる。

　　もし，場所がそのようなものであるなら，場所の能力は何か驚くべ
　　きものであり，すべてのものよりも前のものであろう。なぜなら，
　　それを欠いては他の何ものも存在せず，他のものが存在しなくとも
　　存在するものは，第一のものであることが必然的だからである。場
　　所はその場所のうちに存在するものが消滅しても消え去ることはな
　　い。（208b34-209a2）

ヘシオドスの（アリストテレスによる解釈を通じた）場所の見解がアリス
トテレス自身も同意するものであるならば，アリストテレスにとって，
場所は物体から離存し，実体性を持つ対象であるばかりではなく，万物
の根源でもあることになろう。しかし，ヘシオドスの見解にアリストテ
レスは賛同しているかは疑わしい。ハッセイが指摘するように，場所論
の中にアリストテレスが場所を存在の根源として扱っている記述が見出
せないからである[16]。また，ヘシオドスの見解は，場所が存在すると主

　　14）「場所が物体であることは不可能である。なぜなら同じもののうちに2つの物体が
あることになるから」（*Phys.* IV 1, 209a6-7）。「場所はこのような本性を持つものなので，構
成要素（στοιχεῖα）でも，構成要素から成るものでもありえず，物体的なものでも非物体的
なものでもありえない。場所は大きさを持っているが，いかなる物体でもない」（*Phys.* IV 1,
209a14-17）。

　　15）「あらゆるものの最初に混沌が生じ，次に大地が生じた」（208b30-31）。なお，こ
の箇所に対応するヘシオドスのテキストは『神統記』116-117であるが，ヘシオドスのテキ
ストとアリストテレスの引用の間にはずれが見られる。『神統記』は Ἤτοι μὲν πρώτιστα
Χάος γένετ᾽· αὐτὰρ ἔπειτα Γαῖ εὐρύστερνος と書かれているが，『自然学』のテキストは
πάντων μὲν πρώτιστα Χάος γένετ᾽· αὐτὰρ ἔπειτα γαῖ εὐρύστερνος と書く。『形而上学』A
巻第4章984b27-29も同様である。

　　16）Hussey, 101-102.

張しうる通念的パイノメナのひとつであり，その見解にアリストテレスが必ずしも従う必要がない。

　事実，場所の定義である「包むものの第一の限界」は場所を独立して存在しうるような実体ではなく，包む物体の限界として定めている。ただし，「包むものの第一の限界」という場所の定義が，場所にどのような存在論的位置づけを与え，場所の離存性はどのように確保されるのかは，さらに確認を要する。

3 「うちにある」と場所のパラドックス

　場所の存在論的位置づけを確認するために，場所のパラドックスとそれに対するアリストテレスの返答を確認することにしよう。『自然学』第4巻第1章で彼は場所にまつわる難問を6つ挙げる。その中のひとつが，エレア派のゼノンに由来する場所のパラドックスである。このパラドックスは，場所が存在すると想定すると，場所の概念が無限後退を起こすことを指摘する。この場所のパラドックスの論駁はアリストテレスにとって果たすべき課題のひとつであったと思われる。なぜなら，彼は『自然学』第4巻第3章の大部分を「うちにある」（ἐν）の多義性の分析に費やし，この「うちにある」の多義性によって場所のパラドックスの論駁は達成されるからである。

　ただし，パラドックスに対する彼の返答の要点は明確とは言い難い。だが，この場所のパラドックスに対するアリストテレスの論駁を確認することは，彼が場所に与えた存在論的位置づけを明らかにする。特に焦点を当てるべきは，「限界」としての場所のあり方である。そこで，まず場所のパラドックスの議論構造を押さえたうえで，次にアリストテレスの応答を確認し，そこから「包むものの第一の限界」の存在論的位置づけを確認しよう。

3.1　場所のパラドックスの構造
　場所のパラドックスの論理構造の分析から始めよう。

3 「うちにある」と場所のパラドックス　　　105

さらに，それ〔場所〕が何らか存在するものに属すならば，どこか
に存在するだろう。これについてはゼノンの難問が何らかの説明を
求めている。すなわち，存在するものはすべて場所のうちにあるの
だとすれば，明らかに場所の場所が存在することになり，それは無
限に続くであろう。(209a23-25)[17]

　まず，パラドックスが標的とする命題は

　　A：場所 P が存在する。

である。この存在論的命題 A に対し，パラドックスは「場所はどこか
に存在する」という要件が必要であると主張する。この推移は命題「存
在するものはすべて場所のうちにある」(a23) からもたらされる[18]。す
なわち，

　　B：あらゆる X において，X が存在するならば，X は場所のうちに
　　　　存在する。

ということである。そして，命題 A と命題 B からは，

　　C：場所 P は場所 P_1 のうちに存在する。

が帰結する。パラドックス中の「場所の場所」(a25) とはこの場所 P_1
を指すのであろう。そして，この場所 P_1 が存在するならば，パラドッ

----

　17)　後にアリストテレスは簡潔に「もし場所が何かであるなら，〔場所は〕何かのうち
にあることになる」(*Phys.* IV 3, 210b22-23) と表現する（ベッカー版の ἐν τίνι ではなく，ロ
スの校訂に従い (Ross (1936), 570)，ἔν τινι と読む）。なお，シンプリキオス『自然学注解』
には，エウデモスによる次のような記述が残されている。「およそ存在するものはどこかにあ
ることは有意味である。もし場所が存在するものに属するなら，〔場所は〕どこにあることに
なるのか。おそらく，〔場所は〕別の場所にあるが，その場所はさらに別の〔場所〕にあり，
さらに進んでいくだろう」(Simplicius, 563)。
　18)　ハルパーが指摘するように (Halper, 73)，この前提は物理的物体の存在の仕方が基
準となっているのだろう。

106 第3章 場所論

クスはこの場所 P_1 にも命題 B の適用を求める[19]。それゆえ，

> D：場所 P_1 は場所 P_2 のうちに存在する。

という新たな命題を生む。もう一度場所 P_2 にも命題 B を適用すれば，場所 P_3 が現れることになるだろう。つまり，命題 B を無際限に適用すれば，

> E：場所 P_n は場所 P_{n+1} のうちに存在する。

がどこまでも導かれることになる[20]。それゆえ，場所の存在は

> F：無限後退に陥る。

ことになる。

　ただし，この議論がパラドックスになりうるためには，2つの前提を追加する必要がある。第一の前提は命題 B「あらゆる X において，X が存在するならば，X は場所のうちに存在する」に関わる。アリストテレスはこの命題 B の「場所のうちにある」を場所論冒頭の『自然学』第4巻第1章208a29-31で一般的な通念として挙げている[21]。たしかに，この命題はあるクラスには適切に適用できる。生物としてのライオンが存在するならば，ライオンはどこかに存在する。それゆえ，ライオンの存在に疑念を提起する人を説得するには，その人にライオンの一事例

---

19)　Simplicius, 534.

20)　Simplicius, *ibid.* より厳密には「場所の場所」も存在するという前提を加える必要があるかもしれない。Morison (2002), 85.

21)　「なぜなら，あらゆる人々は存在するものはどこかに（πού）存在する，と思っているからである。というのは存在しないものはどこにも存在しないからである。つまり，トラゲラポスやスフィンクスはどこにいるのか」（208a29-31）。この箇所には「あらゆる X において，X が存在するならば，X はどこかに存在する」と，この命題の逆の「X が存在しないならば，X はどこにも存在しない」を表明していることも確認したい。ただし，論理的には誤りがある。テキストでは「X が存在しないならば，X はどこにも存在しない」が「あらゆる X において，X が存在するならば，X はどこかに存在する」を導出するかのように述べられている。だが，前者は後者の対偶ではない。cf. Simplicius, 521. Morison (2002), 16.

3 「うちにある」と場所のパラドックス　　107

を見せればよい。逆に，ドードーはどこにも存在しないという事実は，
ドードーは存在しないという主張と同値である。ただし，哲学的に見れ
ばこの命題の一般性は疑わしい。なぜなら，どこにも存在しないが，存
在すると主張しうるような存在者をわれわれは想定できるからである。
たとえば，真理や正義といった抽象概念，点や円といった数学的対象，
プラトン的イデア[22]，デカルト的コギト等である。

　すると，場所を存在論的命題 B から除外する存在者と見なし，「場所
は存在するが，どこかに存在するようなものではない」という立場に立
てば，場所のパラドックスは論駁できる。逆に言えば，この論駁を回避
するには，場所のパラドックスに暗黙の前提を付け加えねばならない。
すなわち，場所はライオンやドードー同様に命題 B が適用される対象
である，という前提である。

　また，場所のパラドックスの第二の要点は命題 C にある。命題 C は
「場所 P は場所 P_1 のうちに存在する」と主張するが，この場所 P_1 は場
所 P と同一か。場所 P_1 と場所 P にいかなる違いもなく，同一ならば，
命題 C からもたらされる命題 E は「P は P のうちにある」という命題
の繰り返しとなる。だが，このとき無限後退は生じない。それゆえ，場
所 P_1 はもとの場所 P と異なるものを指示すると解さねばならない[23]。す
るとパラドックスには追加の前提として，ハッセイらが指摘するよう
に，「いかなるものもそれ自身のうちには存在しない」を補う必要があ
る[24]。

　ここで場所のパラドックスをまとめよう。その構造は次のようなもの
である。

　22）　たとえば，プラトン『ティマイオス』52a-b では，場所のうちにない存在が語られ
ている。アリストテレスの『自然学』内では「ところで，プラトンは，何ゆえにイデアや数
は場所のうちには存在しないのかを説明すべきであった」（*Phys.* IV 2, 209b33-35）という言
及が見られる。Ross (1936), 567. Hussey, 99.

　23）　もしかすると，ゼノンは「うちにある」という表現そのものも問題としうるかもし
れない。この表現は内部の存在者と外部の存在者の二者を自然に想定させる。それゆえ，「X
は Y のうちにある」という表現はある意味で存在論的表現と理解することもできよう。「P は
P のうちにある」という命題はトートロジカルで無意味であるが，プラトンの『パルメニデ
ス』218c に見られる思想，すなわち「1」なるものが存在するという主張とは整合性を保っ
ているように見える。

　24）　Hussey, 103. Morison (2002), 89.

108 　　　　　　　　　　　　第 3 章　場所論

　　A：場所 P が存在する。
　　B：すべての X において，X が存在するならば，X は場所のうちに
　　　　存在する。
　　C：場所 P は場所 P_1 のうちに存在する。（B より）
　　D：場所 P_1 は場所 P_2 のうちに存在する。
　　E：場所 P_n は場所 P_{n+1} のうちに存在する。
　　F：無限後退に陥る。

そして，このパラドックスは次の 2 つの暗黙の前提に支えられている。

　　α：場所には命題 B「X が存在するならば，X は場所のうちに存在
　　　　する」が適用される。
　　β：いかなる X も X 自身のうちには存在しない。

3.2　場所のパラドックスに対する応答

　場所のパラドックスに対するアリストテレスの応答は，結論から言
えば，α：場所は命題 B「X が存在するならば，X は場所のうちに存在
する」が適用される対象である，に向いている[25]。場所のパラドックス
を解決するための準備的考察が『自然学』第 4 巻第 3 章 210a14-24 で
ある。そこでアリストテレスは「あるものが別のもののうちにある」

---

25)　『自然学』第 4 巻第 3 章 210a25-b21 の検討は，場所のパラドックスの前提 β「い
かなる X は X 自身のうちには存在しない」に関係しているだろう（cf. Hussey, 109）。この箇
所の議論の流れは難解だが，おそらく次のようにまとめることが可能だと思われる。「X が Y
のうちにある」には「自体的」（$\kappa\alpha\theta'\alpha\dot{\upsilon}\tau\acute{o}$）と「派生的」（$\kappa\alpha\theta'\,\acute{\epsilon}\tau\epsilon\rho o\nu$）の二義性がある。派
生的とは「X が Y のうちにある」が「X が Z のうちにあり」，「Z が Y のうちにある」場合
である（210a27-30）。なお，ロスは「部分が全体のうちにある」という関係を一般的に派生
的と解しているように思われるが（Ross (1936), 569），論拠に乏しい。酒を含んだ瓶におい
て（以下「酒瓶」），「容器のうちに」という意味では，酒は自体的に瓶のうちにあるが，派生
的に酒瓶のうちにある。（ハッセイは「酒瓶が瓶のうちにある」を派生的なものと見なすが
(Hussey, ibid)，その理由は明確ではない）。他方，「全体が諸部分のうちにある」という意味
では，酒瓶は酒と瓶のうちにある。ただし，酒は派生的に酒瓶のうちにあったのだから，酒
瓶は派生的に酒瓶のうちにある。しかし，酒瓶は自体的に酒瓶のうちにはない。なぜなら，
この場合は，瓶は自体的に酒瓶のうちにあると同時に酒は自体的に酒瓶のうちになくてはな
らないから，瓶も酒も同一でなければならず，また，そうであるなら瓶に酒を入れた時には，
2 つの酒が瓶のなかで共存することになる。このように，アリストテレスは前提 β を認める
立場をとっている。

3 「うちにある」と場所のパラドックス 109

（ἄλλο ἐν ἄλλῳ）の意味を 8 つに分類する[26]。順に，（1）部分が全体の
うちにある，（2）全体がその諸部分のうちにある[27]，（3）種が類のうち
にある，（4）類が種のうちにある[28]，（5）形相が質料のうちにある，（6）
ものが第一の動かしうるもののうちにある[29]，（7）ものが目的（τέλος）
のうちにある，そして，（8）場所のうちにある，である。このうち（8）
を彼はもっとも主要なものと呼ぶ。

　この「うちにある」の多義性に基づき，アリストテレスは場所のパラ
ドックスの解決を試みる。『自然学』第 4 巻第 3 章で表明される応答は
次のようなものである。

　　ゼノンは，もし場所が何かであるなら[30]，それは何かのうちに存在
　　することになるだろう，という難問を述べた。だが，この解決は難
　　しくない。なぜなら，第一の場所が他のもののうちに存在すること
　　に問題はないからである。つまり，場所のうちにというようにでは
　　なくて，あたかも健康が状態（ἕξις）として熱のうちに存在し，熱
　　が属性（πάθος）として身体のうちに存在するというように。した
　　がって無限に遡る必要はない。（210b22-27）

場所のパラドックスに対する応答の要点は，場所は何かのうちにある
が，この「うちにある」は「場所のうちにある」という意味ではないと
いうことである。つまり，彼は命題「場所 P が Q のうちにある」は認
めるが，この命題がパラドックスの命題 E「場所 P が場所 P_{n+1} のうちに

26）　ただし，モリソンが指摘するように，ここにあげられた 8 つは，「うちにある」の
用例すべてを網羅していない可能性がある（Morison (2002), 78）。なぜなら，『自然学』第 4
巻第 12 章 221a4-5 において「運動にとってそれが時間のうちにあるというのは，運動および
運動のあり方が時間によって測られる」とあるが，このような時間的な「うちにある」の用
法を『自然学』第 4 巻第 3 章 210a14-24 は考慮していないように思われる。

27）　全体がすべての部分から構成される，ということだと思われる。（cf. Hussey, *ibid*）

28）　たとえば，種である人間の定義（「二本足の動物」）のうちに類である動物が現れ
る，ということである。

29）　この具体例は「〔ペルシアの〕王の〔手の〕うちにギリシアの政務がある」
（210a21-22）。

30）　ロスは多数の写本に従い，210b23 を ὁ τόπος ἐστί τι と読む。一方，ベッカーは
おそらく E 写本をもとに，ἔστι τι ὁ τόπος と読む。本書の場所論解釈にとっては T 写本の ὁ
τόπος ἔστι が望ましいが，ロス校訂の通りに読む。

110 第 3 章 場所論

ある」と置換されることを認めない。

　だが，「場所 P が Q のうちにある」における Q とはいかなる身分であり，この場合の「うちにある」とはその諸義のうちどの意味なのか。「うちにある」の具体事例として，『自然学』第 4 巻第 4 章 210b22-27 では「健康が熱のうちにある」および「熱が身体のうちにある」が挙げられる。そして，「健康が熱のうちにある」は 210a20-21 で「形相が質料のうちにある」の具体例として挙げられている。それゆえ，これらの事例は（5）「形相が質料のうちにある」に分類されるだろう[31]。それゆえ，ロスやアポストルは，健康が熱のうちにあるのと同様に，場所が包む物体のうちにあり，表面が物体のうちにある，という関係は，（5）形相が質料のうちにある関係と解する[32]。

　一方で，アフロディシアスのアレクサンドロスやテミスティオスは「場所 P が Q のうちにある」を（1）全体が部分のうちにある関係とみなす[33]。この解釈は『自然学』第 4 巻第 5 章で再び表明される場所のパラドックスに対する応答から導き出される。

　　場所もどこかに存在するが，それは場所のうちに存在するようにではない。限界（πέρας）が限界を有するもの（πεπερασμένον）のうちに存在するように場所は存在する。存在するものすべてが場所のうちに存在するわけではなく，動きうる物体が場所のうちに存在する。（212b27-29）

　アリストテレスはこの応答でも「場所 P が場所 P_{n+1} のうちにある」

　31）「健康が熱と冷のうちにある，一般的には形相が質料のうちにある。」(*Phys.* IV 3, 210a20-21)

　32）Ross（1936），579. Apostle, 249. モリソンは『カテゴリー論』第 8 章に言及し，状態は性質の一種であり（*Cat.* 8b26-27），属性は性質であるか（9a28-29）受動である（9b19-33）として，「健康が熱のうちにある」および「熱が身体のうちにある」は，（5）「形相が質料のうちにある」の事例ではないと主張する。しかし，モリソンはなぜ『自然学』第 4 巻第 3 章 210a20 で「健康が熱と冷のうちにある」が「形相が質料のうちにある」の事例として挙げられているのかを説明していない。

　33）Themistius, 110-111. アレクサンドロスの見解は，シンプリキオス（Simplicius, 562, 24-31）の報告による。なお，これとは異なる提案として，ラングは場所がどこかに存在するのは派生的であり，表面としての場所は本質的に場所のうちにあるもの（物体）のうちに含まれると説明する（Lang, 118）。

3 「うちにある」と場所のパラドックス　　111

を拒否している。そして，「場所 P が Q のうちにある」を「限界が限界を有するもののうちにある」と説明する。この説明は場所の定義である「包む物体の第一の限界」が反映されて，初めて意味をなす。そして，場所の場合の「限界を有するもの」は，テミスティオスが示唆するように[34]，包まれる物体ではなく，「包む物体」を指示している。したがって，「場所 P が Q のうちにある」における Q は，「包む物体」を指示すると思われる。

　さて，アレクサンドロスによれば，「場所 P が Q のうちにある」を (1)「全体が部分のうちにある」という関係だと理解できるのは，表面が三次元的な物体の部分だからである。そして，この解釈を採用するモリソンは，アリストテレスが『自然学』第 4 巻第 3 章と第 5 章で提起した 2 つの応答の関係について，『自然学』第 4 巻第 3 章の最初の応答は「うちにある」の (8) 場所的なもの以外の多義性への注意を喚起するものであり，第 5 章の最終的な応答は場所の定義に訴えたものだと整理する[35]。

　しかし，アリストテレスは物体の限界をその物体の部分と見なすだろうか。このような解釈の正否は，物体とその限界との存在論的関係の捉え方に依拠する。まず確認すべきは，『自然学』第 2 巻第 2 章で表明される限界の位置づけである。該当箇所では，数学者と自然学者のそれぞれによる面，立体（$\sigma\tau\epsilon\rho\epsilon\acute{a}$），線，点（193b24-25），そして限界（193b32）の扱い方の違いを論じる。数学者はこれらを自然的物体から思惟によって離存させたものとして扱う。これに対し，自然学者は面や限界を自然的物体が有し，自然的物体に自体的に付帯するもの（$\tau\grave{a}$ $\sigma\upsilon\mu\beta\epsilon\beta\eta\kappa\acute{o}\tau\alpha$ $\kappa\alpha\theta$' $\alpha\grave{\upsilon}\tau\acute{a}$）として扱う（193b22-35）[36]。このような文脈上に『自然学』の場所論も置かれている以上，「包む物体の第一の限界」中の「限界」は包む物体に付帯するものだと推察される。

　他方，『形而上学』Δ 巻第 25 章によれば，部分には 4 つの意味がある。そして，その第三の具体例として，青銅の立方体において青銅が

---

　34)　Themistius, 110.

　35)　Morison (2002), 101-102. この理解を採用する他の解釈者としては Algra, 177 が挙げられる。

　36)　*Phys.* II 2, 193b27-28. 193b32-33.

112 第3章 場所論

その部分であると述べられる（*Met. Δ* 25, 1023b19-22）。ただし，青銅の形相が青銅の立方体の部分だとは述べられていない。また，『形而上学』*Δ* 巻第17章は「限界」の意味を4つ挙げるが，そのうちの第二の意味として，ある大きさあるいはある大きさを持つものの形相を挙げる（1022a5-6）。この意味での限界が，おそらく「包むものの第一の限界」における限界の概念に近いだろう。しかし，『形而上学』*Δ* 巻第17章に限界や形相を物体の部分と見なす記述は見られない。さらに，『自然学』第4巻第3章において導入された「うちにある」の具体事例においては，〈全体・部分〉の関係の例として〈身体・腕〉が提起されている。それゆえ，物体の部分はその物体を構成する三次元的物体であると考えられる。

したがって，物体の限界がその物体全体の部分であるとアリストテレスが見なすとは考えがたい。したがって，「場所 P が Q のうちにある」における「うちにある」とは，（1）「部分が全体のうちにある」ではなく，（5）「形相が質料のうちにある」の用法だと思われる。

このように場所と「うちにある」の関係を解釈したとき，パラドックスの無限後退は次のように阻止される。まず，場所の定義は「包むものの第一の限界」である。ただし，この「包むものの第一の限界」は，それ自らのうちにあるのではない。「形相が質料のうちにある」のと同様に，「包むものの第一の限界」は包む物体のうちにある。それゆえ，場所の定義は，パラドックスの前提 α：場所には命題 B「X が存在するならば，X は場所のうちに存在する」が適用される，を否定する。この否定によって，パラドックス中の命題 A「場所 P が存在する」から存在論的命題 B「X が存在するならば，X は場所のうちに存在する」への推移は拒絶される。それゆえ，場所の無限後退は生じない。

3.3 場所の存在論的位置

以上がアリストテレスの場所のパラドックスに対する応答である。ただし，このような解決は，アリストテレスが重要な存在論的見解を保持していることを示す。212b27-29 が明記しているように，彼は存在論的命題 B「すべての X について，X が存在するならば，X は場所のうちに存在する」を拒否する。この場合の X は運動可能な物体に制限され

3 「うちにある」と場所のパラドックス　　113

るというのが彼の立場である。ところが，彼は「場所はなにかのうちに
存在する」または「場所はどこかに存在する」を拒否してはいない。パ
ラドックスに対抗するために彼が提起した見解は「場所がどこかに存在
する」($\tau\acute{o}\pi o \varsigma\ \pi o \upsilon\ \acute{\epsilon}\sigma\tau\iota\nu$) は「場所が別の場所のうちにある」($\tau\acute{o}\pi o \varsigma$
$\acute{\epsilon}\nu\ \tau\iota\nu\iota\ \tau\acute{o}\pi\omega\ \acute{\epsilon}\sigma\tau\iota\nu$) とは同値の表現ではない，というものである[37]。こ
の見解は，「天界を除いたすべての X について，X が存在するならば，
X はどこかに存在する」，あるいは「天界を除いたすべての X について，
X が存在するならば，X はなにかのうちに存在する」を保持しているこ
とを含意する。そして，この X には場所も含まれる。

　このような形で場所と「うちにある」の関係が整理されるならば，
「包むものの第一の限界」としての場所は次のような存在論的位置づけ
を持つことになる。第一に，ある物体 X の場所はその場所自身のうち
にはない。第二に，物体 X の場所は物体 X に内在するものではない。
この第二の点は場所の離存性が要求することである。第三に，物体 X
の場所は，場所の定義が示すように，物体 X を包む物体 Y における，
物体 X と接触する内側の限界である。第四に，この物体 X の場所は，
「形相が質料のうちにある」の意味で，包む物体 Y のうちにある。存在
論的側面から言い換えれば，モリソンが指摘するように，物体上の面が
面を保持する物体に依拠するのと同様に，物体 X の場所は包む物体 Y
に依拠する[38]。

　もっとも，場所が持つ存在論的依存関係はより複雑である。なぜな
ら，X の場所は包む物体 Y にのみに依存するわけではないからである。
アリストテレスの場所の考察の発端は，場所は必ず何かの場所であり，
それぞれの物体に固有のものである，という場所の固有性であった。そ
して，この場所の固有性を論ずる文脈において，それぞれの物体とは，
『自然学』第 4 巻第 2 章 209a31-b2 が示しているように，包む物体 Y で
はなく，包まれる物体 X を指示するだろう。しかしながら，Y が保持
する内部の限界は必ずしも X の場所ではない。ある容器，あるいはそ
の容器の内側の表面が水の場所であるのは，容器の中に水が入り，容器
と水が接しているからである。その容器から水を捨ててしまったら，も

---

37)　cf. Morison (2002), 102.

38)　Morison (2002), 134.

はやその容器の内側の表面は水の場所ではない。

このように，物体Yの内部の限界が場所であるのは，Yが何らかの物体に接し，Yがその物体を包む場合である。包む物体Yの内側の限界がXの場所としての資格を持つのは，XをYが包み，接触しているという事態が成立する場合である。したがって，Xの場所は，物体とその物体の限界との間に成立する存在論的依存関係に加え，Xの場所と見なされるためのXに対する依存関係を有すると見なさねばならない。包まれる物体を欠いては，限界は場所と見なされることはない。

4 場所の不動性

前節は，アリストテレスの場所概念の存在論的位置づけを明確にするために，彼が最初に提起した場所の定義である「包むものの第一の限界」に解釈を集中した。しかし，『自然学』の場所論のさらなる問題は，この定義の後に改めて彼が提示する「包むものの第一の限界」に「不動の」を付け加えた「包むものの第一の不動の限界」（τὸ τοῦ περιέχοντος πέρας ἀκίνητον πρῶτον, *Phys.* IV 4, 212a20-21）という第二の場所の定義にある。

この第二の定義が要求する場所の不動性は，テオフラストスの時代から場所論解釈に問題を引き起こしてきた[39]。その問題とは，場所の不動性と場所の固有性との齟齬と，「不動性」概念自体の不明瞭さによる。

まずは，場所の定義に不動性が導入される議論を確認しよう。

> 容器が運搬しうる場所であるように，場所は運搬しえない容器である。それゆえ，運動するもののうちでその中のものが運動したり，転化したりするとき，たとえば，川のうちで船が〔運動する〕とき，包むものは場所よりもむしろ容器として用いられている。場所は不動であることが望まれる。それゆえ，むしろ川の全体が場所である。なぜなら，〔川の〕全体は不動だからである。したがっ

---

39) Grant, (1981), 61-72.

て（ὥστε），「包むものの第一の不動の限界」，これが場所である。
（*Phys.* IV 4, 212a14-21）

以上の引用で明確なことは，第一に，アリストテレスが容器と場所を，前者が可動であるが，後者が不動である点で区別していること，第二に，川の流れに乗って移動している船を具体事例として用い，川全体が不動であることを指摘することによって，場所の不動性を説明しようとしていることである。ただし，この引用では川に浮かぶ船の場所を特定していない。この不明瞭さが第二の場所の定義の理解を困難にしている。

4.1 不動性と固有性の競合

ある物体 X の場所は X に固有のものである。そして，物体 X を包む物体 Y は，物体 X に接触している。場所に要求される固有性に基づき川に流される船の場所を定めるならば，船に接触し，船を包む物体を指摘する必要がある。川に浮かぶ船の場合，直接船と接する物体は船を包む空気と川の水の 2 つであろう[40]。そして，船を包む物体を川の水と見なしたとき，この船の場所は場所の第一の定義に即せば「船と川の水が接する水側の限界」となる。

しかし，この理解には次の疑念が提起される[41]。

(1) 船が川の上で止まっている場合，船を囲む水は常に異なる限界で船に接触する。なぜなら，水は流れているので，船に接する水は常に変化するからである。それゆえ，船は移動している。

(2) 船が川に流されて動く場合，船を囲む水は同じ限界で接触する。なぜなら，船と水は共に動くからである。それゆえ，船は静止している。

40）本書では川と船の事例を，船が川の流れに沿って等速で移動する状況として想定する。cf. Simlplicius, 583. Algra, 224.

41）Sorabji (1988), 187-92 および Algra, 222-230 に対する Morison (2004), 154-155 のまとめによる。

このように，船を包むものを水と見なすと，船の場所は不動性を満たさないのみならず，船の静止と移動を区別できない。そもそも，212a14-21 は川の水を容器と類比的に捉えている。つまり，川の水は容器同様，動きうるものであり，不動ではない。それゆえ，川の上の船の事例において，船の場所として求められる船を包む物体とは川の水ではないだろう。

　むしろ，「川全体が場所である」（212a19）という記述は，船の場所は川全体であることを示している。ただし，この記述は文字通りに受け取ってはならない。シンプリキオスが指摘するように，川全体は物体と見なしうるから，場所は物体ではないというアリストテレスの主張に反している[42]。また，③ 場所は事物よりも大きくも小さくもないという性質にも反する。それゆえ，この記述は第一の場所の定義に即して精密にとらえなおさねばならない。すなわち，船の場所とは「船と川全体が接する川全体の限界」と解すべきである。

　だが，この理解に場所の不動性を導入すると再び障害が生じる。第二の場所の定義に字義的に即せば，船の場所は「川全体の第一の不動の限界」である。しかし，川と船の接触面は船および川の水の移動に伴い移動している。それでは「川全体の第一の不動の限界」とは何を指示するのか。

　しばしば提起されてきた解釈は，船の場所とは川全体と船が接する川側の限界ではなく，川全体が他の不動な物体と接触する限界，すなわち川岸や川底との接触面だというものである[43]。川岸や川底は川の水とは異なり，動いていない。この解釈を一般的に捉えなおせば，物体 X の場所とは物体 X を包む物体 Y が接する最初の，言い換えれば直近の不動の限界である。

　しかし，この解釈は場所の固有性と不動性の間に離齬を生む。場所の固有性は物体 X とそれを包む物体 Y が接触することを求める。だが，船と川，および川と川岸や川底は接触していても，船と川岸や川底は接触していない。それゆえ，この解釈は，場所に属する性質のうち，①

---

42) Simplicius, 583-584.
43) Simplicius, 583. Ross (1936), 575. Waterfield, xxxix, note27.

場所は事物を第一に包むことに反することになる[44]。したがって，場所の不動性を川底や川岸に求める解釈は，場所の固有性と整合しない。

さらに，第二の定義「包むものの第一の不動の限界」そのものが示しているように，アリストテレスが不動性と固有性の一方を破棄し，一方を採用したとは考えがたい[45]。また，第二の場所の定義が導入された後の『自然学』第4巻第4章212a29-30は「事物と場所は一緒（ἅμα）にある。なぜなら，『限るもの』と『限られるもの』は一緒だからである」と述べる。このように，場所の固有性を彼が破棄した形跡は見られない。それゆえ，場所の第二の定義を，物体Xを包む物体Yが接する直近の不動の限界と理解することは困難である。

4.2 限界と不動性

場所の不動性と固有性はどのようにすれば両立するだろうか。実のところ，場所の不動性を限界が不動であることに求めることは困難であるように思われる。船が川の流れに沿って移動するとき，船の限界もそれに伴い移動する。同様に，船と川との川側の限界も移動する。一般的に言えば，ある物体Xが移動すれば，Xの限界も移動し，さらにXと接触する包む物体Yの限界も移動する，と考えられるからである。

この困難に対するひとつの解決をフィロポノスが提示している。この解決では，場所の不動性が限界の存在論的な特性から説明される。リンゴの表面が移動するのは，そのリンゴの表面自体が移動するからではない。その表面を持つリンゴが移動するからである。つまり，リンゴの表面の移動とは自体的な移動ではなく，その表面を所有するリンゴの移動

---

44) Ross (1936), 575-576. Grant (1981), 59-60. この解釈を採るハッセイは「不動の」が付け加わった第二の場所の定義を後世の挿入である可能性を示唆する（Hussey, 117-118）。しかし，『自然学』第5巻第1章224b5および224b11では場所の不動性が再度言及される。それゆえ，第二の場所の定義を非アリストテレス的と却下できない。また，ソラブジはこの解釈には他にも複数の問題があることを指摘する。もし，場所の不動性を川底や土手に求め，船の場所を「川底や土手との境界面」と見なしたとすると，(a) 仮に川の両岸を船が往復したとしても，船の場所は同一だから，船は移動していないことになる，(b) 川上の2隻の船は同じ場所になることになる，(c) 川の流れが止まり，「不動」となった瞬間，船の場所は「川底や土手との境界面」から「川の水と船との境界面」に変化することになる。Sorabji (1988), 188.

45) Sorabji (1988), 188.

に伴う付帯的な移動である。ゆえに，リンゴの表面は自体的には不動である[46]。

このフィロポノスの解釈を補強する場所論のテキストは以下のものである。『自然学』第4巻第1章209a7-13で，アリストテレスは物体の表面や，点をはじめとした限界もそれぞれの場所を持つかと問う。この問いに対し，『自然学』第4巻第5章212b24-25は点に場所はないと答える[47]。この回答は，線や面にも拡張できるだろう。つまり，線や面，そして限界には場所は存在しない。それゆえ，船の場所である「船と川全体が接する川側の限界」は付帯的には動きうるが，自体的には不動である。この解決に従えば，第一の場所の定義において場所を限界の一種と定めた時点で，場所の不動性はすでに確保されたことになる。

しかし，限界と物体の存在論的関係によって確保されるような不動性は，212a14-21が求める場所の不動性とは異なるように感じられる。容器との対比や，「川全体」への言及によって主張される不動性は，アルグラが指摘するように，物理的あるいは空間的な不動性である[48]。ただし，フィロポノスの提案は，場所の不動性を確保するための方針を示している。すなわち，場所の不動性は，その限界を有する物体の派生的な不動性を考慮せねばならない，ということである。物体の限界の派生的な不動性あるいは移動可能性を考慮するならば，限界が不動であるにはその限界を有する物体が不動でなければならない。それゆえ，場所の不動性は「包むもの」の不動性に求められることになる。

なお，この解釈の方向性を採用した場合，以上の第二の場所の定義は書き換えが必要となる。場所が不動であるのは，包むものが不動だからである。つまり，「包むものの第一の不動の限界」は「不動の包むものの第一の限界」と理解されることになる[49]。

---

46) Philoponus, 590.

47) 点に場所がない理由は明瞭ではないが，点を第一に包むものは点と同じ大きさでなくてはならないが，点は大きさを持たないので，その点と区別ができないからであろう。cf. Hussey, 121.

48) Algra, 225.

49) このような場所の第二定義の再定式をバーニェットが明確に打ち出したものである（Bunyeat (1984), 230, n5）。場所の不動性を，包む物体の不動性に関連づける解釈は，必然的にこの再定式に即して場所の定義を理解することになる。ただし，第二の場所の定義を「不動の包むものの第一の限界」と見なしうるテキスト上の論拠はないことを，ソラブジは指摘

4.3 「包むもの」とは何か

前節では，船の場所を川岸や川底の表面と見なす解釈を検討した。この解釈においては，川岸や川底が不動であるゆえに，川岸や川底と川全体が接する限界も派生的に不動であり，それゆえ船の場所も派生的に不動である，という不動性の説明が成立する。しかし，この解釈が場所の固有性との齟齬をきたすならば，船を「包み」，かつ不動性を持つ別の物体を探さねばならない。

この「包むもの」の指示対象には，2つの理解の方向性が提起されている。すなわち，ある物体を包む直近の不動の物体という理解と，最大の不動の物体という理解である。前者の理解に即した提案はバーニェットのものである[50]。船を包む不動のものとは「川全体」であるが，この川全体とは地理的な実体としての「川」を指す。事実，212a14-21 は，不動性を持つものを川岸ではなく，川全体と見なしている。これに対し後者の可能性をモリソンは追求する。モリソンは，「包むもの」を「ある物体を包む単一の最大の物体」と見なし，具体的には天界を指すと解釈する[51]。アリストテレスにとって天界はあらゆる物体を内包するからである。この解釈に従ったとき，船の場所とは，全体から船を除いた天界と船との天界側の限界として規定される。

モリソンの解釈には2つの利点がある。第一の利点は，場所の不動性を天界の不動性によって説明できることである[52]。天界より大きく，天界を包む物体は存在せず，それゆえ全体としてはいかなる場所のうちにもない。それゆえ，天界は移動しない。第二の利点は，物体の移動と静止の区別を説明できることである。ビー玉がテーブルの上を転がって移動した場合，移動する前と移動した後のビー玉の場所は，どちらもビー玉とビー玉以外のすべての物体が接触する天界側の限界である。しかし，移動の前後でビー玉を除いた天界の形状は変化している。つまり，ある物体の移動は，天界からその物体を除いた天界内部の形状の変化と同一視できる。物体の静止も展開内部の形状の変化から説明でき

する（Sorabji (1988), 189）。

50) Burnyeat (1984), 230, n5.

51) Morison (2002), 138.

52) Morison (2002), 148-158.

る。コップから，ビー玉を移動させないように水をストローで吸い出し
たとしよう。水を吸い出す前のビー玉の場所は，ビー玉と水（とコップ）
が触れ合う天界側の接触面である。そして，水を吸い出した後のビー
玉の場所も，ビー玉と空気（とコップ）が触れ合う天界側の接触面であ
る。しかし，天界からその物体を除いた天界内部の形状は変化していな
い[53]。つまり，ある物体の静止は，天界からその物体を除いた天界内部
の形状が変化していない場合と同一視できる。

　しかし，モリソンの解釈には欠点がある。第一の欠点は，「包むもの」
を天界と見なすテキスト上の証拠が少ないことである。もちろん，天
界はあらゆる物体にとって共通の場所であり，天界があらゆる物体を包
む，という見解をアリストテレスが持っていたことは事実である[54]。そ
して，しかし，場所の定義中の包む物体を天界と明記したテキストは
見当たらない。また，仮にモリソンの解釈のように「包む物体」（*Phys.*
IV 4, 212a6）が天界を指示しうるならば，天界を単数形の「物体」
（$\sigma\hat{\omega}\mu\alpha$）で表す用例がアリストテレスのテキストの中に確認できるは
ずである。モリソンが解釈の論拠として挙げる用例は，『天体論』第1
巻第9章278b19-20における「物体」である[55]。たしかに，この箇所で
アリストテレスは天空円の外周に包まれる物体を天体と呼ぶと述べて
いる。しかし，セドレーが批判するように，この278b19-20における
「物体」の語は，文脈的に「すべての自然的で感覚的な物体」（278b8-9,
b22-23）と等置されている。『天体論』第1巻第9章278b19-20におけ
る「物体」の語は集合的に用いられており，単一の「物体」として天界
が扱われているわけではない[56]。

　第二の欠点は，モリソンが「ある物体を包む単一の最大の物体」へと
到達した論理展開に飛躍があることである。彼が導入する具体事例によ

　53）　モリソンの解釈を採用する解釈としては，Bowen & Wildberg, 127-131 が挙げられ
る。

　54）　*Phys.* IV 5, 212b8-10.

　55）　「これらとは別に，端の円周によって包まれる物体（$\tau\grave{o}\ \sigma\hat{\omega}\mu\alpha$）を天界とわれわれ
は呼ぶ」（*Cael.* I 9, 278b18-20）。

　56）　また，セドレーは天界（$o\dot{\upsilon}\rho\alpha\nu\acute{o}\varsigma$）の語が場所論において世界全体（universe）を
表す場合もあれば（*Phys.* IV 5, 212b17-18），宇宙の外殻を表す場合もあるが（*Phys.* IV 5,
212b20-22），基本的にアリストテレスの用例は後者の意味であると論ずる（Sedley (2012),
185-186）。cf. Bostock (2006), 128-129.

れば，ギリシア西海岸の魚は，水に囲まれており，イオニア海に囲まれており，地中海に囲まれている。ここからさらに彼は，元素としての水（の層）は，水と空気の総和によって囲まれていると議論を展開させる。しかしながら，イオニア海は地中海の部分であったとしても，イオニア海が空気（の層）の部分であるとは見なしがたい。なぜなら，イオニア海と地中海は水として同質的であり，連続していると見なしうるが，イオニア海と空気は同質ではなく，連続していないからである。それゆえ，水の層から空気の層へと「包むもの」を拡張していく妥当性には疑念の余地がある。

　場所の定義における「包むもの」が「ある物体を包む単一の最大の物体」ではないならば，「包むもの」とは直近の不動の物体を指示し，川の上の船を包む物体とは地理的対象としての川全体であると理解できるだろうか。この場合，船の場所は「船に接する地理的対象としての川全体の内部の限界」と見なすことになる。ある物体 X の場所は，X を包み，X に一番近く，かつ不動な対象を特定することによって，確定できる。

　しかしながら，この理解も批判を免れることは難しい。なぜなら，不動な対象を厳密な意味で確定することが困難だからである。ある物体の場所を第二の場所の定義に即して特定しようとするなら，その物体の周囲に不動で固定した物体や地理的実体を探さねばならない。しかし，地理的対象でさえ，アリストテレスは不動なものとは見なしていない。たとえば，『気象論』第 1 巻第 14 章 351a36-b5 で，川は長い年月をかけて消滅し，また生成すると彼は主張する。

　ある物体 X に接触し，かつ不動性を持つ物体をそれぞれの X に確定できないのであれば，第二の場所の定義は実質的内容を欠いたものとなってしまう。それではどのように不動な物体を定められるか。この問題は不動性をどのように捉えるかに関わる。包む物体も物体である以上，移動しうるものである。不動性を厳密にとらえる限り，場所の第二の定義は意味をなさない。そうであれば，場所の不動性は厳密に捉えるべきではなく，弱い意味でとらえる方向性がありうる。

　引用した『自然学』第 4 巻第 4 章 212a14-21 の冒頭でアリストテレスは容器と場所を対比する。この対比は一見，容器は動きうるので，容

器は場所とは見なされえない，と主張しているように見える。（同様に，容器の内側の限界も，その限界を有する容器が動きうるので，いかなる物体の場所にもなりえないであろう）。しかし，ここまでの場所論の議論展開でしばしば言及されてきた容器と場所との類比関係や，「容器が運搬しうる場所」という発言には注意が必要である。なぜなら，アリストテレスは容器，あるいは容器の内側の限界が水や空気の場所と見なしうる場合があることを，否定してはいないように思われるからである。

　容器や容器の内側の限界を水や空気の場所と見なしうるのはいかなる場合か。少なくとも2つの条件があるように思われる。第一の条件は，前節で確認したように，容器の限界と，水や空気の限界が接することである。第二の条件は，容器の移動可能性と不動性に関わる。212a14-21が含む主張のひとつは，川の水の流れに沿って船が移動する場合，川の水は船の場所ではなく，むしろ船の容器として機能する，ということだろう。つまり，内容物と容器が共に移動する場合は，その容器はその内容物の場所とは見なしえない。包む物体Yが場所ではなく容器と見なされるのは，包む物体Yが移動することによって包まれる物体Xが移動する場合である[57]。

　この示唆を川と船の事例に拡張しよう。川全体を船の場所と見なせるのはなぜか。それは，船の移動と共に川全体が移動するわけではないからである。もちろん，川全体は長い期間を経れば移動しうる。しかし，船の移動と比較するならば，不動であると見なしうる。また，仮に容器が水や空気の相互置換の前後で移動しなかったならば，その容器は（またはその容器の内側の限界は）水や空気の場所と見なしうるだろう。つまり，包まれる物体Xが移動しても，その移動が包む物体Yに伴うものではない場合は，包む物体Yの内側の限界はXの場所と見なしうる。そして，包まれる物体Xが移動したときに，Xの移動が包む物体Yの移動に伴うものか否かという点に着目したならば，物体Xの周囲に不動な物体を見つけ出すことは困難ではないように思われる。

　57）　このような移動の場合，Xは付帯的に移動するものとされる。「動くもののうち，あるものは自体的に現実的なものであるが，あるものは付帯的なものである。付帯的に動くもののうち，あるものは自体的に動くことができるものである。たとえば，身体の部分や，船の中の釘である」（*Phys.* IV 4, 211a17-21）。

5 場所の定義と物体の移動

　場所論が先行する運動論に続いた議論であることを考慮したとき，アリストテレスの場所の概念は物体の移動を説明できる力が期待される。そして，運動論で提起された運動モデルに基づいて物体の移動を説明するためには，① 移動する物体に加え，② 物体の現実的な場所と，③ その物体の移動が目的とする場所の 2 つの場所が要求される。この要求に，場所の固有性は応答するように思われた。では，場所の定義である「包む物体の第一の不動の限界」は移動を説明するために必要な 2 つの場所をどこまで区別しうるか。

　本章第 1 節で確認したように，2 つの場所を，X を包む物体の違いのみに求めることはできない。X が移動しても包む物体が同一である場合もあれば，包む物体が異なっていても X が静止している場合があるからである。ただし，アリストテレスが場所を，包む物体ではなく，包む物体の限界と見なしていることには留意したい。つまり，2 つの場所は，X を包む物体ではなく，包む物体の限界に着目することによって求められる。

　まず，物体が静止しているにも関わらず，「包むもの」が変化する場合を考察しよう。水の入ったコップにビー玉を入れ，そのビー玉が移動しないように水を吸い出した場合，ビー玉は静止しているにも関わらず，ビー玉の場所は変化したことになってしまう。ただし，ビー玉を包む物体は水や空気だけではなく，コップも挙げることができる。このコップは水を吸い出す前も，吸い出した後も不動である。さらに，水を吸い出す前でも後でもコップとビー玉は同じ位置で接触している。ところで，本章第 4 節で確認したが，『自然学』第 4 巻第 5 章 212b24-25 において，点や面は場所を持たないという見解をアリストテレスは表明していた。ただし，『形而上学』Δ 巻第 6 章では，点には位置（θέσις）があり（*Met. Δ* 6, 1016b25-26），『カテゴリー論』第 6 章では，線や面にも位置があると彼は主張する。なぜなら，線の部分が相互に位置を持つのは，その線を含む面のうちでその線の部分がどこにあるのかを示せる

からであり，面の部分も同様だからである（*Cat.* 6, 5a15-20）。すなわち，ある物体の限界の一部である面や線が，その物体の限界のどの位置にあるかを示すことができる。このように限界に位置の概念を導入し，ビー玉の場所をビー玉とコップが接するコップ側の接触面と見なせば，水を吸い出したとしてもビー玉の場所は同一であり，それゆえビー玉の静止を説明できる。

　次に，物体が移動するにも関わらず，「包むもの」が変化しない場合を考察しよう。テーブルの上をビー玉が移動した場合，ビー玉を包む物体は，移動前でも移動後でも空気とテーブルである。この場合も，位置の概念を場所の定義に導入すれば，包む物体が移動の前後で同一であるような短い距離の移動を説明できる。なぜなら，ビー玉が接する机の面の位置（および空気の限界の位置）はビー玉の移動の前後で異なるからである。このようにある瞬間と別の瞬間において，包む物体と包まれる物体が接する限界が包む物体において異なる位置を持つとき，包まれる物体は移動したと判断できる。

　ただし，ある瞬間と別の瞬間において，物体 X が包む物体 Y の限界と同じ位置で接していることが，X の静止を直ちに意味するわけではない。Y の移動に沿って X が移動することもありうるからである。ビー玉が入ったコップを注意深く動かした場合，ビー玉はコップの移動に伴い移動する。しかし，ビー玉とコップが接する限界は変化しない。ここから，第二の場所の定義が場所に不動性を要求したのかが明らかになる。第一の場所の定義は「包む物体」の移動を問題としていない。しかし，川の流れに沿って移動する船の移動や，容器の移動に伴って移動する物体の移動と静止をより適切に説明するには，「包まれる物体」の移動と「包む物体」の移動の関係への言及が必要である。第二の場所の定義は，場所に不動性を附与することによって，「包む物体」の定め方を述べている。物体 X を包むものが物体 Y であるとき，X の移動が Y とは独立に行われ，X の移動において物体 Y が不動のまま留まる場合は，X と Y が接する Y の限界は，物体 X の場所として適切なものとなる。他方，X の移動が Y の移動に伴っている場合は，Y の限界は X の場所としては不適切なものとなる。

　このように，場所の不動性は，「包まれる物体」の場所の変化を記述

し，その物体の移動を運動の定義に即して適切に表現するために求められた要件である。そして，ある物体Xを包む不動の物体Yを適切に定め，Xと接するYの限界にY全体からもたらされる位置の違いを導入すれば，場所の定義に基づいてXの移動と静止を区別しうるように思われる。

また，本章でこれまで検討したアリストテレスの場所論と場所の定義に関する以上の解釈が正しければ，彼が『自然学』第4巻第1-5章で提起した場所概念には複雑な存在論的位置づけが与えられたことになる。

場所の固有性が要求することであるが，場所は必ず何らかの場所であり，それぞれの物体に固有のものである。その物体をXとすれば，Xの場所はXのみに属する。だが，場所の離存性は，Xの場所が端的にXに属するものではないことも要請している。この特性は他のカテゴリーのあり方と趣を異にする。たとえば，ある人の体重が60kgから70kgに増大した場合は，60kgも70kgのどちらもその人に内属する性質である。しかし，ある人がアテナイからデルフォイへ移動した場合は，アテナイもデルフォイもその人に内属する性質ではない。のみならず，場所の定義が示すように，Xの場所はXには属さず，Xを包む物体Yにその限界として属する。それゆえ，Xの場所とYの間には，物体とその限界の間に成立する存在論的依存関係が成立する。また，場所のパラドックスの応答において，アリストテレスは存在論的テーゼ「Sが存在するならば，Sは場所のうちに存在する」を一般化していない。彼はこのSを移動しうる物体に制限している。しかしながら，彼は「場所が存在するならば，場所はなにかのうちに存在する」を保持している。この命題で言われる「なにか」とは，場所の定義に即せば，包む物体Yを指示する。

ただし，Xの場所は，Yにのみに依存関係を持つわけではない。Yの限界がXの場所であるのは，YとXが接触しているからである。Xの場所たる物体Yの限界に固有性を付与するのは，ほかならぬX自身である。言い換えれば，Xはある限界が場所と見なされるための条件，すなわちXとその限界が接するという条件を与える。それゆえ，Xの場所はYだけではなく，Xにも存在論的依存関係を持つのである。

最後に，アリストテレスの場所論の特色として，次のことを押さえて

おきたい。彼は場所がある物体の場所，それもその物体に固有の場所である，という洞察から自身の考察を出発している。ただし，物体の移動は，その物体単独で理解できるものではなく，その物体を包む外部の物体との接触関係によってはじめて理解される。そして，その包む物体とは，包まれる物体の移動に対して不動である。このように，ある物体の場所は固有性を持ちながらも，その物体の外部にある不動な物体に言及することによって，はじめて把握されるのである。

第4章

空 虚 論
——非存在の論証と物体——

1 はじめに

　アリストテレスの自然哲学や世界観をわれわれが把握するには，彼が
『自然学』第4巻第6章から第9章において空虚（τὸ κενόν）の存在を
否定した事実を無視できない。だが，彼が空虚の存在を否定したことに
肯定的な評価を下すことは難しい。その理由のひとつはおそらく彼が到
達した立場が現代のわれわれの常識的物理観や科学的事実に反すること
にあるだろう[1]。このような事情はおそらく昨今の研究者を空虚論の精
査から遠ざけた一因だと思われる[2]。

　ただし，空虚論の問題はわれわれが空間的延長とアリストテレスの
「空虚」概念をどのように理解するのかにも依拠する。「真空」や「空
虚」に該当するギリシア語の τὸ κενόν はしばしば「何もない空間」と
言い換えられてきた[3]。しかし，τὸ κενόν は字義的には「空っぽな」を
意味する形容詞 κενός の中性単数形に由来する。それゆえ，この語は
「空っぽさ」または「空っぽのもの」を意味し，必ずしも「空間」を含
意しない[4]。それゆえ，「空虚」を「何もない空間」と言い換えてよいか，

---

　1)　アリストテレスの見解に対する疑念は非常に古くから生じており，リュケイオンの
三代目学長であるストラトンにまで遡ることができる。Lloyd (1973), 17-19.
　2)　たとえば，ゾルムゼンは空虚否定論を余談として扱い，『自然学』第4巻第8章
216a26-b16 を考察から除外する（Solmsen, 135-143）。
　3)　Wicksteed, 328ff. Sorabji, 76. Solmsen, 136. Waterfield, xl. Thorp, 149.
　4)　Sedley, 145. Urmson, 223. Algra, 38-39. たしかに，アリストテレスは τὸ κενόν を場所

128　　　　　　　　　　第4章　空虚論

さらに「空虚」をわれわれがどのように理解するかは検討を要する。

　ところで，アリストテレスは『自然学』第3巻第1章では，空虚を欠いて運動は不可能であり，あらゆる運動に共通で普遍的なものだと思われるという理由で空虚を論ずる必要を述べていた（Phys. III 1, 200b20-24）。それゆえ，場所論同様に，空虚論も先行する運動論の文脈の下にあり，運動概念一般の理解と解明を目指すものである。だが，結果として彼が空虚の存在を否定したことは，彼にとって空虚はいかなる運動にとっても必要ではないことを意味する。ただし，本章の結論部で確認するが，この結果が運動概念一般にとって空間的延長が不必要であるという立場の表明ではないことには留意したい。

　本章の目的は，第一に，空虚論の論点の検討を通じて，空虚の存在を否定したアリストテレスの根本的な自然哲学的態度を明白にすることである。第二に，空虚の存在を否定したことによって『自然学』第3巻第1-3章で述べられた運動論が持つことになる空間的延長の特性を明らかにすることである。これら2つの目的を果たすために，本章はまず，「空虚中に物体を落とすと，その物体の速度が無限大となるので，空虚は存在しない」という形で知られる『自然学』第4巻第8章215a24-216a26が有する空虚論全体に対する役割を考察する。この議論は空虚論の中で注目され，特権的に扱われてきた。しかし，この議論が『自然学』の空虚論全体にとって本質的な役割を果たしているかは再検討すべきである。次に，本章は『自然学』第4巻第6章213a19-b29における空虚肯定論の紹介と，それに対する第7章214a16-b11の批判を検討する。この批判は彼が空虚の存在を否定した論拠のひとつであるが，それ以上に彼の自然哲学的態度と運動論の特性の解明のために重要なことは，彼が批判を加えなかった論点である。最後に，『自然学』第4巻第

の一種と見なしている。たとえば，場所論では τὸ κενόν は「物体が欠如した場所」と解釈されていた（Phys. IV 1, 208b26-27）。空虚論でも同様に「その内部に何もない場所」（Phys. IV 7, 213b31）と表現されることがある。しかしながら，本書第3章で提示したように彼の場所概念は物体に存在論的に依存するものならば，場所を空間と安易に同一視することはできない。τὸ κενόν の指示対象の問題についてはセドレーの指摘が注目に値する。セドレーによれば，初期のギリシア哲学では κενόν は空間を占める否定的な実体を意味し，「空っぽの場所」もしくは「空っぽの空間」という意味になったのは紀元前4世紀から3世紀にかけてである（Sedley, 180）。

8章216a26-b16 を検討する。このテキストは論旨が不明瞭であり，従来ほとんど着目されてこなかった。しかしながら，このテキストは空虚を否定する議論を完成させるのに不可欠な論点である。のみならず，アリストテレスが空虚の存在を最終的に否定するに至った素朴ながら強力な存在論的前提が潜んでいる。そして，この前提はアリストテレスの「空虚」を「何もない空間」と言い換えてよいか，という問題のヒントをもたらすと思われる。

2　力学的反論 ——『自然学』第4巻第8章 215a24-216a11

2.1　空虚・速度・パイノメナ

　アリストテレスが空虚の存在を否定する論拠として最も知られている議論は「空虚中に物体を落とせば，何の抵抗も働かず，物体の速度は無限大になってしまうので，空虚は存在しない」という形の議論である。この論拠が実際に展開されるのは『自然学』第4巻第8章 215a24-216a11 である。この箇所を以後「力学的反論」と呼ぶことにしよう。

　力学的反論はアリストテレスが空虚の存在を否定する論拠として頻繁に強調されてきた[5]。しかし，力学的反論だけが彼が挙げる論拠ではない。たとえば，力学的反論が導入される直前では，空虚が存在するのであれば，いかなるものも運動することができないと主張する空虚肯定論者に向けた5つの反論が挙げられる[6]。力学的反論もこの文脈上に位置する。

　では，力学的反論は『自然学』の空虚論にとってどの程度本質的な議論なのだろうか。たしかに力学的反論は空虚の存在を論駁するために挙

　5）　Hamelin, 293. Lindberg, 331. Grant, 206. Ross (1936), 590. Thorp, 165. etc.

　6）　該当箇所の5つの論点は，いずれも四元素説における元素の自然運動を考慮に入れていると思われる。*Phys.* IV 8, 214b31-215a1：空虚には方向がないので，空虚の中に入れられた物体は運動せず，静止する。215a1-14：強制力による運動よりも自然による運動が前であるが，空虚のうちでは上下がないから，自然による運動は生じない。215a14-19：ある物体が慣性運動を行う際，その物体の周囲にある媒体がその物体を押し出すが，媒体が空虚の場合，その物体は慣性運動しえない。空虚は物体ではないので，その物体を押し出すことができない。215a19-22：空虚は物体の静止を説明できない。215a22-24：空虚中では物体はあらゆる方向に移動しうる。

130 第4章 空虚論

げられた論拠の中でも最も長い議論が展開され，一見最も明快な議論である。だが，力学的反論が空虚論にとって本質的なものであるならば，彼が提示した他の論拠が最終的に力学的反論に還元されるような論理的関係を示している必要がある。では，そのような期待に応えるような論理的関係を力学的反論と他の論拠は有しているか。

　力学的反論と空虚論全体の関係の問題は，力学的反論をどのように再構成するかという問題と密接に絡み合っている。力学的反論を「空虚中に物体を落とせば，何の抵抗も働かず，物体の速度は無限大になってしまうので，空虚は存在しない」という形で解釈する伝統はアフロディシアスのアレクサンドロスまでさかのぼる[7]。この伝統的解釈は『自然学』第4巻第8章の以下の記述に焦点を当てる。

　　　われわれの見るところでは，同じ重さの物体がより速く運動するのは2つの原因によってである。ひとつは媒体（τὸ δι᾽ οὗ）の違いである。たとえば，媒体が水か土で〔速度〕は異なり，媒体が水か空気で〔速度〕は異なる。もうひとつは，運動体の違いである。他が同じであっても，重さや軽さで勝っていることによる。（215a25-29）

この箇所でアリストテレスが語る指摘は，同じ物体の移動速度は周囲の媒体が異なっていれば異なっていることと，媒体が同じでも重さや軽さが異なる2つの物体の移動速度は異なるということである。伝統的解釈はこの引用から，（1）物体の速度は物体を囲む媒体の抵抗に反比例する，（2）物体の速度は物体の重さに比例する，という2つの力学的公理を見出す[8]。この公理を採用し，公理（1）の媒体として抵抗がゼロである空虚を指定した場合，たしかに空虚中に置かれた物体の速度が無限大になることが帰結する。

　たしかに，上述の（1）と（2）を力学的公理として扱うならば，こ

　7）　ただし，アフロディシアスのアレクサンドロス自身の『自然学註解』は失われている。この報告はシンプリキオスによるものである。Simplicius, 671-672. cf. Hussey, 131. Lloyd (1970), 114. Waterfield, xlii. Zekl, xliii.

　8）　ただし，この公理は『自然学』第4巻第8章のみに現れる。cf. Solmsen, 137-138.

れら 2 つから数理的に帰結するのは空虚中に置かれた物体の速度は無限大になる，ということである。このこと自体は，自然哲学上の不条理のひとつだろう。ただし，アリストテレスが『自然学』で展開する議論はもう少し複雑である。

まず，力学的反論を構成するテキストの構造を確認しよう。

[A] 215a24-29：2 つの一般的原則，速度と媒体，速度と重さの関係
[B] 215a29-216a11：媒体と運動の関係
[C] 216a11-21：重さと運動の関係

この 3 つの議論の中で，力学的反論の中心であるのは [B] である。この [B] はさらに 4 つに分節化できる。

[B.1] 215a29-b21：水や空気などの媒体の粗密さと，その媒体を通る
　　　物体の速度の間に，「水の粗密さ：空気の粗密さ＝水を通過する
　　　物体の速度：空気を通過する運動の速度」という比例関係がある
[B.2] 215b12-22：粗密さによる速度の比例関係は空虚と他の媒体の
　　　間には成立しない
[B.3] 215b22-216a4：粗密さと時間の比に基づいた物体の速度
[B.4] 216a4-11：総括

この中で，「空虚中では物体の速度が無限大になる」という発言は，[B.2] の末尾「同じように，空虚はいかなる充実体とも比をもちえない。それゆえ，〔物体が〕最も疎なものを通じてある時間にある距離を移動する場合，その移動はいかなる比も超えるだろう」(*Phys.* IV 8, 215b19-22) が該当する。ただし，[B.2] の末尾は，小辞 $\gamma \acute{\alpha} \rho$ でつながる [B.3] に連結しており，その [B.3] の帰結は「それゆえ，同じ時間で〔物体 X〕は充実したもの（$\pi \lambda \hat{\eta} \rho \epsilon s \ \ddot{o} \nu$）と空虚を通過する」(216a3) というものである[9]。そして，この帰結をアリストテレスは不可能だと主張している (216a4)。では，この主張と [B.2] の末尾はどのように

───────────
9) また，[B.4] では「それゆえ，〔物体 X〕は同じ〔時間〕で充実したものと空虚も通過することが導かれてしまう」(216a5-6) と述べられる。

132 第4章 空虚論

つながるのか。

　[B.3] のテキストは省略が多く，補足が必要である。特に [B.3] に数回現れる動詞「通過する」（δίειμι）には，「何を」，「どれだけの時間で」が省略されている。この省略を補って [B.3] を再構成すると以下のようになる[10]。（なお，誤読を避けるために「空気」を「水」に改めた。）

　(1) Z を空虚の長さとする[11]。
　(2) 物体 X が空虚の長さ Z を時間 t_1 よりも短い時間 t_2 で通過するなら，空虚の密度：水の密度 = t_2：t_1 である[12]。
　(3) 物体 X は時間 t_2 で，水の一部，すなわち水の長さ Θ を通過する[13]。
　(4) P の密度：水の密度 = t_2：t_1 であるような，水よりも疎な媒体 P の距離 Z を物体 X は同じ時間で通過する[14]。
　(5) なぜなら，P の密度：水の密度 = t_2：t_1 である限り，物体 X は媒体 P の長さ Z を時間 t_2 で（水の場合と）反比例的な速度によって通過するからである[15]。
　(6) 長さ Z のうちにいかなる物体もないなら，より速い速度で物体 X は長さ Z を通過する[16]。
　(7) しかし，物体 X は時間 t_2 で通過するのであった[17]。
　(8) ゆえに（ὥστε），物体 X は同じ時間で充実体と空虚を通過す

---

10)　主に Ross (1936) 590-591 と Heath, 117-118 の理解に即す。

11)　ἔστω γὰρ τὸ Z κενόν, ἴσον δὲ τῷ μεγέθει τοῖς B καὶ Δ. (b22-23) なお，215b3-4 で "B" は水，"Δ" は空気と定められる。

12)　τὸ δὴ A εἰ δίεισι καὶ κινηθήσεται ἐν τινὶ μὲν χρόνῳ, τῷ ἐφ' οὗ H, ἐν ἐλάττονι δὲ τοῦ ἐφ' οὗ E, τούτου ἕξει τὸν λόγον τὸ κενὸν πρὸς τὸ πλῆρες. (b23-26) なお，"A" は運動する物体を指示する。

13)　ἀλλ' ἐν τοσούτῳ χρόνῳ ὅσος ἐφ' οὗ τὸ H, τοῦ Δ τὸ A δίεισι τὴν τὸ Θ. (b26-27)

14)　δίεισι δέ γε κἂν ᾖ τι λεπτότητι διαφέρον τοῦ ἀέρος ἐφ' ᾧ τὸ Z ταύτην τὴν ἀναλογίαν ἣν ἔχει ὁ χρόνος ἐφ' ᾧ E πρὸς τὸν ἐφ' ᾧ H. (b27-30)

15)　ἂν γὰρ ᾖ τοσούτῳ λεπτότερον τὸ ἐφ' ᾧ Z σῶμα τοῦ Δ, ὅσῳ ὑπερέχει τὸ E τοῦ H, ἀντεστραμμένως δίεισι τῷ τάχει ἐν τῷ τοσούτῳ ὅσον τὸ H, τὴν τὸ Z τὸ ἐφ' οὗ A, ἐὰν φέρηται. (b30-216a2)

16)　ἐὰν τοίνυν μηδὲν ᾖ σῶμα ἐν τῷ Z, ἔτι θᾶττον. (a2)

17)　ἀλλ' ἦν ἐν τῷ H. (a2-3) ロスは「しかし，物体 X の K を通過する運動は，K が空虚であった場合は時間 T′ を占めると前提されていた」と説明する。Ross (1936), ibid.

る[18]。

　この箇所の読解に関し，複数の解釈者たちが採用する重要な理解は，215b27-30 の（4）の長さ Z の扱いである[19]。長さ Z は空虚の長さを指示する記号として（1）で導入される（215b23）。ただし，（4）の Z は空虚の長さを指示していない。読解の要は，ここで水よりも疎な媒体 P が導入され，その媒体 P の長さとして Z が改めて用いられていることにある。この媒体 P は，P の密度：水の密度＝t_2：t_1 となるような，より疎である充実体である。このように読解した場合，（7）「物体 X は時間 t_2 で通過する」に即せば，物体 X は空虚の長さ Z も媒体 P の長さ Z も同じ時間 t_2 で通過することになる。それゆえ，（8）「物体 X は同じ時間で（同じ長さの）充実体と空虚を通過する」が帰結する。この場合，（8）の「充実体」は媒体 P を指示することになる[20]。

　この理解は，（7）および（8）の論理的展開を説明することができる。ただし，論点（6）を論旨に反映させようとすれば，次のような理解が提起されるだろう。（6）における長さ Z は，媒体 P の長さではなく，空虚の長さである。なぜなら，（6）に該当する 216a2 では，「長さ Z のうちにいかなる物体もないならば」と述べられているからである。そして，長さ Z が空虚の長さであるなら，物体 X の速度はより速くなると（6）は主張している。この主張からは「物体 X は空虚の長さ Z を時間 t_2 よりも短い時間で通過する」ことが導かれる。ただし，この帰結は，（7）および（8）と対立する。

　つまり，『自然学』第 4 巻第 8 章 215b19-22 の要点は，（6）からの「物体 X は空虚の長さ Z を時間 t_2 よりも短い時間で通過する」ことと，（7）および（8）の「物体 X は空虚の長さ Z を時間 t_2 で通過する」が両立することが不可能だと指摘することにある。

　この要点から導きうることを確認しよう。（6）は，媒体の粗密さと

---

[18]　ὥστ' ἐν ἴσῳ χρόνῳ δίεισι πλῆρές τε ὂν καὶ κενόν.（a3-4）

[19]　Ross (1936) 281. Cheniss, 152. Heath, 118-119. Hussey, 132. Lang, 149.

[20]　小さな問題として，（3）「物体 X は時間 t_2 で，水の一部である長さ Θ を通過する」の中で，特に「長さ Θ」が無意味な記述となることである。たとえば，ハッセイは意味のない論点であると指摘する（Hussey, 132）。ヒースは運動の距離が有限の比であることを確認するためであると擁護するが，「長さ Θ」が論旨に不要であることは変わらない（Heath, 118）。

その媒体を通過する物体の速度に比例関係があると述べる［B.1］から帰結することである。そして、この［B.1］は、媒体の違いによって速度が異なると主張する［A］から導かれたものである。もし［A］が正しいならば（8）は却下すべき主張となる。（8）は同じ時間で同じ長さの水と空虚を通過すると主張するが、もし（8）が正しければ、媒体の差異が物体の移動速度の変化を引き起こさなくなるからである。それゆえ、力学的反論は媒体の違いによる移動速度の違いが消失することを示していることになる[21]。

　ところで、［A］が主張するように、空気中を落下する石が水中に入ると移動速度が遅くなることは、われわれも観察できる現象である。そして、このような現象をアリストテレスは感覚的パイノメナとして提示している。なぜなら、215a25-26 で物体の速度の違いは媒体の違いに原因があると語るとき、彼は $\epsilon\grave{\iota}\mu\acute{\iota}$「～である」ではなく $\acute{o}\rho\hat{\omega}\mu\epsilon\nu$「われわれは見る」を選んでいるからである。

　この「われわれは見る」という表現は力学的反論の理解に次のような解釈を提示する。［B］が問題視していることは、アリストテレスが考える物体の運動に関する公理と矛盾することではない。むしろ経験的に観察できる運動の速さや遅さが否定されることに［B］の主眼がある。このような［A］が依拠する感覚的パイノメナと（8）は衝突する。そして、この感覚的パイノメナを真とするならば、空虚の存在は却下しなければならない。つまり、力学的反論は次のような帰謬法的構造を有する。

(a) 空虚の中で物体が運動すると仮定する。
(b) 物体の移動速度に応じて、空虚の密度と他の媒体との密度が定まる。
(c) ［B］より、その物体は同じ時間で同じ長さの水と空虚を通過する。
(d) (c) より、媒体が異なっても、物体の移動速度が異なることはな

---

21)　重さと運動の関係が論じられる［C］も、空虚中では移動速度の違いが消失することを不可能だと論じる。ただし、この移動速度の違いは物体の重さの違いに依拠すると説明される。

い。

(e) (d) は感覚的パイノメナに反する。

(f) ゆえに (a) は偽である。

2.2 力学的反論は本質的か

前節の再構成が正しい場合，力学的反論をアリストテレス解釈として
扱う際の注意点がもたらされる。力学的反論は空虚の存在を前提すると
感覚的パイノメナが否定されることを証明する。しかし，この証明の内
実と空虚が存在しないことは必ずしも同値ではない。なぜなら，力学的
反論によって存在が否定された空虚は，ある種の空虚に限定されるから
である。すなわち，物体の外部に独立して存在し（*Phys.* IV 8, 214b12-
13），かつその物体の運動を引き起こすような空虚である（*Phys.* IV 8,
214b28-29）。そうであるなら，空虚の存在のあり方には 2 つの選択肢
が想定される。第一に物体の運動を引き起こさない空虚と，第二に物体
に内在する空虚である。

力学的反論が空虚論全体に果たした役割として強調したいことは，力
学的反論はこの 2 種の空虚も否定できるほどに十分に強力ではない，と
アリストテレスは見なしていることである。なぜなら，彼は第一の選
択肢を『自然学』第 4 巻第 8 章 216a26-b21 で検討し，第二の選択肢を
『自然学』第 4 巻第 9 章の大部分を割いて検討しているからである。こ
のように力学的反論を提示した後も議論を続けていることは，アリスト
テレスにとって空虚を否定する論拠は力学的反論に還元されないことを
意味する。換言すれば，力学的反論とは空虚の存在を完全に否定するた
めには不十分な議論であり，想定されるあらゆるタイプの空虚の存在を
単独で否定できるような決定的議論ではない。

また，力学的反論はたしかに数理的自然科学の要素が見える。感覚的
パイノメナから数理的関係を抽出し，それを元に対象の存在非存在を考
察するという手法自体は明快な考察手段であろう。この力学的反論に問
題を提起するならば，それは感覚的パイノメナから媒体の密度とその媒
体を通過する物体の移動速度が比例するという数理的関係を単純に導出
したことにあるだろう。しかしながら，アリストテレス解釈として留意

すべきは次の2つのことである。第一に，力学的反論において彼が空虚の存在を否定した論拠は物体の移動に関する彼独自の数理的自然科学の公理というよりも，媒体の違いに応じてその媒体を通過する物体の移動速度が変化する，という感覚的パイノメナに根ざしていることである。第二に，力学的反論は空虚の存在を否定するためのプログラム全体のうちの一過程であって，この議論によって彼が想定したあらゆる種類の空虚が論駁されたわけではないことである。

3 空虚肯定論の報告と批判

前節で検討した力学的反論には対人論法的な側面が見られる。力学的反論を含む一連の議論の冒頭では，運動が存在する限り空虚が必然的に存在すると主張する人々にはむしろ反対のことが帰結する（*Phys.* IV 8, 214b28-32）という文言が見られる[22]。この文言を考慮すると，力学的反論は当時の空虚肯定論に向けられていたと想定できる。

ところで，空虚肯定論は，運動一般に適切な説明を与えるために空虚の存在を要請する。一方で，アリストテレスは空虚の存在を否定する。両者の見解の違いは，空虚の存在を否定したアリストテレスの論拠を分析する方法を解釈者たちに思い描かせるだろう。すなわち，両者の見解の相違の由来となる理論の差異を明晰化すれば，アリストテレスが空虚を否定した論拠はおのずから明らかになるであろう。このような分析方法を採用したならば，エヴァンスのように，物体が原子的ではなく，連続性を持つという物体観や，シングのように四元素説とこの説にまつわる自然運動の概念を強調することになる[23]。

---

22) cf. *Phys.* IV 8, 216a21-23.

23) Evans, 59-60. Singh, 171-172. なお，それ以上分割できないものとしての「原子」の概念に対するアリストテレスの批判は，『自然学』第6巻第1章および第2章や『生成消滅論』第1巻第8章，『天体論』第3巻第4章などに見出される。ただし，アリストテレスの原子論批判は強い意味での原子論を想定しているとハスパーは指摘する。すなわち，古代原子論は自然学的対象の（不可）分割性に関するものであるのに対し，アリストテレスが提起する反論は数学的対象の（不可）分割性を扱っていることである（Hasper, 121-125）。ハスパーによれば，アリストテレスは原子論が求めるような自然学的証拠を容認せず，もし数学的に分割可能な対象ですら可分性の基盤を説明する構造を有さない構造を欠いた同種的延長

3　空虚肯定論の報告と批判　　　　137

　このような分析方法による空虚論の評価はある程度妥当であろう。しかしながら，アリストテレス独自の自然哲学的理論のみを強調することは，『自然学』の空虚論が彼自らの自然哲学理論のみを頼りに成立し，当時の空虚肯定論を独断的に断罪する議論であるかのように思わせる。それでは，彼は当時のペリパトス派以外の自然哲学者に対話の道を閉ざしていたのだろうか。本節は，『自然学』第4巻第6章で紹介される空虚肯定論と，これに反論する『自然学』第4巻第7章を分析し，その空虚肯定論とアリストテレスに共通する自然探求における態度を明確にすることによって両者の対話の道を見出し，そこから空虚論における基本的な自然哲学的態度を浮き彫りにする。

3.1　空虚肯定論の論拠

　『自然学』第4巻第6章で紹介される空虚肯定論を確認しよう。古代原子論者の見解は，アリストテレスの理解によれば，ある自然学的問題を正確に捉えている（213b2-4）。その問題とは【A】場所的運動の存在（213b4-12），【B】物体の圧縮の存在（213b12-18），【C】生物の成長増大（213b18-21），【D】灰と水（213b21-22）に適切な説明を与えることである[24]。

　空虚肯定論はこれらの現象を説明するために空虚の存在を主張する。ひとつひとつの論点を簡単に確認しよう。

　【A】には物体あるいは充実体は別の物体と重なって存在しないという原理，すなわち物体の排他性が現れる[25]。物体の排他性を否定すると，

であるならば，その対象は自然学的分割も受け入れないと見なしていたからである（Hasper, 152）。

　24)　このうち【A】と【C】は古代原子論者の一人であるレウキッポスに由来する。『生成消滅論』第1巻第8章325a23-32参照。他の由来には諸説ある。ハッセイは4つすべてが古代原子論者に由来すると見なすが，シンプリキオスは【C】を一般人の見解と理解する。また，ロスは【B】もレウキッポスに由来しうると指摘する。Simplicius, 651. Ross (1936), 582. Hussey, 124.

　25)　「彼ら〔＝空虚肯定論者〕が述べることのひとつは次のようなことである。場所的運動が存在しえなくなる。（場所的移動とは移動と成長のことである）。なぜなら，もし空虚が存在しないなら，運動が存在すると思われないからである。充実体（τὸ πλῆρες）は何か別の物体を受け入れられない。もし，充実体が別の物体を受け入れ，同じところに（ἐν ταὐτῷ）2つの物体が存在してしまうなら，どれだけ多くの物体であっても同時に存在できることになる。なぜなら，もはや物体を受け入れないと言われるような差異を語りえないか

138   第4章 空虚論

あらゆる物体は二重，三重に重なって存在しうることになる。たとえ
ば，海の水すべては一杯のコップに汲みつくされ，1ℓのビンは3ℓの
水も1ガロンの水も保持できることになる[26]。ただし，テキストは物体
の排他性の正当化に費やされ，物体の排他性と移動の関係を説明してい
ない。おそらく，物体の排他性を物体が持つ限り，ある物体は他の物体
の中に侵入できない，という想定があると思われる。一定の空間的領域
をある物体が占有しているとすると，他の物体はその領域に移動しえな
い。したがって，移動した物体を受容できるものとして空虚の存在が要
請される[27]。

【B】は物体の圧縮という現象に訴える[28]。その趣旨は次のようなもの
であろう。ある物体の各部分が互いに接触しているにも関わらず，その
物体が圧縮されることがある。だが，その物体の各部分が排他性を持っ
ているなら，その物体は圧縮されることはない。したがって，物体が圧
縮するならば，その物体の中に空虚が存在することが要請される。

【C】は，生物の成長と栄養摂取の関係を論じる[29]。ただし，この問題
を表明するテキストは短く，解釈が必要である。アポストルは，栄養を

らである。もし，同じところに多くの物体が同時に存在することが可能だとすると，最小の
物体が最大の物体を受け入れることにもなる。なぜなら，大きなものとは多くの小さなもの
だからである。それゆえ，多くの等しい大きさの物体が同じところに存在できるなら，多く
の異なる大きさの物体も同じところに存在できる」(*Phys.* VI 6, 213b6-12)

　26)　Themistius, 123. Simplicius, 649. Ross (1936), 563.

　27)　Wagner, 551.

　28)　「別の〔方法〕は，『酒樽は酒を皮袋とともに飲み込む』と言われるように，ある
〔物体〕は収縮し圧縮されることがあるが，それは圧縮された物体が空虚の中へと収縮するか
ら，というものである」(213b16-18)。ただし，物体の圧縮の例として用いられている「酒樽
は酒を皮袋とともに飲み込む」という現象は，それが具体的にいかなるものかは不明である。
この現象についてのウォーターフィールドによる理解は，酒の入った酒樽から酒をすべて皮
袋に移した後，この酒の入った皮袋を酒樽に戻すことができるが，この酒は圧縮されていな
ければならない，というものである (Waterfield, 259)。この理解はアリストテレスの『問題
集』第25巻第8章938b14-16に典拠を求めることができるが，ウォーターフィールド自身
も述べているように，この現象が事実であるのかは疑念が残る。シンプリキオスの理解は，
酒が満たされた酒樽に，同量の酒を入れられる皮袋を浮かべることができる，というもので
ある (Simplicuis, 650)。しかし，これが物体の圧縮を説明しているとは考えがたい。一方，
トッドは酒で満ちた酒樽に，酒が入った革袋を，酒樽から酒をこぼさずに入れることができ
る，と理解する (Todd, 89)。

　29)　「さらに，成長も空虚を通じて生じると多くの人々は考える。なぜなら，栄養も物
体であるが，2つの物体が一緒に存在することは不可能だと考えるからである」(*Phys.* VI 6,
213b18-20)。

3 空虚肯定論の報告と批判　　139

摂取すると生物の体重は増加するが，体積の増加は明らかではないから，その栄養は体内の空虚に入る，と解釈する[30]。だが，生物の成長の例として適切であるのは，体重の増加よりも，体積の増加であろう。むしろ，シンプリキオスやハッセイの理解が妥当だと思われる。生物が成長するには栄養物が体の各部位に運ばれなければならない。だが，生物の身体全体が物体で充実しているならば，体内に栄養物は運ばれない。それゆえ，生物の体内には空虚が存在せねばならない[31]。

【D】[32]灰と水の事例において述べられる現象は灰で満たされた容器にも灰が入っていない容器にも同体積の水が入るというものである[33]。この現象は『問題集』第25巻第8章938b23-26においても記述されている。

　以上が，『自然学』で報告される空虚の存在を肯定する論拠である。これら4つの論拠に共通する特徴を挙げておこう。第一の特徴は，これらの議論は空虚の存在を実際の物理的現象，あるいは感覚的パイノメナを肯定することである。この態度はエレア派のメリッソスの態度と対照を成す。『自然学』第4巻第6章213b12-14によれば，ものが運動するには空虚が存在せねばならないが，空虚は存在物に属さないから，万物は運動しないとメリッソスは説く。一方，空虚の存在を肯定する論拠は，運動の存在から出発し，諸々の現象の背景にある運動メカニズムの解明のために空虚の存在を主張している。第二の特徴は物体の排他性に言及されることである。同じところに2つ以上の物体が存在しないという物体観の下であらゆる運動を説明するために，空虚の存在が要請される。

---

30)　Apostle, 251.

31)　Simplicius, 650-651. Hussey, *ibid.*

32)　「灰に関することも証拠とされる。つまり，空っぽの容器に〔入る〕同量の水を〔灰が入った容器〕は入れられる」(213b21-22)。なお，【D】の議論の扱いに関しては見解が分かれる。アルグラとラングは【C】と【D】をひとつの議論として扱う (Algra, 45. Lang, 125)。(ただし，アルグラは【D】を成長増大の例として扱っている)。また，ハッセイは，【D】を【C】の証拠と見なしている (Hussey, *ibid.*)。

33)　Simplicius, 651. Ross (1936), *ibid.*

140   第4章 空虚論

3.2 アリストテレスによる空虚肯定論の論拠への対応

　次に，以上の4つの空虚肯定論の論拠に対するアリストテレスの応答
を確認しよう。【A】【B】【C】に対する応答は『自然学』第4巻第7章
214a28-b3 で提示される。【A】に対しては，場所的運動が渦のように物
体の相互置換によって生じるのであれば，空虚は必要ない[34]。【B】に対
しては，物体の圧縮は，その物体を構成する元素が一部排出されるこ
とでも生じうる[35]。そして【C】に対しては，成長は身体を構成する水
が空気に性質変化することでも生じうる[36]。これらの説明は，特に【B】
【C】に対する反論が示しているように，四元素説に立脚したものであ
る。

　ただし，これらの反論は力不足であるように感じられる。【A】から
【C】に対する批判は，ある場所的運動は相互置換や元素間の性質変化
によって生じる，ということに過ぎない。だが，空虚の存在を正当に否
定するには，【A】の場合，あらゆる場所的運動は相互置換というモデ
ルによって説明できることを示すべきである。空虚を仮定することなし
に説明が困難な運動があったとしたならば，このような形式の反論は意
味を成さないだろう。それゆえ，ラングは，空虚肯定論が挙げる諸現象
にアリストテレスは対立事例を挙げているだけであり，空虚が運動に必
要であることを否定するにとどまっていると指摘する[37]。ラングのこの
指摘は，アリストテレスの反論が一般的ではないという点までは正当に
批判している。しかしながら，空虚の存在を肯定する論拠となっている
感覚的パイノメナに対して，彼は対立事例を持ち出しているわけではな

---

　34)　「場所的運動は〔空虚がなくてもおきうる〕。なぜなら，運動する物体から離存する
すきまがなくても，〔物体は〕相互置換できるからである 。これは液体の渦のような連続的
なものの渦において明らかである」(214a28-32)。なお，214a28-29 はロスに従い，$o\dot{v}\delta\dot{\epsilon}$ $\tau\dot{\eta}\nu$
$\kappa\alpha\tau\grave{\alpha}$ $\tau\acute{o}\pi o\nu$ $\kappa\acute{\iota}\nu\eta\sigma\iota\nu$ 〈$\ddot{\alpha}\nu\epsilon\upsilon$ $\kappa\epsilon\nuo\hat{\upsilon}$ $\dot{\alpha}\delta\acute{\upsilon}\nu\alpha\tau o\nu$ $\epsilon\hat{\iota}\nu\alpha\iota$〉 と読む (Ross (1936), 586)。
　35)　「〔物体の部分が〕空虚のうちに〔動く〕のではなく，中のものが絞り出されること
によって〔物体は〕圧縮されうる。たとえば，水が圧迫されるとき，中の空気が〔絞り出さ
れる〕」(214a32-b1)。この議論は，『問題集』第25巻第8章938b23-25 にあるように，酒を
構成する元素としての空気が酒から排出される，という形の解決だと思われる。
　36)　「また，何かが中に入ることによってだけではなく，性質変化でも〔物体は〕増
大しうる。たとえば，水から空気が生じた場合である」(214b1-3)。ここでは性質変化
$\dot{\alpha}\lambda\lambda o\acute{\iota}\omega\sigma\iota\varsigma$ の例として水から空気が生成することが挙げられているが，ハッセイが指摘する
ように，実体の生成消滅の意味とすべきだろう (Hussey, 127)。
　37)　Lang, 131.

3 空虚肯定論の報告と批判　　141

い。むしろ，空虚肯定論の論拠となる感覚的パイノメナに，相互置換や
元素間の変化といった運動モデルを提示することによって，空虚を必要
としない説明を与えようとしている。

　【A】から【C】への批判の後，アリストテレスは【C】に対するもう
ひとつの応答を行う。その応答の中に【D】への言及がある。

　　一般に，成長に関する説明も灰の中に注がれた水に関する説明も
　　自分の足を縛る。つまり，〔その説明に従うと次のような帰結が生
　　じる〕。(1)〔身体の〕すべてが成長するわけではない。あるいは，
　　(2) 物体〔が加わること〕によって〔成長するわけではない〕。あ
　　るいは，(3) 2つの物体が同じところに存在できる。これらの〔説
　　明〕は共通の難問を解くことを要求しているだけで，空虚が存在す
　　ることを証明していない。あるいは，(4) もし身体があらゆると
　　ころにおいて成長し，空虚を通じて成長するならば，身体全体が空
　　虚であることが必然である。灰に関する説明も同じである。(*Phys.*
　　IV 7, 214b3-10)

この引用が【C】に対する応答ならば，アリストテレスは空虚概念と身
体の成長に関する4つのジレンマを提示していることになる[38]。まず，
生物の身体の成長に関し，次の3点が同意されている。身体は全体的
に成長すること，その一部だけが成長することはないこと，身体は栄養
を摂取することで成長することである[39]。ところで，身体も栄養も物体
である。そして，空虚肯定論によれば，身体の一部は物体あるいは充実
体であり，別の一部は空虚である。さて，【C】によれば，身体内部に
栄養物が通る空虚が存在せねばならない。だが，栄養はその空虚である
部分の周辺にしか運ばれないから，(1) 空虚の周辺部だけが成長する。
身体の一部が空虚であるにも関わらず，実際に成長するのは身体全体な

---

　38)　Warner, 99.

　39)　「何かが増大するときには，それのどの部分も増大しているということ，同様に減
少の場合もその部分も前より小さくなっているということ，さらにまた，何かがそれに付け
加わるときに増大し，何かがそれらから去るときに減少するということ，これらのことは経
験的に明らかなことである」(*GC.* I 5, 321a2-5)。

らば，（2）空虚を通じて栄養を身体全体に運ばずとも身体全体が成長しうる。それでも身体を成長させるものは栄養ならば，栄養は空虚ではない部分を通じて身体全体に運ばれることになる。しかし，栄養が身体全体に運ばれる過程で，（3）身体の一部と栄養が同じところに重なって存在することになる。身体の一部と栄養が同じところに存在することはなく，かつ栄養が空虚を通じて運ばれ，かつ身体全体が成長するならば，（4）身体全体が空虚であることが帰結する。このことは，生物の身体の一部が物体あるいは充実体であることに反する。つまり，この応答は空虚肯定論の非整合性を指摘する批判である[40]。

　この引用においても，感覚的パイノメナ，具体的には生物の身体は全体的に成長するという現象をアリストテレスは守ろうとしている。感覚的パイノメナを順守し，適切な説明を与えることは，自然学一般が持つ基本姿勢のひとつであり，『自然学』の空虚論でもこの姿勢は保たれている。なぜなら，彼は空虚論冒頭で空虚に関する考察の必要性を自然学者の立場から訴えているからである（*Phys.* IV 6, 213a11）。また，物体の排他性は空虚論に内在する物体観のひとつである。先に引用した【C】と【D】に対する応答の中で，彼は物体の排他性に言及した後に，空虚肯定論の論拠は「共通の難問」を解くことを要求していると述べる（*Phys.* IV 7, 214b5）。この「共通の難問」とは，自然学者に共通の難問を意味し，具体的には感覚的パイノメナの背景にある自然哲学理論を提示し，身体の成長といった具体事例を説明する，という課題のことであろう。

　したがって，『自然学』第4巻第6章で紹介される空虚肯定論が有する態度と，アリストテレスが空虚論で有していた自然哲学的態度には，物体は同じところに2つ以上重なり合って存在しないという物体観と，物理的現象あるいは感覚的パイノメナに説明を与えるという目標があるという2点で共通している。

　これらの共通点は，アリストテレスが空虚の存在を否定する際に採用しえた論法を示唆する。『自然学』第4巻第7-9章でアリストテレスが空虚を否定する論拠のほとんどは，四元素説をはじめとした彼にとっ

40）　Ross (1936), 587. Wagner, 556-557.

ては正当である自然哲学理論に依拠している。たとえば,『自然学』第4巻第8章214b13-17には,四元素説に基づいた元素の自然運動の説が見られる[41]。ただし,このような理論を誰もが容認する必要はない。アリストテレスが提示する反論がこのような彼独自の自然学的理論に基づいている以上,たしかに彼は空虚の存在を必要とする自然哲学理論とは異なる自然哲学理論を用いることで空虚の存在を論駁する,という議論形式を採用しているように見える。

　しかし,空虚肯定論を論駁する論法としては帰謬法も選びうる。すなわち,空虚の存在を前提すると,空虚肯定論が基盤とする前提の崩壊を招くという論法である。事実,このような論法をアリストテレスは『自然学』第4巻第7章における空虚肯定論に対する応答は用いていた。また,大局的に見れば前節で検討した力学的反論も同様である。もちろん,力学的反論が依拠するのは,物体の移動速度は媒体の密度に比例するという「公理」である。しかしながら,力学的反論が持つ最終的な根拠は,空虚が存在するならば媒体の違いによって物体の移動速度が異なるという感覚的パイノメナが否定されることに求められる。この帰結自体は,空虚肯定論に十分な反論として機能するとアリストテレスは期待したと思われる。なぜなら,空虚肯定論もまた感覚的パイノメナを説明するための理論だからである。

　このように,アリストテレス独自の自然哲学理論に依拠するように見える空虚論は,他方で感覚的パイノメナへの信頼という自然哲学の根本的姿勢に訴えかけるという側面を持つ。そして,空虚論の大局的な議論構造がこのような形であるならば,空虚肯定論に向かって空虚の存在を否定するためのもうひとつの道がアリストテレスにはありえたはずである。すなわち,彼と空虚肯定論者は両者とも物体の排他性に賛同するが,物体の特性と空虚の存在が齟齬をきたすことを証明する,という道である。

　事実,空虚論には彼がこの道を採用したであろう論点がある。その論

---

41)「もし,単純な物体のそれぞれの何らかの移動,たとえば火が上に向かう移動や土が下に向かう移動が自然 (φύσις) によって起こるのであれば,空虚が移動の原因ではないことは明らかである。では,空虚は何の原因であろうか。なぜなら空虚は場所に関する移動の原因であると考えられているのに,そうではないからである」(*Phys.* VI 8, 214b13-17)。

144   第 4 章　空虚論

点が本章次節で検討する『自然学』第 4 巻第 8 章 216a26-b16 である。

4　「空虚それ自体」の検討 ——『自然学』第 4 巻第 8 章 216a26-b16

　本節は力学的反論に続く『自然学』第 4 巻第 8 章 216a26-b16 を精査
する。この議論はアリストテレスが空虚を否定する論点として提示した
ものである。しかし，この議論を一部の解釈者は余談と分類することも
ある[42]。このような扱いの原因はテキストの論理推移が不明確で難解で
あることのみならず，該当箇所に運動概念が現れないことにあるかもし
れない。しかしながら，この議論はアリストテレスにとって空虚が存在
しないことを完全に証明するために必要な過程と見なすべきである。な
ぜなら，これまで彼は空虚肯定論に対し，物体が運動変化するという感
覚的パイノメナを保持する立場から反論してきたのに対し，運動の存在
とは無関係な形で議論を進めているからである。

　のみならず，この議論には空虚論に内在するひとつのラディカルな存
在論的前提が隠れている。これら 2 点を明らかにするために，本節はま
ず空虚論全体に対する『自然学』第 4 巻第 8 章 216a26-b16 の位置を確
認する。その後，該当箇所の論理推移をテキストに即し再構成する。そ
して，その再構成に即し，この『自然学』第 4 巻第 8 章 216a26-b16 が
空虚の存在を否定しうる根本的な論拠を開示する。

4.1　文脈と目的
　この 216a26-b16 の考察対象と目的を議論の冒頭部から確認しよう。

　　（A）そして空虚それ自体を考察すると，空虚と呼ばれるものはま
　　さに空虚であることが明らかとなるだろう。（216a26-27）

この冒頭部は，以降の議論で「空虚それ自身」が存在しないことを証明
するとするものである宣言である。この宣言中で特に注目すべきは，こ

　42）　Thorp, 149. ただし，ソープはこの箇所を余談と解すべき論拠を提示していない。
cf. Hussey, 134

の「空虚それ自身」という表現である。これまでの『自然学』第4巻第
6-8章の議論では，アリストテレスは空虚を，空虚肯定論に対抗するた
めに，物体の運動の原因として扱ってきた。一方，『自然学』第4巻第
8章216a26-b16は，これから確認するように，空虚を物体の運動とは
無関係なものとして扱う。つまり，「空虚それ自身」は物体が運動する
という感覚的パイノメナから要請されるような空虚ではない。多くの論
者が指摘するように，この表現は物体の運動とは無関係でありながら，
物体から離存する空虚を指示する[43]。そして，このような空虚の存在非
存在を216a26-b16は考察対象とする。それゆえ，この216a26-b16の目
的は，空虚肯定論に対する批判ではない。むしろ，アリストテレス独自
の観点から成された空虚の存在非存在に関する考察である。また，この
216a26-b16が物体の運動とは無関係でありながら，物体から離存する
空虚の存在を考察する限り，この考察は物体から離存する空虚の存在を
完全に否定するために不可欠な論証プロセスに置かれていると見なすべ
きである。

　さて，このような物体の運動とは無関係でありながら，物体から離存
する空虚の存在を論駁する準備のために，アリストテレスは次のような
現象を想定する。

　（B）水中にサイコロを入れたらサイコロと同量の水が排出される。
　同じようにサイコロを空気中に入れたらサイコロと同量の空気が排
　出される。ただし，空気の場合は感覚的には明らかではない。さ
　て，移動しうるあらゆる物体中にサイコロを入れたら，圧縮された
　場合を別にして，その物体は本来移動する方向に必ず移動する。つ
　まり，土のように移動が下方向の場合は常に下方向に移動するか，
　火のように移動が上昇向の場合は常に上に移動するか，上にも下に
　も移動するかのいずれかである。このことは，中に入れるものが何
　であれ成り立つ。しかし，空虚中ではこのことは不可能である。な
　ぜなら，空虚は物体ではないからである。むしろ，サイコロと同量
　で，前に空虚中にあった「すきま」がサイコロを貫き通すと考えら

---

43)　Aquinas, 541. Wagner, 564. Apostle, 256. Hussey, 133. Lang, 156.

れよう。あたかも，水や空気が木製のサイコロによって移動せず，かえってサイコロ全体を貫き通すかのように[44]。(216a27-b2)

この引用が語る現象の説明は四元素説に即しているが，現象自体の把握は容易である。水が満ちた水槽に $1\mathrm{cm}^3$ のサイコロを投入すれば，水槽から $1\mathrm{cm}^3$ の水が排出される。この現象は他の元素にも拡張できる。(便宜的に水以外の物体にも「水槽」という表現を用いる)。空気の水槽にサイコロを投入すれば，サイコロと同体積の空気元素が排出される[45]。一方，空虚の場合は，空虚の水槽にサイコロを投げ込んでも空虚の排出はおきない。むしろサイコロ全体を $1\mathrm{cm}^3$ の「すきま」($\delta\iota\acute{a}\sigma\tau\eta\mu\alpha$)[46]あるいは空虚が貫くだろう。このようにサイコロと空虚が同じところに共存することが，論点 (B) の要点である。

4.2　2つの不条理

この共存性を下敷きに，アリストテレスは次のように議論を展開する。

(C) だが，サイコロはサイコロが占める空虚と同じ大きさも持っている。そして，大きさは熱くとも冷たくとも，重くとも軽くとも，そのようなすべての性質とは別のものである。ただし，大きさはサイコロから離存しない。私が述べているのは木製のサイコロの「かさ」($\acute{o}\gamma\kappa o\varsigma$)である。したがって，サイコロが他のすべての性質から分離されて重くも軽くもないとしても，サイコロは同体積の空虚を占め，そのサイコロと同体積の場所[47]あるいは空虚の部分と

---

44) つまり，サイコロと水が同じところに共存するということであろう。

45) 水以外にサイコロと同体積の元素が排出されるという現象を確認できるような適切な例や実験は想定しがたい。テミスティオスは水時計を例にしている。水が落ちる容器を塞いだ場合，水は落ちない。だが，一か所だけ開けた穴に笛をつければ，笛の音によってそこから空気が排出されることが確認できる (Themistius, 133)。ただし，テミスティオスの説明は，排出された空気を実測してはいない。さらに，土や火の自然運動に関する実験を想定することはさらに困難であろう。これ以上に想定が困難なのは，元素が排出される方向が元素固有の自然運動に従う (*Phys.* IV 8, 216a29-33)，という原則である。cf. Waterfield, 261.

46) この言葉は空虚の言い換えであろう。Ross, 382. Hussey, 133.

47) この「場所」は，実質的には「物体から離存する場所」と同義であり，空虚と同一

4 「空虚それ自体」の検討

同じところにあることになる。では，サイコロという物体[48]は同体積の場所あるいは空虚と何が違うことになるのか。そして，もしこれらが2つのものであれば，なぜいくらでも多くのものが同じところに存在することにならないのか。これがひとつの不条理で不可能なことである。(216b2-12)

この論点（C）が語る不条理を確認しよう。ハッセイが指摘するように，この箇所で「大きさ」(b3)，「かさ」(b6)，「物体」(b10) は整理されておらず，実質的には同じ対象を指示すると思われる[49]。すると，論点（C）のうち中心的な不条理とは，サイコロの「かさ」と空虚が別々のものであれば，より多くのものが同じところに存在しうる，というものになる[50]。

では，この不条理はどのように導かれているのか。ロスによれば，この不条理は，諸性質をサイコロから排除したとき，サイコロの「かさ」は空虚と区別がつかない実在物になる，というものである[51]。一方，ハッセイやファーリーは異なる理解を提示している。彼らによれば，サイコロと空虚が同じ大きさを持つならば，サイコロの大きさと空虚が同一視されるか，さもなければ同一の大きさを持つ2つの延長が存在することになる，というものである[52]。おそらくハッセイらの理解が妥当であろう。なぜなら，論点（C）の目的は多数のものが同じところに存在するという不条理を導くことだから，「かさ」と空虚は区別されるべきだからである。すると，論点（C）の論旨とは，サイコロの「かさ」と空虚は区別しがたいが，それでも両者を区別したならば，多くのものが同じところに存在しうる，ということである。

次に，「かさ」と空虚が区別しがたい根拠を確認しよう。ここでわれわれは『自然学』第4章第7章で挙げられていた「空虚」の意味のひ

視されていると思われる。Wagner, 565.

48）アリストテレスは「かさ」と「物体」を混同しているように思われる。cf. Hussey, 134.

49）Hussey, 133.

50）Simplicius, 682. Aquinas, 541. cf. Sorabji, 76. Apostle, 256-257.

51）Ross (1936), 591-592.

52）Hussey, 133. Furley (1987), 190.

とつ，「触覚しうる物体で充実していないもの」を想起すべきだろう。この「触覚しうる物体」は重さと軽さを持つものであった（214a7-8）。一方，論点（C）におけるサイコロの「かさ」とは熱さや冷たさ，重さや軽さが分離されたものである。すると，この「かさ」は重さや軽さを持たないから，定義的に空虚と同一視できる。したがって，サイコロの「かさ」はそれ自身空虚であると同時に，サイコロを包む空虚と同じところに共存していることになる。

それでも，サイコロの「かさ」と同体積の空虚を区別したならば不条理が帰結する。つまり，同じところに空虚が二重に存在しうるならば，同じところにそれ以上の数の空虚が存在しうることになる[53]。

以上の理解をまとめると，論点（C）は以下のように再構成される。

(1) 空虚の水槽中に置かれたサイコロは，それを貫く同体積の空虚と同じところに共存する。（論点（B）より）
(2) サイコロから重さと軽さを排除する。
(3) (2)のとき，サイコロの「かさ」は定義的に空虚となる。
(4) (1)より，「かさ」とサイコロを貫く空虚は同じところに共存する。
(5) 「かさ」と空虚が異なるものならば，同じところに空虚が二重に存在する。

ただし，この論点（C）は「かさ」と空虚を区別した場合の難点を語っているが，区別しない場合の難点を語っていない。続く論点（D）はおそらく両者を区別しない場合に対応する。

　　(D) さらに，サイコロが移動しても，明らかにサイコロは他のすべての物体も持つ「かさ」を持つことになる。それゆえ，もし「か

---

53) Simplicius, *ibid.* Aquinas, 541. なお，ケイトは空虚論における「空虚」に何もない場所という意味と，内容物の有無にかかわりのない場所という意味の二義性を見出し，論点(C)における「空虚」を後者の意味でとらえる（Keyt (1961), 291-292）。しかし，このように理解した場合，論点(C)がこれまで論じられてきた空虚に対する論駁であるとは見なしがたい。

さ」が場所と異ならないならば，なぜそれぞれの「かさ」とは別に
場所を物体に想定する必要があるのか，「かさ」は性質を持たない
のであれば。もし，「かさ」のまわりに「かさ」と同じ大きさのす
きまがあったとしても，何も寄与しない。(216b12-16)

引用中の「『かさ』が場所と異ならないならば」という記述は，この論
点 (D) が「かさ」と空虚を区別しないという場合の考察であることを
示している。

さて，論点 (D) が証明しようとしている不条理は「それゆえ，もし
『かさ』が場所と異ならないならば，なぜそれぞれの「かさ」とは別に
場所を物体に想定する必要があるのか，『かさ』は性質を持たないので
あれば」と訳した 216b13-15 にある。該当箇所のギリシア語テキスト
は以下である。

$\ddot{\omega}\sigma\tau'$ $\epsilon\dot{i}$ $\tau o\hat{v}$ $\tau\acute{o}\pi ov$ $\mu\eta\delta\grave{\epsilon}\nu$ $\delta\iota\alpha\phi\acute{\epsilon}\rho\epsilon\iota,$ $\tau\acute{\iota}$ $\delta\epsilon\hat{\iota}$ $\pi o\iota\epsilon\hat{\iota}\nu$ $\tau\acute{o}\pi ov$ $\tau o\hat{\iota}s$ $\sigma\acute{\omega}\mu\alpha\sigma\iota\nu$ $\pi\alpha\rho\grave{\alpha}$ $\tau\grave{o}\nu$ $\dot{\epsilon}\kappa\acute{\alpha}\sigma\tau ov$ $\ddot{o}\gamma\kappa ov,$ $\epsilon\dot{i}$ $\dot{\alpha}\pi\alpha\theta\grave{\epsilon}s$ $\dot{o}$ $\ddot{o}\gamma\kappa os;$

条件節 $\epsilon\dot{i}$ $\tau o\hat{v}$ $\tau\acute{o}\pi ov$ $\mu\eta\delta\grave{\epsilon}\nu$ $\delta\iota\alpha\phi\acute{\epsilon}\rho\epsilon\iota$ の主語の候補は，アポストルによ
れば，「かさ」，「空虚」，「サイコロ」，「物体」である[54]。これらの候補の
中から近年の翻訳は「かさ」を選ぶ[55]。この選択は妥当だろう。なぜな
ら，条件節以降に「かさ」の語が2つ現れているからである。そのと
き，条件節の主張は2通りに解釈できる。第一のものは，ある物体の
場所とその物体の「かさ」の場所が同一であるという理解である。第二
のものは，ある物体の「かさ」が存在するところがその物体の場所であ
るという理解である。

次に，216b13-15 の主節 $\tau\acute{\iota}$ $\delta\epsilon\hat{\iota}$ $\pi o\iota\epsilon\hat{\iota}\nu$ $\tau\acute{o}\pi ov$ $\tau o\hat{\iota}s$ $\sigma\acute{\omega}\mu\alpha\sigma\iota\nu$ $\pi\alpha\rho\grave{\alpha}$ $\tau\grave{o}\nu$
$\dot{\epsilon}\kappa\acute{\alpha}\sigma\tau ov$ $\ddot{o}\gamma\kappa ov$ を検討しよう。この主節中で一番重要な箇所は $\pi\alpha\rho\grave{\alpha}$
$\tau\grave{o}\nu$ $\dot{\epsilon}\kappa\acute{\alpha}\sigma\tau ov$ $\ddot{o}\gamma\kappa ov$ である。主節から $\pi\alpha\rho\acute{\alpha}$ 以下を除くと，「なぜ物体
に場所を想定せねばならないのか」という文が得られる。ただし，この
文中の「場所」は2通りに解釈できる。「その物体がある場所」を指示

---

54) cf. Apostle, 257.
55) Carteron, *ibid*. Hussey, p. 216. Waterfield, *ibid*. Lang, *ibid*. cf. Aquinas, 264.

するか，空虚の言い換えだとも解することができる。ただし，どちらに
解したとしても，主節から παρά 以下を除外する限り，不条理は生じな
い。「場所」が「その物体がある場所」を指示した場合，『自然学』の場
所論がすでに示した通り，物体はどこかにあり，それぞれの物体には場
所がある。それゆえ，物体に場所を想定することに問題はない。他方，
「場所」が空虚の言い換えである場合，物体が「かさ」を持つ限り，そ
の物体が空虚を持つことは，少なくとも議論推移上は自明である。それ
ゆえ，物体に空虚を想定することも無問題である。

　したがって，不条理を成立させるために不可欠な制限を παρὰ τὸν
ἑκάστου ὄγκον が与えていると考えられる。ただし，この一節の理解
には解釈者の間で違いが見られる。ウィックスティード，ワーグナー，
アポストル，ラングは「それぞれの『かさ』に加えて」，ロス，ハッセ
イ，ザックス，ウォーターフィールドは「それぞれの『かさ』とは別
に」，カルテロンは「それぞれの『かさ』の外に」と翻訳する[56]。

　それぞれの解釈を検討しよう。παρὰ τὸν ἑκάστου ὄγκον を「それぞ
れの『かさ』に加えて」とした場合，ラングが理解するように，主節は
「なぜサイコロの『かさ』に加えて，別の場所すなわち空虚を想定せね
ばならないのか」とパラフレーズできる。このとき，論点（D）の主張
は，空虚を物体の場所として想定することは余分だ，というものになろ
う[57]。だが，この理解には論点（D）冒頭 216b12-13 が反映されていな
い。つまり，サイコロが移動してもサイコロは空虚を持つという指摘が
なくても，論点（D）の主張は成立しうる。論点（D）の主張にはこの
冒頭部，特にサイコロが移動することが何らかの形で反映されているべ
きである。

　では，παρὰ τὸν ἑκάστου ὄγκον を「それぞれの『かさ』とは別に」
あるいは「それぞれの『かさ』の外に」と理解した場合はいかなる議論
展開になるだろうか。このとき，主節は「なぜそれぞれの『かさ』とは
別の場所を物体に想定せねばならないのか」と訳される。そして，冒頭
216b12-13 が示しているように，論点（D）ではサイコロが移動した場

---

56)　Ross (1936), 382. Wicksteed, *ibid*. Carteron, 144. Wagner, 105. Apostle, 76. Hussey, 38.
Sachs 113. Waterfield, 99. Lang, *ibid*.

57)　Lang, *ibid*. cf. Hussey, 133.

4 「空虚それ自体」の検討 151

合が考察されている。このことを考慮すると，「かさ」と別の場所とは，サイコロと共に移動するような場所ではなく，サイコロが移動しても存続すると想定されるような，サイコロが移動する前のサイコロの場所を指示していると思われる。ただし，物体に場所を想定することにはいかなる問題もない。すると，主節は「なぜサイコロの『かさ』とは別の場所，すなわちサイコロが移動前に存在したところの場所をサイコロの場所として想定せねばならないのか」と主張していると考えられる。

以上を総合すると，論点（D）の議論の推移は次のようになる。サイコロの「かさ」と空虚が同一だとしよう。この場合，サイコロがある場所から別の場所に移動したとしても，元の場所にサイコロの「かさ」は空虚として残る。ところで，サイコロの「かさ」がある場所がサイコロの物体の場所である。すると，サイコロの「かさ」は移動した後の場所にあると同時に，移動する前の場所にも存在することになる。だが，サイコロの「かさ」は実際にはサイコロが移動した後の場所にある。では，なぜサイコロの「かさ」とは別の場所，すなわちサイコロが以前存在した場所をサイコロの場所として想定せねばならないのか。このような疑念を提起するのが論点（D）であろう。

以上の理解をまとめると，論点（D）は以下のように再構成される。

(6) サイコロの「かさ」は空虚と同一だと仮定する。

(7) サイコロが移動した後も，元の場所に「かさ」は存在し続ける。

(8) サイコロの「かさ」があるところが，サイコロの場所である。

(9) (7) と (8) より，サイコロは移動前の「かさ」がある場所と移動後の「かさ」がある場所の2つの場所を持つことになる。

(10) しかし，サイコロの場所は移動した後の「かさ」である。

4.3 空虚論の前提

前節の再構成には一番重要な問いが残されている。すなわち，『自然学』第4巻第8章216a26-b16の目的は空虚の非存在を証明することである。それゆえ，216a26-b16の論点（C）と論点（D）からは空虚の非存在が帰結するはずである。では，論点（C）と論点（D）からどのようにしてアリストテレスは空虚の非存在を導くのか。

152 第4章 空虚論

　論点 (C) も論点 (D) も二者択一を提示している。論点 (C) の選択肢は (a) サイコロの「かさ」と (b) 空虚である。論点 (D) の選択肢は，(a) サイコロが実際に存在するところの場所と，(b) サイコロの移動前の場所のうちに存在する空虚である。そして，アリストテレスは論点 (C) においても論点 (D) においても，(a) を選び，(b) を否定する。しかし，存在論的に中立な立場を採れば，(b) 空虚を選択する余地がある。また，ハッセイが指摘するように，物体の「かさ」と空虚は同一だが，あり方において異なる，という選択肢も残されている[58]。しかし，これらの二者択一からアリストテレスは空虚を選ばなかった。彼の選択の理由は何か。

　論点 (D) の場合には次のように答えられるだろう。場所の存在はすでに先行する場所論で確定されている。だが，空虚の存在を想定し，空虚と物体の「かさ」を区別しない場合，ある物体の場所はその物体の移動前の場所となる。このような帰結は前章で確認したような場所の固有性を満たさない。このような帰結を免れるには，空虚の存在を否定しなければならない。

　論点 (C) の場合には次のように答えられる[59]。存在することが確かである対象と存在することが不明な対象が存在論的矛盾を引き起こすとき，後者を存在しないものと見なすことは自然な選択であろう。われわれはサイコロを見て，手で触れることができる。この経験はサイコロの存在の確証をわれわれに与える。そして，サイコロの「かさ」にも現実味がある。一方，空虚論において空虚が存在するか否かは不明である。このような文脈下でサイコロの「かさ」と空虚が存在論的に矛盾を引き起こすとき，実在性の確証を持ちうる「かさ」を選ぶことは自然な選択であろう。換言すれば，論点 (C) が空虚の存在を否定する議論でありえるには，アリストテレスがサイコロの存在とサイコロに属する「かさ」の存在を自明視していた場合に限られる。

　ここから 2 点を指摘したい。論点 (C) の要点はサイコロの「かさ」

---

　58)　Hussey, 134.
　59)　ファーリーは 216a26-b16 の要点のひとつとして，宇宙論において空虚は不必要であることを挙げているが（Furly (1987), 190），宇宙論的観点を導入せずとも，論旨は再構成できると思われる。

と空虚が二重に存在するということにあった。この要点は物体の排他性を強力にした立場を表明していると思われる。物体の排他性は2つの物体が同じところに存在することを拒否する。論点（C）はこれより進んで，独立して存在するような空虚と物体が同じところに存在することを拒否する。そうであるならば，論点（C）は「同じところに複数の離存物は存在しない」あるいは「同じところに一定の大きさを有する実体性を持つ対象は2つ以上存在しない」という，言わば「実体的対象の排他性」の立場に立っている。

　実体的対象の排他性を守るため，アリストテレスは空虚とサイコロの二者択一から空虚を選ばなかった。このことが事実だとすれば，彼は『自然学』で物体の存在を前提にして考察を進めていたことになる。言わば，物体に存在論的根源性を彼が見出していたのである。このような実体的対象の排他性と物体の存在論的根源性が，『自然学』第4巻第8章216a26- b16 を正当化する基本的態度である。

5　空虚，場所，運動

　『自然学』第4巻第6-8章の空虚論を構成する諸論点中，今日まで頻繁に強調されてきた『自然学』第4巻第8章力学的反論は，本章の検討の結果，物体の速度が空虚中で無限大になることを証明することが主眼ではないことが明らかになった。力学的反論が証明したことは，空虚中で物体が移動すると仮定すれば，媒体の違いによる物体の移動速度の違いという感覚的パイノメナが説明できなくなることである。このような力学的反論の要点を空虚論全体の議論構造から見た場合に指摘すべきは，力学的反論は空虚の存在を否定するための完全な議論ではない，ということである。なぜなら，力学的反論の射程は，物体の運動と関係し，かつ物体とは独立して存在する空虚に限られているからである。運動とは無関係な空虚，あるいは物体から独立せず，物体内部に存在するような空虚の存在に関して力学的反論は無力である。事実，力学的反論の射程を超えた空虚の存在には，アリストテレスは力学的反論以降の議論に任せている。

さて，一見したところ空虚論の主要な理論的柱は，アリストテレス独自の自然哲学理論，とりわけ四元素説とそれに基づく自然運動に思われた[60]。すなわち，われわれが運動の例で想起しがちなビリヤードの玉の運動ではなく，軽い物体が上昇し，重い物体が下降する，という元素の自然運動である。ゾルムゼンらが指摘するように[61]，この四元素説の自然運動の教説がアリストテレスと空虚肯定論を分かち，空虚の存在を否定せしめた一因であることは疑いえない。つまり，空虚はアリストテレスにとって運動を説明する力を持たない。

しかし，アリストテレスの自然哲学理論は空虚の存在を否定する論拠の一翼に過ぎない。実のところ，空虚論で紹介された当時の空虚肯定論と，これに対する彼の批判には共通する姿勢があった。すなわち，移動や成長といった物体の運動に関わる感覚的パイノメナを積極的に肯定することと，2つ以上の物体が重なり合って存在しないという物体の排他性の受容である。この感覚的パイノメナを，空虚の存在を認めると，否定せねばならないことを証明するが，力学的反論の主要な目的であった。また，感覚的パイノメナと物体の排他性の両方に訴えかけることで，空虚肯定論の問題点を『自然学』第4巻第7章214b3-10は指摘していた。さらに，『自然学』第4巻第8章216a26-b16は，物体の排他性を拡張し，「同じところに実体性を持つ対象は2つ以上存在しない」という実体的対象の排他性を提示することによって，物体の移動の原因ではないが，物体から離存する空虚の存在を否定していた。

この実体的対象の排他性が空虚を否定する論拠となるならば，アリストテレスは空虚の存在よりも物体の存在を存在論的に優先する，言わば物体の存在論的根源性を空虚論で前提していたと見なさねばならない。そして，『自然学』第4巻第8章216a26-b16が空虚肯定論に対する対人論法的な議論ではなく，アリストテレス独自の観点から論じられたものならば，彼が空虚の存在を否定した論拠は，物体の移動という感覚的パイノメナを空虚概念は説明できないことに加えて，実体的対象の排他性と物体の存在論的根源性も挙げるべきであろう。

『自然学』の場所論と空虚論で展開された実体的対象の排他性と物体

---

60) Solmsen, 137.
61) Solmsen, 143. Moreau, 182. Thorp, 166.

5　空虚，場所，運動　　155

の存在論的根源性を基盤とした空間的延長の考察については以下のこと
を指摘せねばならない。本章冒頭で述べたように，「空虚」をあらわす
ギリシア語 τὸ κενόν はしばしば「何もない空間」と説明される。空虚
をこう説明したとき，「空虚が存在するか否か」という問いは，「何もな
い空間が存在するか否か」という問いに変換される。そして，空虚が存
在しないという結論は，何もない空間は存在しないという主張に変換さ
れる。このような変換は空間の存在をアリストテレス自然哲学的前提と
して読み込むことを強いる。だが，懐疑すべきは，空間の存在をアリス
トテレスが最初から心に抱いていたかということである。

　たしかに，本書第 1 章で確認したように，『自然学』第 3 章第 1-3 章
の運動論において，アリストテレスが場所のカテゴリーを導入したこと
は，すでに場所の概念や空間的延長の概念が運動論の時点で要請されて
いることを示唆する。しかし，場所論と空虚論の考察を通じて与えられ
た空間的延長の実質的内実については整理が必要である。

　彼が場所論の考察によって得られた場所概念のもとで，空虚論を展開
していることは確実である。『自然学』第 4 巻第 7 章 213b31 で「空虚」
の意味として挙げられる「その中に何もない場所」という表現は，空虚
を「何もない空間」とすることに親和性があるように見える。だが，彼
が場所の考察の出発点として『自然学』第 4 巻第 2 章で提示した場所
の固有性は，場所が何らかの物体の場所であることを求めていた。それ
ゆえ，いかなる物体のものでもないような場所を配慮することを，少な
くとも場所論の考察の時点では除外したように思われる。

　このような場所概念と空間の概念の相違はどこに求められるか。モリ
ソンは空間の特性として，(a) 空間はある種の実体であること，(b) そ
の部分が物体に占有されていることを挙げる[62]。アリストテレスが『カ
テゴリー論』第 6 章で言及する場所概念は (b) を満たす。該当箇所で
は，場所と物体は共存するものとして提示されているからである (Cat.
6, 5a8-14)[63]。しかし，『自然学』で考察された場所概念は (a) も (b)
も満たさない。「包む物体の第一の不動の限界」として定義された場所
は，包む物体に依拠する存在物であり，あらゆる物体から独立して存在

---

62)　Morison (2002), 170.
63)　本書第 3 章注 1 参照。

するような実体性を持たない。また，場所はある物体と別の物体が触れ合う特殊な限界として定義されているが，その場所は立体的というよりも平面的なものであり，他の物体に占有されるために必要な立体性をもたない。

　そして，空間と空虚の関係については次のことを指摘せねばならない。まず，『自然学』第4巻第8章全体で検討された空虚は（a）を満たす。さらに，『自然学』第4巻第8章216a26-b16で検討された，空虚は（a）のみならず，（b）も満たす。該当箇所において空虚は物体と同じところに共存すると想定されていたからである。しかしながら，彼はこのような実体性を有し，物体と共存するような空虚の存在を否定した。

　それゆえ，『自然学』第3巻の運動論で，運動概念一般の適切な理解のために空間的延長をアリストテレスが要請したとしても，最初から実体性を有し，物体によって占有されるような空間的延長を彼が思い描いていたわけではない。むしろ，空間的延長は何らかの実体，あるいは物体に属するという態度から，運動概念一般に関連する空間的延長の存在論的位置づけを考察するという特色が場所論（および先行する無限論）に認められる。そして，（a）も（b）も満たすような空間的延長に関して，その存在の有無を中心に考察することが場所論に続く空虚論の課題であった。

　ただし，次のことは留意すべきである。（a）も（b）も満たす空間的延長の存在が疑問視されることが，移動や空間的運動一般を説明する力を喪失することにはならない。前章で示したように，物体の移動は，その物体に接触し，その物体を包む別の物体に言及することでも説明できる。このように，実体性を持ち，物体とは独立して存在しうるような空間的延長を前提せずとも，物体の移動に説明を与えることがアリストテレスには可能であったのである。

第 5 章

時 間 論
——時間の実在性——

1　は じ め に

　　『自然学』第 3 巻第 1 章においてアリストテレスは，時間を欠いて運動は不可能であると思われる，と述べていた（200b20-22）。また，運動の定義である「可能的にあるものの，そのようなものとしての現実態」が示唆するように，彼にとって運動を描写するためには，① 運動する対象，② 運動する対象の現実的な状態，③ 運動する対象が到達する目的あるいは終局の状態の 3 つの項が必要である。だが，②と③は同時に実現するわけではない。ソクラテスの肌の色が白から黒へと変色する場合でも，ソクラテスが白いという事態とソクラテスが黒いという事態が同時に成立することは矛盾する。それゆえ，運動論に内実を与えるには，運動の概念を何らかの形で時間的延長と接続する必要があるだろう。

　　しかし，時間的延長の実在性に関しては，マクタガートが言うように，人々は世代や地域を超えてしばしば疑念を提起してきた[1]。そして，時間の存在に対する疑念をアリストテレスも知っていた。彼は『自然学』第 4 巻 10-14 章の時間論の冒頭で「時間のパラドックス」を導入している。このパラドックスは過去と未来は存在しないゆえに時間は存在しないと主張する。

---

　1)　McTaggart, 304.

158　　　　　　　　　第5章　時間論

　ただし，アリストテレスは時間が存在することを時間論における考察によって確信している[2]。時間の存在に肯定的結論に至ったのであれば，彼は先の時間のパラドックスを時間論中で解決したことを読者は期待するだろう。では，時間のパラドックスを彼はどのように解決したのか。実はこの問いは，『自然学』の時間論解釈の難問のひとつである。難問である理由は時間論の構造を確認すれば直ちに明らかになる。

前置き	*Phys.* VI 10	217b29-32
時間のパラドックス		217b32-218a9
「今」のパラドックス		218a9-21
時間に関する諸見解		218a30-b20
時間の定義の探求	*Phys.* VI 11	218b21-219b9
時間と運動		218b21-219a10
大きさ・運動・時間		219a10-21
時間の知覚条件		219a22-b1
時間の定義		219b1-2
数の概念について		219b2-9
「今」の同一性と複数性		219b9-33
時間と「今」との関係		219b33-220a21
総括		220a24-26
最小の数	*Phys.* VI 12	220a27-32
時間と速度		220a32-b5
時間の同時性		220b5-14
時間と運動の計測		220b14-221a9
「時間のうちにある」		221a9-222a9
時間に関する諸義	*Phys.* VI 13	222a10-b29
運動と「時間のうちにある」	*Phys.* VI 14	222b30-223a15
時間の遍在性		223a16-22
時間と魂		223a22-29
運動の種類と時間		222a29-223b12
時間の尺度		223b-224a2
数について		224a2-15
総括		224a15-17

　上表のように，『自然学』第4巻第10-14章に時間のパラドックスに対する応答は見られない。つまり，時間の存在を確信しているにも関わ

　2）「時間が存在することと，時間とは何かということ，今がどれほど多くの意味で言われるか，そして『いつか』，『先ほど』，『やがて』，『かつて』，『突然』がいかなる意味で言われるかが述べられた」（*Phys.* IV 13, 222b27-29）。

らず，アリストテレスは時間の存在に対する疑念を払拭していないように見える[3]。

　ただし，本書第3章の場所論の解析によって，パラドックスの解決は考察対象の定義が果たしうることが明らかになっている。時間論の場合も同様の役目を定義に期待してよいならば，時間のパラドックスを解決する鍵は時間の定義にある。それゆえ，本書はアリストテレスの時間の定義である「運動に関する前後の数」に着目する。もっとも，この定義も解釈上の問題を多く孕む。特に，この定義が含む，時間が数に分類されること，時間が運動の何かだという2つの要素が解釈の争点となる。

　本章はまず，時間のパラドックスの構造分析を通じて，パラドックスを構成する論点に論理的欠落はないか，またパラドックスに対しアリストテレスが時間論上で表明する立場から直接反論しうるかを検討する。次に，時間の定義が導出される文脈を参照しつつ，この定義が示す時間の存在論的位置づけを考察する。そして，『自然学』第3巻第1章で表明された運動モデルと『自然学』第4巻第11章で与えられる「今」のパラドックスの解決を通じて，時間のパラドックスに対するアリストテレスの論駁を提示する。

　検討に入る前にギリシア語の τὸ νῦν について述べておかねばならない。本章はこの語を「今」と訳す。ただし，通常このギリシア語は時系列上の「現在」を意味する。しかし，しばしば指摘されるように，アリストテレスの『自然学』の τὸ νῦν は時系列上の「現在」を必ずしも意味しない。なぜなら，『自然学』には時系列とは独立の「瞬間」と解すべき τὸ νῦν が数多く見出されるからである[4]。この事情は時間論でも

---

3) Coope (2005), 17. Waterfield, 262. ハイデガーは「時間のあり方と時間の本質への2つの問いは，分量に関して不均等な取り扱いを受けている」と述べている。ハイデガーの場合，『自然学』第4巻第14章223a16-29で展開される時間と魂の関係の短い考察が時間のパラドックスの解決だと解釈する（Heidegger, 330）。しかし，本書はこの読解を採用しない。また，マークヴァートは，時間のパラドックスを導入したアリストテレスの意図は，われわれの日常の漠然とした時間把握から哲学的な驚愕を通じて時間の話題へと興味をひきつけることだとコメントしている（Marquardt, 39）。たしかに，議論にパラドックスを導入することにはそのような修辞法的な効用もありうるだろう。しかし，仮に存在の問いが哲学的驚愕を引き起こすとしても，存在の問いの意図は専ら修辞法的効用のみと見なすことは不十分だろう。なぜなら，本書第3章で確認したように，場所のパラドックスは，「うちにある」の分析という手続きにアリストテレスを導いたからである。

4) オーウェンは，アリストテレスの「今」の用法は，現在から瞬間という意味に拡張

160　　　　　　　　　　　第 5 章　時間論

同様である[5)]。それゆえ，本書は $\tau\grave{o}\ \nu\hat{v}\nu$ の訳語として「今」を暫定的に用いるが，$\tau\grave{o}\ \nu\hat{v}\nu$ の意味が解釈を通じて明確になった場合には「現在」と「瞬間」を用いる。

2　時間のパラドックス

2.1　時間のパラドックスの構造

『自然学』第 4 巻第 10 章で導入される時間のパラドックスの構造分析から始めよう。時間のパラドックスは類似した 2 つのテキストによって構成される。それぞれをパラドックス A，パラドックス B と呼ぼう。

A：時間の一部はすでに生じたが存在せず，別の一部はこれから生じるがどこにも存在しない。だが，それらによって，無限な時間も，区切られた時間も構成されている。存在しないものから構成されたものが実在性を分有する（$\mu\epsilon\tau\acute{\epsilon}\chi\epsilon\iota\nu\ o\mathring{v}\sigma\acute{\iota}\alpha\varsigma$）とは考えられていない。（217b34-218a3）

B：これに加えて，部分に分かれうるあらゆるものについて，それが存在するときは，すべての部分か，一部分が存在していなければならない。だが，時間は部分に分かれうるのに，時間の部分は，すでに生じたか，これから生ずるかであるが，どちらも存在していない。今は時間の部分ではない。なぜなら，部分は全体を測り，全体

されたのではなく，むしろ瞬間という意味が第一義で，現在という意味はそこから派生したと説明する（Owen (1976), 146）。cf. Hussey, xliv. Waterlow (1984), 104 ff.

　5)　たとえば，次の文章では「今」が現在として用いられる。「今のあるものについてはこのように言われるが，別の今はこのような今に近い場合に言われる。彼は今来るだろう，なぜなら彼が今日来るから。彼は来た，なぜなら今日彼が来たから。だが，『イリアス』の中の出来事は「今」生じたのではないし，川の氾濫も今生じたことではない。たしかにそれらに向かって時間は連続的であるが，今に近いわけではないからである」（*Phys.* IV 13, 222a20-24）。ここで今日の出来事と過去にあった『イリアス』の出来事が対比させられていることから，ここの「今」は現在を指示するだろう。他方，瞬間としての用例は，この後の本書で確認されるように，時間の定義を導出する過程に見られる。そこでは $\nu\hat{v}\nu$ に複数中性の定冠詞 $\tau\acute{\alpha}$ をつけた $\tau\grave{\alpha}\ \nu\hat{v}\nu$ という表現も現れる。cf. Waterlow, 105.

は諸部分から構成されなければならないからである。そして，時間は今どもから構成されるとは思われていない。（218a3-8）

パラドックスAもBも同一の主張から始まる。つまり，時間は「すでに生じたもの」と「これから生じるもの」へと分割され，これら両者から時間が構成されるという主張である。この「すでに生じたもの」とは過去であり，「これから生じるもの」とは未来である[6]。それゆえ，パラドックスB中の「今」は現在を指示する[7]。

　パラドックスAとBが次に主張することは，過去と未来が存在しない，という強い存在論的主張である。この主張の根拠は，「存在する」を表す $\acute{\epsilon}\sigma\tau\iota$ の時制が現在形であることに由来する。この現在時制を強調すれば，命題「Xが存在する」は命題「Xは現在において存在する」と同値となる。すると，命題「過去が存在する」は命題「過去は現在において存在する」，命題「未来が存在する」は命題「未来が現在において存在する」と同値となる。ただし，過去と未来に関するこれら2つの命題の真理性は疑わしい。なぜなら，過去と未来は「すでに生じた」もしくは「これから生じる」という限定を伴うからである。それゆえ，過去と未来は現在において存在しない，という主張をこのパラドックスは含意する。

　このように過去と未来に関するパラドックスの主張が「存在する」の現在時制に依拠するならば，次のような反論が想定される。時間は〈過去－未来〉の2つではなく，〈過去－現在－未来〉の3つに分割されると考えるならば，命題「現在は現在において存在する」は真である[8]。そして，現在を時間の一種と見なしてよいならば，時間は現在において存在する。

　この想定反論はパラドックスAには有効だろう。しかし，パラドックスBはこの想定反論に，現在が時間の部分ではないと主張すること

---

6)　シンプリキオスによればパラドックスAは「時間は過去に属する時間と未来に属する時間で構成されるが，前者はもはや存在せず，後者はいまだ存在していない」ということである（Simplicius, 696）。cf. Heidegger, 331. Hussey, 138. Inwood, 177. Miller, 132.

7)　*LSJ* は「現在」を意味する $\nu\hat{\upsilon}\nu$ の用例としてこの 218a6 を引用する。

8)　cf. McTaggart, 305ff.

162　　　　　　　　　　第5章　時間論

で対処する。なぜなら，現在は時間を計測しえないし，現在の集合が時間でもないからである。

つまり，パラドックス B はパラドックス A を補強する議論である[9]。したがって，これら2つのパラドックスはパラドックス B を中心に次のように纏められる[10]。

(a)　過去と未来から時間は構成される。
(b)　過去と未来は存在しない。
(c)　現在は時間の部分ではない。
結論：時間は存在しない。

以上が時間のパラドックスの論理構造である。

2.2　時間のパラドックスと現在・過去・未来

この時間のパラドックスにはどのように対処しうるか。まずは，このパラドックスがいかなる立場から発言されたものかを確認しよう。以下の引用は時間論の冒頭である。

> これまで述べてきたことの次に時間について論じよう。そのための良い方法は，はじめに外部の言説を通して時間についての難点を提示することである。つまり，時間は存在するものに属するのか存在しないものに属するのか，次にその本性が何であるのか。(*Phys.* IV 10, 217b29-32)

彼は時間に存在の問いと定義の探求の2つの課題を提起する。ただし，その課題の前に，時間に関する難問として「外部の言説」を導入すると彼は宣言する。

この「外部の言説」の発言者には2通りの理解がありうる。第一の理解はアリストテレス本人である。つまり，「外部の言説」とは『自然学』以外の議論で彼が実際に語った言説を意味する。第二の理解はアリスト

---

9)　Inwood, 125. Hussey, 138. Waterfield, 262.
10)　cf. Inwood, 177.

テレスが率いるペリパトス派の外部の人物である。つまり，「外部の言説」とはペリパトス派外部の人間が提起した言説である。ただし，この引用の「外部の言説」とは時間のパラドックス（および「今」のパラドックス）を指す。一方，時間のパラドックスに相当する議論はアリストテレスの他著作に見られない。それゆえ，ロスの言うように「外部の言説」の発話者はペリパトス派の外部の人物であろう[11]。それゆえ，時間のパラドックスにアリストテレスが無批判で賛同するとは考えがたい。

次に，時間のパラドックスが依拠する（a）（b）（c）の論点に対し，アリストテレスがいかなる立場に立脚しているかを確認しよう。もし，これらの論点に明確に対抗する立場を彼が時間論で表明していれば，彼は時間のパラドックスを深刻な問題として見なす必要がなかったという解釈の道が開かれる。

まず，(a)「過去と未来から時間は構成される」を検討しよう[12]。パラドックスＡは時間を「無限定な時間」と「区切られた時間」，つまり永遠的な時間と有限な時間を想定している。これら2種の時間のどちらをアリストテレスが時間論で扱っていたか。この問いのヒントは時間の定義を導出過程に現れる以下の発言に見出される。

> 今によって区切られたものが時間であるように思われる。そのように仮定しよう。(*Phys.* IV 11, 219a29-30)

この箇所で彼は「今によって区切られたもの」を時間と措定している。それゆえ，永遠的な時間ではなく，有限な時間を彼は時間論で考察し，定義づけたと考えられる。

ただし，この「今」には注意が必要である。「今」には現在という意味にも，瞬間という意味にも解しうるからである。「今」を現在と解した場合，「今」の間にある時間とは実質的には過去であろう。他方，「今」を時系列上に採らない場合，「今」の間にある時間とは一か月や一時間といった期間を指す。

たしかに，アリストテレスが考察した時間とは期間であることの示唆

---

11) Ross (1924), vol2, 409. cf. Hussey, 138. Ross (1936), 595-596. Simplicius, 696.

12) この検討はインウッド（Inwood, 152-163）に示唆を受けた。

164　　　　　　　　　　第 5 章　時　間　論

が時間論中に見出せる。まず，『自然学』第 4 巻第 12 章 220b13-14 で
は，一年，春，そして秋という時間の具体例が挙げられる。これらの例
は時系列上にある必要はない[13]。また，時間の定義である「前後に関す
る運動の数」は時系列に言及していないように見える。さらに，引用し
た 219a29-30 の「今」とは，引用直前の 219a22-29 を見ると，「前の今」
と「後の今」である。これらの「今」の間にある時間は過去や未来の瞬
間を必ずしも意味しない。

　しかし，時間定義の導出議論には，われわれが知覚する時間とは過去
の時間であることを示唆する文章もある。

　　　闇の中で身体を通じて何も受けなくても，魂になんらかの運動が起
　　　こりさえすれば，すぐさま〔運動と〕同時に何らかの時間が生じた
　　　と思うのだから。(219a4-6, 傍点は筆者)

　　　そして，時間が生じたとわれわれが言うのは，運動のうちの前後の
　　　感覚を得たときである。(219a23-25, 傍点は筆者)

　　　今をひとつのもののように感覚したとき，そして〔今を〕運動にお
　　　ける前後のようには，あるいは何らかのものの前後のようには感覚
　　　しないときは，時間が生じたと思わない。(219a30-33, 傍点は筆者)

これらのテキストでアリストテレスは「時間が存在すると思う」ではな
く，「時間が生じたと思う」と語っている。この「生じた」に該当する
ギリシア語は動詞 γίγνομαι の完了不定詞 γεγονέναι である。これらの
発言は，アリストテレスの扱う時間とは過去の時間であることを示唆し
うる。少なくとも，ある種の時間は過去のものであることは含意するだ

---

　　13)　時間論においてアリストテレスは 220b13-14 以外に時間の例を挙げない。『カテゴ
リー論』第 6 章では，『自然学』の時間論と同じく一年が例示されている。「また，行為が長
いと言われるのは，その時間が多くあることによってであり，運動が多いと言われるのも同
様である。なぜなら，それらのそれぞれは，これだけのものとそれ自身では言われないから
である。たとえば，もし，ある特定の行為がどれだけのものであるかを示そうとするなら，
人は時間によって『一年間の』とか何かそのような仕方で示しながら限るだろう。」(Cat. 6,
5b2-6)

　　　　　　　　　　2　時間のパラドックス　　　　　　　165

ろう[14]。

　したがって，アリストテレスが（a）「過去と未来から時間は構成される」を容認する可能性は十分にある。

　では，（b）「過去と未来は存在しない」にアリストテレスは同意するか。時間論の冒頭では「存在するものに属するのか，存在しないものに属するのか」（217b31）と述べられていた。この発言は，時間が存在しなくとも，何かは存在するという主張を含意する[15]。そこで，どのようなものが存在するか，とパラドックスに問うてみよう。

　パラドックスにとって命題「Xは存在する」は「Xは現在において存在する」と同値である。それゆえ，運動や継続する出来事など，時間的延長を持つものを提示者は認めない。たとえば，眼前のボールの運動は過去と未来に跨って行われる。しかし，この論法は現在において存在する対象を否定できない。たとえば，眼前にあるボールの存在そのものを否定しない。さらに，普遍的真理，たとえばユークリッド幾何における正方形の対角線の非通約性をこの論法は否定しない[16]。なぜなら，「対角線の非通約性が現在において存在する」は正しい命題だからである。

　このように分析すれば，（b）を回避しつつ，時間が存在することを示す２つの道が想定される。第一に，現在においても過去や未来が存在することを論証すること，第二に，時間が存在することが普遍的真理であることを論証することである。

　第一の道を検討しよう。結論から言えば，『自然学』の時間論に過去や未来の実在性を証明する議論は見られない。ただし，ハッセイが指摘するように，いわゆる海戦問題を扱う『命題論』第9章ではアリストテレスは過去の実在性を認めているように思われる[17]。現在における出来事，そして過去における出来事に関する肯定命題または否定命題の真偽は必ず決定される。一方，未来における個別的な出来事の真偽は決定されない。たとえば，「未来の海戦が起きるか起きないかである」こ

　　14）　なお，時間のパラドックスは過去の時間を表現するために動詞 $\gamma i \gamma \nu o \mu a \iota$ の完了形である $\gamma \acute{e} \gamma o \nu \epsilon$ を用いる。

　　15）　Inwood, 153.

　　16）　Inwood, 153. Owen (1976), 154. Coope (2005), 19. cf. *Phys.* IV 12, 222a5.

　　17）　Hussey, xlvii, 139.

とは真であるが,「未来の海戦が起きるだろう」の真偽も,「未来の海戦が起きないだろう」の真偽も決定できない（*Int.* 9, 18a28-34）。ただし, 過去の出来事の真偽が決定できるのであれば, アリストテレスは過去の実在性を容認していることになるだろう。それゆえ,『命題論』は（b）への反駁を提供しうる[18]。

だが, この解釈は妥当ではない。なぜなら,『自然学』の時間論と『命題論』には立場の違いが見られるからである。まず,『命題論』は過去や未来の出来事を扱うが, 時間のパラドックスは過去の時間や未来の時間を扱う。そして,『自然学』でも『命題論』でも未来の出来事の存在をアリストテレスは疑っていないように思われる。また,『命題論』が未来の出来事の真偽性に疑念を表明するのに対し,『自然学』は未来のある種の出来事, たとえば, 天球の回転運動が将来続いていくことに対する真偽性に疑念を持たない[19]。

それゆえ,『命題論』の立場が時間のパラドックスに対処できるとしても, インウッドが指摘するように,『自然学』におけるアリストテレスの回答ではない[20]。したがって, アリストテレスは第一の道を歩んでいない。

次に, 時間が存在することが普遍的真理である第二の道を検討しよう。アリストテレスは『自然学』第4章第13章で次のように主張する。

　　〔時間は〕終わるのだろうか。常に運動は存在するからには, そうではない。（222a29-30）

このように, 時間は常に存在するというのが彼の見解である。したがって, 彼にとって時間の存在は普遍的真理であろう。しかし, 命題「時間が存在する」が普遍的真理だとしても, この立場を表明することによって直ちに（b）に対する論駁が成功するわけではない。なぜなら,「時間が存在する」が普遍的真理である必要条件のひとつは「時間が現在に

18）　Hussey, 139-140.
19）　*Phys.* IV 14, 223b12ff. *Phys.* VIII 1, 250b11ff.
20）　Inwood, 155.

おいても存在する」が真であることだからである[21]。そして、この命題が真であるのは、現在が時間の部分である場合である。だが、パラドックスの論点（c）は現在が時間の部分であることを否定する。したがって、「時間が存在する」が普遍的事実だったとしても、（b）を論駁するには（c）を論駁せねばならない。ゆえに、時間の存在がアリストテレスにとって普遍的真理であるとしても、時間のパラドックスを論駁するには力不足である。

2.3　時間のパラドックスと「現在」

最後に論点（c）を検討しよう。時間のパラドックスが時間の非存在を完全に証明するには（c）「現在は時間の部分ではない」を付け加えなければならない。だが、どのような論拠で現在は時間の部分ではないと主張しうるのか。

パラドックス B は、部分は全体を測り、全体は部分から構成されると述べる。そして、今と時間の関係は部分と全体の関係と同じではないと主張する。その論拠をパラドックス B は 2 つ挙げる。(i)「現在は時間を測らない」(ii)「現在の集合は時間を構成しない」である。また、現在の捉え方としては、おそらく次の 3 つの選択肢がある。

①　瞬間的現在：現在は瞬間的で、幅を持たない。このとき、時間を線に類比され、現在は点に類比される。

②　延長的現在：現在は延長的で、幅を持つ[22]。このとき、現在は短い長さの線分に類比される。

---

21)　Inwood, 155-156.

22)　インウッドは現在の延長性をアリストテレスが容認する可能性として次の 3 点を挙げている（Inwood, 157-8）。第一に、アリストテレスは「『突然』は、あまりに短い時間のために知覚できない時間のうちで逸脱することである」（*Phys.* IV 13. 222b14-15）と述べている。これはそのうちでいかなる出来事も感覚しえないような期間が存在することを示しており、延長的な現在もわれわれが十分に知覚可能な期間のことでもありうる。第二に、運動は瞬間には存在しない（*Phys.* VI 3, 234a31）にも関わらず、われわれが運動を知覚するならば、一秒とかそれ以上の期間を現在として、また記憶するものでも期待するものでもなく知覚するものとして考えなくてはならない。第三に、もし分離した適切な過去や未来によって対比が描かれるならば、今日一日、今月、今年といったようにより大きな期間を現在として見なすことができる。

③　原子的現在：現在は延長的で，幅を持つ。ただし，この幅は不可分である。そして，時間はこのような原子的な現在（あるいは瞬間）で構成される[23]。

　それぞれの立場において，パラドックスBの根拠である（i）「現在は時間を測らない」（ii）「現在は時間を構成しない」がどのように理解できるかを検討しよう。

　①の場合は点や線との類比から理解できる。線はある長さを有しているが，点には長さがない。すると，いかなる点によっても1mの線を測ることはできず，点をいくら寄せ集めたところで1mの線を形成できないだろう。長さ0を何倍しても，0以外にならないからである。同様に現在が非延長的であるならば，それを何倍しても1秒にすらならない。したがって，現在は1秒を測れないし，現在の集合が1秒を形成できない。

　他方，②あるいは③の場合，パラドックスBの論拠は次のように理解できる。（c）は（a）と（b）の後に導入された論点である。したがって，（c）は過去と未来の非存在を前提している。ところで，現在は存在する。しかし，現在が時間の部分であるならば，存在者が非存在者を測定する，存在者が非存在者を構成するという不条理が生じる。

　ただし，②や③を採用した場合，（a）「過去と未来から時間は構成される」の成立は疑わしい。パラドックスAとBによれば，時間は過去と未来に分割される。しかし，過去と未来のみに分割されるとは述べていない。一方，現在が延長的であるなら，時間は過去と未来，そして現在に分割されるだろう。したがって，現在は時間を構成する部分となりうる。ところで，パラドックスBによれば，部分を持つものが存在するときは，そのすべての部分か一部分が存在する。そして，命題「現在は現在において存在する」は，パラドックスの提示者にとっても真である。ゆえに，時間の一部は現在として存在していることとなる。だが，この帰結は時間のパラドックスの目的に反している。

　それゆえ，現在を②あるいは③と見なせば，時間のパラドックスは論

23）　Inwood, 157.

駁可能である[24]。一方，時間のパラドックスを成立させるには，現在を
①のように捉えねばならない。

2.4　アリストテレスの「現在」

では，アリストテレスは現在をどのように捉えているのか。彼は『自
然学』第4巻第13章で名辞「今」を分析する。「彼が今日来るだろう」
や「彼が今日来た」という意味と同様の意味で「彼は今来るだろう」や
「彼は今来た」という表現は用いてもよい（222a22）。この意味での今
は延長的なものと見なされよう。しかし，このような表現は副次的なも
のに過ぎない。この表現が許されるのは出来事が厳密な意味での今，こ
の文脈では現在に近い場合である。それゆえ，「『イリアス』の出来事が
今起きた」は適切な表現ではない（222a22-23）。そして，厳密な意味で
の今とは，過ぎ去った時間とこれから来る時間を連続させるものである
と共に，時間の境界である（222a10-20）。このような説明は厳密な意味
での今あるいは現在が瞬間的なものであることを匂わせる。

実際，現在をアリストテレスが瞬間的で，幅を持たないものと見なし
ていた論拠が『自然学』第6巻第1-3章に見出せる。まず，第6巻第2
章は時間の原子的性格を否定する。該当議論を概略しよう。

A：時間の分割性（232a23-233a12）
　速い運動体をX，遅い運動体をYと定める。そして，Yが距
離PQを時間ABで動くと定める。このとき，Xは距離PQを時間
ABより短い時間で移動する。その時間をACとする。それぞれの
時間と距離の関係は以下のように図示される。

---

24)　ハッセイも時間が幅のある点の集合に時間が類比されるのであれば，パラドックス
は成立しないと考えられる。Hussey, 139. cf. Coope (2005), 19.

第5章　時間論

```
          A                                    B
運動体 Y   ─────────────────────────────────────

          ─────────────────────────────────────

          P                                    Q

運動体 X   ═════════════════════════════════════

          A                      C
          ─────────────────────
```

この思考実験が示すことは，時間 AB は分割可能だということである。次に，時間 AC における運動体 Y は距離 PQ よりも短い距離 PR を移動する。さらに，距離 PR を運動体 X は時間 AC よりも短い時間 AD を移動する。

```
          P                                    Q
運動体 X   ═════════════════════════════════════

          A                      C
          ─────────────────────

          A                      C
運動体 Y   ═════════════════════════

          P                    R
運動体 X   ═══════════════════

          A          D
          ──────────────
                   ⋮
```

この思考実験は時間 AC も分割可能であることを示す。この操作をもう一度行えば，時間 AD も分割可能であることが示されるだろう。この操作をさらに繰り返せば，どのような短い時間も分割可能であることが示される。

　このような証明をアリストテレスは提示している以上，時間が原子的性格を持たないことを彼は確信していたと考えられる。

B：長さと時間が原子的であった場合の不条理（233b15-32）

　長さと時間を原子的だと見なした場合，言い換えれば分割できない一定の大きさを持つ長さと時間があると仮定した場合には次の不合理が生じる。

　あらゆる長さは原子的な長さから構成されるとしよう。そして，同じ時間で運動体 X は運動体 Y の 1.5 倍の距離を動くとする。この場合，X が 3 つの原子的長さを移動した時間で，Y は 2 つの原子的長さを移動することになる。たとえば，X が PQ，QR，RS を移動した時間で Y は PQ と QR を移動する。

　ところで，X が移動した長さ PQ，QR，RS に時間 AB，BC，CD が対応するとすれば，これら 3 つの時間も原子的性格を持つ。もし，時間 AB が分割可能ならば，長さ PQ も分割可能となってしまうからである。

　しかし，同様の論理は Y が移動した長さ PQ と QR に対応する時間にも適用可能である。したがって，A から D までの時間は 3 つに分割可能であり，かつ 2 つにも分割されることになる。しかしながら，このことは時間 BC が分割可能であることを示している。のみならず，長さも時間も原子的性格を持たず，分割できない一定の大きさを持つ長さや時間は存在しないことが帰結する。

　以上の議論によって，アリストテレスは時間が原子的性格を持たないことを証明すると同時に，瞬間としての今も原子的性格を持たないことを示すだろう。

　次に確認すべきは時系列上の現在の性格である。時間も瞬間も原子的性格を持たないならば，現在も原子的性格を持たないだろう。だが，現在が延長的であると見なす可能性は残る。だが，その可能性は『自然学』第 6 巻第 3 章の以下の議論が否定する。その冒頭の発言を見よう。

　それ自体として第一に言われる今も不可分でなくてはならない。（233b33-34）

この発言は「第一に言われる今」が原子的性格を持たないことを示す。

そして，引用中の「それ自体として第一に言われる今」とは現在を指示する。なぜなら，この引用の直後，233b35-234a2 でアリストテレスは過去と未来に言及するからである。そして，彼は『自然学』第 6 巻第 3 章で過去と未来の末端の同一性を証明することを試みる。そのために彼はそれぞれが同一でないと仮定し，不合理を導出する。

> 〔過去と未来の末端が〕離れているなら，中間に時間があることになろう。なぜなら，およそ連続的なものには限界の中間にそれ自身と同名同義なものがあるからである。もし，中間が時間であるなら，その時間は分割可能であろう。(234a7-10)

彼が反駁しようとしているモデルは下図のように描かれる[25]。

時点 A は過去の末端，時点 B は未来の末端である。そして，線分 AB は延長的な現在を表す。さて，時間は連続的であり分割可能である。それゆえ，線分 AB は分割可能であるから，線分 AB に時点 C を置くことができる。このとき，C は AB を分割し，現在のうちに線分 AC と線分 CB を作ることができる。

現在をこのようなモデルで捉えたとき，以下の難点をアリストテレスは提示する。

> もし今が分割可能だとすれば，① 過去の一部は未来のうちに，未来の一部は過去のうちに存在することになるだろう。なぜなら今を分割するものは，過去の時間と未来の時間を区別するからである。② また，〔このような今は〕自体的な今ではなく，別のものに即したものである。なぜなら，この分割は自体的ではないからである。

---

25) cf. Inwood, 161

③ さらに，今のあるものは過去であり，またあるものは未来となるし，常に同じものが過去と未来にはならないことになる。そしていかなる今も常に同じものではないということになる。なぜなら，時間は多くのものに分割されるからである。（234a11-19）

このテキストは次のように解釈できる[26]。

① Cからは，ACは過去，CBは未来である。一方，Bからは，ACは過去であるが，CBも過去となる。したがって，CBは過去であり，かつ未来である。
② ABは自体的な現在ではない。なぜなら，Aは過去と現在を分割しているが，Aが過去と現在を分割するということはAにとって固有なことではないからである。
③ ABはC以外の時点でも分割できる。そこでCB間に新たに時点Dを置く。Cから見れば，ACは過去であり，CBは未来である。Dから見ればADは過去であり，DBは未来となる。すると，CDは過去でもあり未来でもあることになる。さらに，AB間に想定しうるあらゆる時点を基準に，AB間に多数の過去と未来が出現することになる。

これらの不合理ゆえに，アリストテレスは過去と未来の末端が同一だと結論する。したがって，現在を意味する今も瞬間的と見なす根拠が十分にあることが確認されよう。

そして，このような現在を瞬間的なものと扱う姿勢は，先の『自然学』第4巻第13章222a10-20でも一貫していると考えられる。したがって，アリストテレスは時間論で時間のパラドックスの論点（c）を拒絶できるような現在の理解を持たない。

26）　この解釈は主にロスとインウッドに従っている（Ross (1936), 643-644. Inwood, 161-163）。ただし，インウッドはこの議論の説得力について懐疑的である。

3 時間の定義と時間のあり方

アリストテレスは時間のパラドックスを支える論点すべてに同意しうる。その一方で、彼は時間の存在を確信している。そこで、われわれは一度時間のパラドックスから視点を逸らし、彼に次のように問うことにしよう。時間とはどのように存在するものか、と。時間はあらゆる実体から独立して存在するのか。それとも、実体から離存しないのか。あるいは、分割無限のように、時間は可能的に存在するのか、それとも現実的に存在するのか。あるいは、時間は何かの事物の質料や形相と同一視できるのか。

アリストテレスが考える時間のあり方を明確にする鍵は、やはり時間の定義である「前後に関する運動の数」にあるだろう。

3.1 時間の定義の導出

時間の定義を導出する議論展開を概観しよう。時間の定義「前後に関する運動の数」は『自然学』第4巻11章219b1-2に現れる。そして、定義周辺の議論は時間定義の導出に費やされる。議論の展開は以下の順序で進行する。

① 運動と時間の同時性
② 時間は運動の側面である
③ 時間の連続性
④ 時間の前後
⑤ 前後の今と時間
⑥ 時間の認知の条件
⑦ 時間の定義
⑧ 時間の数性の根拠
⑨ 数の二義性

3　時間の定義と時間のあり方　　175

①　運動と時間の同時性（218b21-29, 219a3-8, 218b29-219a1）[27]

時間は運動なしに存在しない。われわれ自身が思考を転化させないか，その転化に気付かなければ，われわれは時間が生じたと思わない。一方，暗闇の中で肉体を通して感覚的な変化がなくても，魂の中で運動があれば，われわれは時間が生じたと言う。つまり，何らかの転化を感覚してそれを識別すれば，われわれは時間が生じたと言う。したがって，時間は運動や転化がなくては存在しない。

②　時間は運動の何かである（219a8-10, a1-3）

ゆえに，時間は運動であるか，運動の何か（$\kappa\iota\nu\eta\sigma\epsilon\omega\varsigma\ \tau\iota$）である。だが，時間は運動と同一のものではないことは証明された[28]。それゆえ，時間は運動の何かである。

③　時間の連続性（a10-14）

運動体はある状態からある状態に運動する。そして，大きさは連続的である。したがって，運動は大きさに従い（$\dot{\alpha}\kappa o\lambda o\upsilon\theta\epsilon\hat{\iota}\nu$），大きさの連続性を運動は引き継ぐ。同様に運動の連続性を時間は引き継ぐ。

④　時間の前後（a14-21）

大きさのうちには前後（$\tau\dot{o}\ \pi\rho\acute{o}\tau\epsilon\rho o\nu\ \kappa\alpha\grave{\iota}\ \ddot{\upsilon}\sigma\tau\epsilon\rho o\nu$）がある。したがって，類比的に運動のうちにも前後がある。運動のうちに前後があるから，時間のうちにも前後がある。

⑤　前後の今と時間（a22-30）

運動を運動の前後によって区切り，その前後が別々のものであるとわれわれが感覚するとき，われわれは時間を認知する。そ

---

27)　ハッセイに従い，218b21-219a10 のテキスト配置を変更した。「アリストテレスは変化と時間の知覚について 2 つの主張をしている。(a) われわれがいかなる変化の生成を知覚しないときは，いかなる時間も経過したと考えない。(b) われわれが変化の生成を知覚するときには，ある時間が経過したと考える。これらの主張について，(a) は b21-29 で詳細に述べられているが，即座に二度繰り返されている（b29-32,a7-8）。(b) は a3-6 で詳細に述べられているが，b32-33 ですでに先取りされている。また，a8-10 は a1-3 を繰り返している。もっとも簡単な説明は，もともとの配置が 218b21-29，219a3-8，218b29-219a3 であったのであり，219a3-8 が現在の位置に誤配置された後に，219a8-10 が連続性を保つために付け加わったとすることである」(Hussey, 141-2)。

28)　*Phys.* IV 10, 218b9-20.

の前後の識別は，前と後が異なるものと判断し，さらに中間に別のものがあると判断することでなされる。そして，前の今と後の今をわれわれが感覚するとき，その中間にあるものを時間と見なし，時間が存在すると言う。今によって区切られたものが時間だからである。

⑥　時間の認知の条件（a30-b1）

今をひとつのものとして感覚し，運動のうちの前後としてではなく，同じものとしてみなすならば，いかなる運動もない。それゆえ，時間が生じたとは思わない。逆に，前後を知覚するならば，われわれは時間を認知できる。

⑦　時間の定義（b1-2）

このようなことが起きるのは，時間が「前後に関する運動の数」だからである。

⑧　時間の数性（b2-5）

時間は運動ではないが，数を持つものとしての運動である[29]。なぜなら，ものの多さ少なさをわれわれは数によって決め，多い運動や少ない運動を時間によって決めるからである。

⑨　数の二義性（b5-8）

「数」は二義的である。すなわち，「数えられるもの」もしくは「数えられうるもの」という意味と，「われわれがそれによって数えるもの」という意味がある。時間が数であるのは前者の意味である。

以上が時間の定義を導出する議論展開である。しかし，この議論展開

---

29)　原文は *οὐκ ἄρα κίνησις ὁ χρόνος ἀλλ' ᾗ ἀριθμὸν ἔχει ἡ κίνησις*（219b2-3）。この箇所の *ἀλλά* 以下の解釈は難しい。ハッセイはこの箇所に 2 つの解釈を挙げる。第一のものは，テキスト通りに「時間は運動ではないが，数を持つものとしての運動である」と翻訳する。第二のものは，この箇所には *ἀριθμός*「数」が抜け落ちていると見なし，「時間は運動ではないが，運動が数を持つという点において，数である」と解する。ただし，この表現は奇妙である。ハッセイは前者を採用する（Hussey, 150-151）。ロスは「それゆえ，時間は運動ではないが，それが数えられるという点において運動の要素である」と注釈している（Ross (1936), 598）。昨今の翻訳は概ね原文に手を加えず，そのまま解釈する傾向があるが（Sachs, 122 など），ソラブジは独特に「時間は運動ではないが，時間は存在する」と訳する（Sorabji (1983), 83）。しかし，この翻訳は理解しがたい。

にもさまざまな問題が散在している。

3.2　時間の数性と今

そのひとつは時間がある種の数であることはどこで論証されたのかという問題である。この論証には 2 通りの解釈が提示されてきた。

　解釈（i）：⑤と⑥がその証明であり，⑧は補足的な説明である[30]。
　解釈（ii）：⑧がその証明であり，⑤と⑥は無関係である[31]。

それぞれの解釈の妥当性を検討しよう。

　解釈（i）は，結論は証明の後に表明されるという手順上の常識に裏打ちされる。ただし，⑤と⑥には「数」に類する語が見られない。そこで，解釈（i）は⑥のテキストに着目する。

　なぜなら，中間の先端を別々のものであると考え，魂が今を 2 つであると，つまり一方は前であり，一方は後であると述べるとき，われわれはその中間を時間であると言うからである。(219a26-29)

われわれが時間を認知する条件は，今を 2 つと判断することである。一方，時間が運動の数であるならば，時間を知覚するときにわれわれは何かを数えているはずである。その数えるものとは⑥で言及されている 2 つの今に他ならない。

　解釈（i）がもたらす時間の定義の理解としてソラブジの解釈を紹介しよう[32]。時間を知覚するとき，われわれは何を数えるのか。第一の候補は複数の今，複数の瞬間である。この候補が有力であることを，先に引用した 219a26-29 は示している。つまり，今を別々の 2 つのものとして数え，そしてそれら 2 つの間にある中間を認め，さらにその中間を時間として知覚する[33]。ただし，ソラブジは「運動の数」に再度着目する。

30）　Ross (1936), 65. Sorabji (1983), 48. Corich, 245. Annas (1975), 98.
31）　Hussey, 151.
32）　Sorabji (1983), 84-86.
33）　ソラブジは彼の解釈の根拠として以下のテキストを挙げる。「それゆえ，時間が数

178   第 5 章　時　間　論

すなわち，時間の知覚の際に数えるのは今ではなく，運動のある側面である。その側面を具体的に示すのが以下の引用箇所である。

　　しかし，また時間をわれわれが知るのは，前後によって限定することで運動を限定するときである。さらに時間が経過したとわれわれは述べるが，それは運動のうちの前後の感覚を持つときである。われわれが前後を識別するのは，それらが互いに異なっているものであると判断し，それらの中間にそれらとは異なるものがあると判断することによってである。(*Phys.* IV 11, 219a22-26)

この引用の「運動のうちの前後」に注目し，ソラブジは数えるものの第二の候補として運動する物体の瞬間的諸段階を挙げる。ボールが床の上を転がっている場合，ボールが前の位置にある瞬間的な段階と後の位置にある瞬間的な段階を数えたとき，われわれは時間を知覚する[34]。

　このように解釈（i）を採用した場合，「運動の数」とは運動の瞬間的な諸段階の数を表すか，前後の運動に対応する今の数を表すことになる[35]。

　解釈（i）が持つ利点のひとつは，時間の定義が時間の連続性と整合しないという難問を解決できることにある。『カテゴリー論』第4章や『形而上学』*Δ*巻第13章においてアリストテレスは数と連続性の関係に言及する。

　　量に属するものは，あるものは分離的であるが，あるものは連続的

――――――――――
であるのは，同じひとつの点が始原でもあり終わりでもあるようにではなく，むしろ，端が線の数であるというあり方で時間は数である。すでに述べられたことから，線の部分としてではない。（つまり中間の点を2つのものとして扱うと静止することになってしまうから）さらに，今は時間のいかなる部分ではなく，いかなる区分も運動の部分ではないことは明らかであるからである。いかなる点も線の部分ではないように。ひとつの線の部分は2つの線だからである。だから，今が限界である限り，今は時間ではなく，時間に付帯するものである。そして数えるものとしての限り，数である。なぜなら，限界はそれが限界であるところのものそれのみに属し，数，たとえば10は馬たちにも属するものであるが，それ以外のところにも属するからである」(*Phys.* IV 11, 220a10-21)。

　34)　Sorabji (1983), *ibid.*
　35)　Corish, 244.

である。（中略）分離的なものというのは，たとえば数やロゴスである。（*Cat.* 4, 4b20-23）

量とは，それぞれが本性的にひとつであり，これであるものとして内在するものに分割されうるもののことについて言われる。この量が数えられうるものであるなら，それは多さ（$\pi\lambda\acute{\eta}\rho\epsilon\varsigma$）であり，測られうるものであるなら，それは大きさ（$\mu\acute{\epsilon}\gamma\epsilon\theta o\varsigma$）である。（中略）。そして，大きさにおいてひとつの連続的なものは長さであり，2つの連続的なものは広さであり，3つの連続的なものは深さである。そして，限られた多さは数であり，限られた長さは線であり，広さは面であり，深さは立体である。（*Met. Δ* 13, 1020a7-14）

『カテゴリー論』も『形而上学』*Δ* 巻第 13 章も数を量の下位概念と見なす。そして，『カテゴリー論』第 4 章は数を分離的なものに分類する[36]。また，『形而上学』*Δ* 巻第 13 章は量を表す「多さ」と「大きさ」をそれぞれ異なるものに対応させる。「多さ」は，数えられうるものの量であり，非連続的な部分に分割されるものに対応する。たとえば，馬の集合は，馬一頭という分割できないもので構成されている。それゆえ，馬の集合の量は「多さ」と呼ばれる。一方，「大きさ」は測られうるものの量であり，連続的な部分に分割されるものに対応する。たとえば，人間の身長はより小さい長さに分割可能である。それゆえ，人間の身長の量は「大きさ」と呼ばれる。

以上の見解をまとめると下図のような対応が成り立つ。

数	数える	多さ	非連続性
尺度	測る	大きさ	連続性

---

36) アリストテレスが連続性に与える説明は著作間で異なる。『カテゴリー論』は連続性を持つものを「分割した時に共通の境界を有している」と規定する。たとえば，線は連続的であるが，線が分割されると，点という共通の境界がある（*Cat.* 6, 5a-6）。一方，『自然学』第 3 巻第 1 章は連続性を持つものを「無限に分割されるもの」と述べる（*Phys.* III 1, 200b17-18）。また，『自然学』第 6 巻第 1 章は末端がひとつであるものと規定する（*Phys.* VI 1, 231a22）。

上の対応関係に従うと，ある量が数であることと連続性を持つことは両立不可能である。

このような量の分類が『自然学』の時間論にもたらす問題点は明白だろう。「運動の数」である以上，時間は非連続なものに分類されるべきである。ところが，アリストテレスは時間が連続的だと主張する。『自然学』第4巻第11章219a10-14は時間定義導出の一部であるが，大きさから時間は連続性を継承すると主張する。この箇所以外にも「時間が連続的であるのは今によってである」（*Phys.* IV 11, 220a4-5），「今はすでに述べたように時間を連続させる」（*Phys.* IV 13, 222a10）などの発言が見られる。それゆえ，時間が連続的であることを彼は確信している[37]。しかしながら，時間が連続的であることと，時間がある種の数であることは，量に関するアリストテレスの見解に従う限り両立しない。

この問題に解釈（i）はどのように対処するか。ソラブジの見解は次のようなものである[38]。「運動の数」は瞬間的な運動の状態を数えることで得られる。このとき，前の状態と後の状態はたしかに非連続的である。ただし，非連続的であるのはこれらの諸段階であり，時間はなお連続的である。なぜなら，瞬間的な段階を取り上げる際にわれわれは時間を分割しているからである。言い換えれば，時間は任意の瞬間的段階で分割でき，それゆえ時間は無限分割性を持つ。そして，無限分割性を持つ以上，時間は連続的である。

解釈（i）は以上のような時間定義の理解と利点をもたらす。しかしながら，解釈（i）のような議論をアリストテレスは時間定義導出の際に提示しているのか。実のところ解釈（i）はテキストの表現と整合しない。解釈（i）は「運動の数」を今の数か，瞬間的な運動の異なる諸状態の数とみなす。だが，今の数を「運動の数」と表現することは奇妙である。というのは，名辞「運動」が今を指示するとは考えがたいからである。また，名辞「運動」が運動の瞬間的な諸状態を指示することも

---

37) 時間の連続性への言及は『自然学』の時間論に限られない。たとえば，『カテゴリー論』は時間を分割すると共通の今が境界として残るから，時間は連続的であると述べる（*Cat.* 6, 5a6-8）。また，『形而上学』Δ巻第13章は，運動は分割されるから時間は連続的だと語る（*Met.* Δ 13, 1020a30-32）。ただし，『形而上学』Δ巻第13章が語る運動と時間の連続性は，大きさの連続性によって派生的に説明される。

38) Sorabji (1983), 89.

3　時間の定義と時間のあり方　　　181

奇妙である。アリストテレスは運動と運動の瞬間的な諸状態を時間定義の導出過程で区別しているからである。

> 運動のうちにある前後は，それが〔運動〕であるとき運動であるもの（ὅ ποτε ὄν κίνησις）である。だが，そのあり方は異なっており，運動ではない。(219a19-21)

上の引用は「運動のうちにある前後」を ὅ ποτε ὄν という言葉で言い換えている。この言葉は文法構造的にも内容的にも難解なフレーズであるが[39]，さしあたり着目すべきは「運動のうちの前後」をアリストテレスは κίνησις と表現していないこと，さらに ὅ ποτε ὄν が運動ではないと彼は発言していることである。それゆえ，κίνησις が運動の瞬間的な諸状態を指示するとは考えがたい。

　また，『自然学』第 6 巻でアリストテレスは運動の瞬間的な状態を κίνησις ではなく，κινήματα と表現する。この表現を彼が選んだことは，彼は運動と運動の瞬間的な諸状態を区別したことを暗示する。そして，時間は運動の瞬間的な諸状態を数えることでわれわれに把握されるなら，彼は時間を κίνησις の数ではなく，κινήματα の数と表現したはずである。しかし，このような読みを採用する『自然学』のテキストは存在しないばかりか，そのような表現自体アリストテレスの著作全体に皆無である。

　解釈（i）には別の疑念もある。時間を知覚することと，われわれが今を数えることや瞬間的な運動体の諸状態を数えることは同じだとアリストテレスは考えただろうか。むしろ，前と後の今の中間が時間だと彼は述べる（219a26-29）。この発言を素朴に考えれば，時間の知覚においてわれわれが数えるのは，今や瞬間的な運動体の諸状態ではなく，前と

---

　39)　ὅ ποτε ὄν にはさまざまな解釈がある。ロスやバーンズは "substratum" という訳を充てている。この立場は比較的一般的であり，コロベールは "ce qui fait qu'etant"，ハッセイは "what makes it what it is" と訳する。ザックスは他の解釈者と異なり，"whenever there is motion" ととらえ，「運動があるときはいつでも，運動のうちに前後がある」と訳出する。ただし，このフレーズの解釈は『動物部分論』や『生成消滅論』の用例の精査が必要であるが，本文中の訳はその精査に基づく筆者の見解に即したものである。Ross (1936), 386. Barnes, 371. Collobert, 23. Hussey, 44. Sachs, 120. 松浦 , 133.

後の今の中間だと彼は考えたのではなかろうか。

したがって，時間の数性を⑤と⑥に読み込む解釈（i）は採用しがたい。

3.3　時間の数性と運動

次に，⑧に時間の数性を求める解釈（ii）を検討しよう。⑧は時間が数の一種である根拠を明確に述べる。

> われわれは多さ少なさを数によって判別し，運動の多さ少なさを時間で判断するからである。それゆえ，時間はある種の数である。（219b4-5）

上の引用によれば，ひとが多さ少なさを判断するのは数によってであり，運動の多さ少なさを判断するのは時間によってである。この2つの主張を組み合わせれば，時間が数の一種であることが導出される。

では，この説明に即した場合，アリストテレスが考える時間とは，ある運動を数えることによって得られる量のことであろう。言い換えれば，時間とはその運動の持続に対応する期間を指す。そして，時間が数と規定されている理由は，期間の大小を表すために自然数を用いるからだと思われる。

ここで，時間の定義を導出する議論の構造に触れておこう。解釈（ii）を採用した場合，時間の定義を導出する議論は不自然な構造を持つことになる。なぜなら，議論が終了する前に，結論である時間の定義が配置されることになるからである。しかし，時間の定義をアリストテレスが表明する文は，時間の定義を導出する議論がこのような不自然な構造を有してもよいことを示している。

> なぜなら，時間とはこれ，すなわち前後に関する運動の数だからで・ある。
>
> τοῦτο γάρ ἐστιν ὁ χρόνος, ἀριθμὸς κινήσεως κατὰ τὸ πρότερον καὶ ὕστερον. (*Phys.* IV 11, 219b1-2, 傍点は筆者)

3　時間の定義と時間のあり方　　　183

引用で注目すべきは「だからである」と訳した小辞 $\gamma \acute{\alpha} \rho$ である。ここ
で，仮に解釈（i）を採用し，時間の数性は⑤と⑥で示されているとし
よう。このとき，219b1-2 は「それゆえ，時間とは前後に関する運動
の数である」と表現することを読者は期待する。しかし，この $\gamma \acute{\alpha} \rho$ は
219b1-2 が前文 219a34-b1 を説明する文であることを匂わせる。のみな
らず，読者にあたかも時間の定義は既出であるかのような印象を $\gamma \acute{\alpha} \rho$
は与えるだろう[40]。

　では，時間の定義は⑤と⑥とどのように関わるのか。前文 219a34-b1
は「運動のうちの前後を知覚するならば，われわれは時間があると述べ
る」と語る。一方，時間の定義は「時間は前後に関する運動の何かで
ある」と「時間は数の一種である」の 2 つの要素に分解できる。これ
ら 2 つの要素のうち，「時間は前後に関する運動の何かである」は前文
219a34-b1 と容易に結びつく。すなわち，時間は前後に関する運動の何
かであるゆえに，運動のうちの前後を知覚するとき，われわれは時間を
知覚するのだ，という論理展開を想定できる。だが，2 つの要素のうち，
「時間は数の一種である」は前文 219a34-b1 と結びつき難い。この場合
の論理展開は，時間が数であるゆえに，運動のうちの前後を知覚するな
らばわれわれは時間を知覚する，というものになる。ただし，この論理
展開に飛躍がある。

　したがって，時間の定義は「時間は前後に関する運動の何かである」
を指摘することで，前文 219a34-b1 を説明していると解すべきである。
そうであるならば，⑤と⑥の要点も「時間は前後に関する運動の何かで
ある」にあり，時間の数性とは無関係だと解すべきだろう。

　解釈（ii）の正当性を保障する根拠をもうひとつ挙げておこう。⑨は
時間の定義中の「数」に関し，補足説明を与える。

　　数は 2 つの意味で言われる。つまり，われわれは数えられるもの
　　か，数えられうるものを数と呼び，それによって数えるものも数
　　と呼ぶ。ただし，時間は数えられるものとしての数である。それ
　　によってわれわれが数えるものとしての数ではない。（*Phys.* IV 11,

---

40)　Hussey, 150.

219b6-8)

アリストテレスは「数」は二義性を持つと指摘する。そのひとつは「それによって数えるもの」(ᾧ ἀριθμοῦμεν)，すなわち抽象的数である[41]。もうひとつは「数えられるもの」(τὸ ἀριθμούμενον) あるいは「数えられうるもの」(τὸ ἀριθμητόν)，すなわち「馬たち」や「人間たち」という意味である。このような二義性を「数」は持つが，時間とは後者の意味での数だと彼は述べる。

　この「数」概念の補足説明が時間の定義の直後ではなく，⑧の直後に配置されていることは一考すべきである。もし，⑤と⑥が時間の数性を証明したならば，219b6-8 は時間の定義の直後に記述されている方が自然であろう。それにも関わらず 219b6-8 の前に⑧が置かれている理由は，⑤と⑥は時間の数性を証明していないからである。

　以上の検討から，本書は時間の定義の導出議論の構造として解釈 (ii) を採用する。

3.4　時間と運動の存在論的関係

　運動と時間はどちらがより根源的な存在だろうか。このように問われれば，われわれは時間を選びうる。なぜなら，いかなる運動が生じてなくとも時間は経過するが，時間とは無関係に運動が生じることはないように思われるからである[42]。

　しかし，時間の定義に至る議論過程で，「時間が運動の何かだ」とアリストテレスは主張する (*Phys.* IV 11, 219a8-10, a1-3)。この主張はわれわれを驚かせるかもしれない。なぜなら，運動が時間に付帯するのではなく，時間が運動に付帯し，運動が時間よりも根源的な存在であることをこの主張は暗示するからである。それゆえ，われわれがアリストテレスに確認すべきは，時間が運動の何かであるという主張の存在論的含意である。

---

　41)　「10 匹の馬」を例にとれば，「われわれがそれによって数えるもの」は，抽象的数のことであるから，「10」そのものに当たる。cf. Hussey, 151. Ross (1936), 598. Waterfield, 263.

　42)　Roark, 302.

3　時間の定義と時間のあり方　　　185

　時間が運動の何かであることは，時間定義の導出過程中の①と②で示される。テキストを確認しよう[43]。

　　しかし，少なくとも転化（μεταβολή）を欠いた〔時間は〕ない。われわれが考えを転化させないとき，または〔考えを〕転化させたことに気がつかないときは，われわれは「時間が経った」と思わないからである。それはちょうど，かの物語においてサルディニアで英雄たちのところに赴き，眠った人々が目覚めたときと同様である。彼らは前の今に後の今をつなぎ合わせ，ひとつのものとした。彼らは感覚を欠いていたため中間を排除したからである。（*Phys.* IV 11, 218b21-29）

　　仮に今が異なるものではなく，同一であったなら，時間は存在しなかったであろう。同様に〔今が〕異なるものだと気付かないなら，〔今の〕中間が時間であるとは思わない。そして，時間があるのをわれわれが意識できないことが生じるのが，われわれが転化を一切識別せず，魂がひとつかつ不可分な状態に留まっているように見えるときであるとしよう。一方，〔転化を〕感覚し，判別したときに「時間が経った」とわれわれは言うのだとしよう。そうであるならば，時間は運動や転化なしに存在しないことは明らかである。とにかく，時間は運動ではないが，運動なしに存在するものでないことは明らかである。さて，われわれは時間が何であるのかを探求している。そのためには，時間とは運動に属する何かである，ということから始めるべきである。（*Phys.* IV 11, 218b29-219a3）

　　なぜならわれわれは運動と時間を同時に感じるからである。闇の中で身体を通じて何も受けなくても，魂になんらかの運動が起こりさえすれば，すぐさま〔運動と〕同時に何らかの時間が経ったと思うのだから。（*Phys.* IV 11, 218a3-8）

　43）　議論展開の推移を理解するため，ハッセイの提案に即し（Hussey, 142-143），219a8-10 を読まず，218b21-29，219a3-8，218b29-219a3 の順で読む。

それゆえ，時間は運動であるか，運動に属する何かである。しかし，時間は運動ではないから，必然的に時間が運動に属する何かだ，ということになる。(*Phys.* IV 11, 218a8-10)

議論は以下のように展開している。われわれは運動と時間を一緒に知覚する。ゆえに運動なくして時間は存在しない。それゆえ，時間は運動と同じものか，運動の何かである。ただし，前者はすでに否定された[44]。それゆえ，時間は運動の何かである。

　ただし，この議論展開中の主張「運動なくして時間は存在しない」には疑念が提起されてきた。ボストックが指摘するように，時間の経過はわれわれの運動の知覚や時間の知覚と独立である[45]。われわれが眠っていた間でも実際には時間は経過している。それゆえ，「運動なくして時間は存在しない」という主張は容認しがたい。このような批判からアリストテレスの議論を守るために，ソラブジはひとつの前提を提案する。すなわち，知覚できない時間は無意味である，あるいは間違っているというある種の現象学的前提である[46]。

　一方，「運動なくして時間は存在しない」を正当化する別の試みがクープの解釈である[47]。クープは時間の定義の導出議論中に「運動なくして時間は存在しない」と同時に「時間なくして運動は存在しない」も示されていると解釈する。もちろん，アリストテレスはあらゆる運動は時間的延長を有することを認める (*Phys.* VI 6, 236b20)。しかし，この解釈はテキスト上の説得力を欠く。なぜなら，アリストテレスは「運動なくして時間は存在しない」と語るが，「時間なくして運動が存在しない」とは語らないからである[48]。

---

　44)　cf. *Phys.* IV 10, 218b8-20.

　45)　Bostock (1980), 148.

　46)　Sorabji (1983), 84. ハッセイも，アリストテレスの議論に，あらゆる時間の経過は知覚可能であるという前提を追加すべきだと指摘する。Hussey, 142. Turetzky, 20.

　47)　Coope (2001), 362-3.

　48)　この批判に対応しうるクープの言及は次のようなものである。「もし，彼が『運動なくして時間が存在しない』と『時間なくして運動が存在しない』を確立したとしても，未だアリストテレスは運動に時間が本質的に関連付けられることを示していない。彼は運動に関連したものとして定義されるのは時間であることを主張できる論拠を与えない。（中略）彼が『時間なくして運動は存在しない』ではなく『運動なくして時間は存在しない』という主

3 時間の定義と時間のあり方　　187

　ただし，クープの解釈は重要な問いをアリストテレスに投げかける。
「時間なくして運動は存在しない」という選択肢に彼が言及していない
理由は何だろうか。まず，「運動なくして時間は存在しない」に対する
疑念を次の『自然学』第4巻第14章の一節を手掛かりに解消しよう。

　　もし魂が存在しないとしたら，時間は存在するのであろうか，しな
　　いのであろうか。このように問題を提起する人もいるだろう。なぜ
　　なら，数えることができる者が存在することは不可能であるなら
　　ば，何かが数えられるものであることも不可能であるからである。
　　したがって，数も存在しないことが明らかである。なぜなら，数は
　　すでに数えられたものか，数えられうるものであるからである。そ
　　こで，もし魂または魂の理性以外に本性的に数えることができるも
　　のはないとすれば，魂が存在しないならば時間が存在することは不
　　可能である。ただし，たとえば魂がなくとも運動が存在できるので
　　あれば，それがあるときに時間であるとき，時間であるそれ[49]は存
　　在できるだろう。(223a21-28)[50]

この引用でアリストテレスは時間と魂の関係を考察し，魂の存在なしに
時間は存在しないと述べる。ただし，彼はこの発言の論拠を時間がある
種の数である点に求めている。すなわち，数が存在するためには数え
る能力を持つ存在を必要とする。だが，数える能力は理性のみが持つ。
よって，理性を有する魂が存在しなければ時間は存在しない[51]。

張に重きを置くのは，おそらく後者（時間に関連づけられるものとして運動が定義される）
ではなく前者（運動に関連づけられるものとして時間が定義される）の結論を描きたかった
からであろう」(Coope (2001), 363)。

　　49)　この箇所の ὅ ποτε ὄν は天球の一周などの時間の単位となる特別な運動を指示する
という理解も成りたつ。松浦, 135-138

　　50)　ハイデガーはこの箇所を時間のパラドックスの解決だと解釈する。しかし，魂が存
在しなければ時間が存在しないというアリストテレスの言葉は，時間の存在にとって魂の存
在は必要条件であっても十分条件ではないように感じられる。したがって，この箇所はアリ
ストテレスが提示しうるような時間のパラドックスの解決ではないと思われる。Heidegger,
330.

　　51)　この「魂が存在しなければ」をハッセイは「もし世界がその内にいかなる魂が存在
することが不可能であるようなものだとしたら」と解釈する (Hussey, 172)。しかし，この
解釈は「魂が存在しなければ」という簡潔な表現に多くの含意を求めすぎている。一方，ボ

188 第 5 章 時間論

　ただし，この引用で注意すべきは，アリストテレスは時間が存在する
には魂が実際に運動を数えなければならない，とは述べていないことで
ある。つまり，人間は実際には数えていなくとも，数えうる時間は存在
する。したがって，時間の経過はわれわれの運動の知覚や時間の知覚と
独立だと批判しても，彼はその指摘を受け入れる余地はある。

　では，「運動なくして時間は存在しない」をアリストテレスは強調す
るが，「時間なくして運動は存在しない」を考慮しなかったのはなぜか。
この問いは，実のところ彼から読者に逆に投げかけられてもおかしくは
ない。すなわち，「運動と時間を一緒に知覚する」から「運動なくして
時間は存在しない」と「時間なくして運動は存在しない」の2つの命
題が導出されるとわれわれが想定するのはなぜだろうか。そのように想
定するためには，少なくとも，時間と運動が独立した存在でありうると
いう信念を持つ必要がある。だが，この信念を持たない人物，端的に言
えば，時間よりも運動が基礎的な存在だと見なす立場からは，「運動と
時間を一緒に知覚する」から導出される命題は「運動なくして時間は存
在しない」のみであり，「時間なくして運動は存在しない」は導出され
ないだろう。

　そして，時間よりも運動が基礎的な存在だという考え方が，『自然学』
の時間論におけるアリストテレスの基本的な立場であると思われる。こ
の解釈を補強する論点を2つ提示しよう。『自然学』第3，4巻では考
察対象に存在の問いが投げかけられてきた。この議論展開は，当初アリ
ストテレスは時間を存在があやふやな対象と見なしていたことを示唆す
る。それに対し，『自然学』第3，4巻で彼は運動を存在が確定した対
象として扱う。それゆえ，時間の存在よりも運動の存在が『自然学』第
3，4巻の議論の基盤となっている。さらに，『自然学』第4巻第14章
223a18-19は，時間は運動の数だから，運動の属性または様態だと述べ
る。この「属性」や「様態」は，時間が運動から離存しえない，実体性

ロティンによれば，生物もしくは魂がないと，数えることのできるものとしての知性的なも
のが存在できず，「数えられうるもの」とは数えることのできる者との関係によって「数えら
れうるもの」となるから，時間をはじめとした数えられうるものも存在しえないと解釈する
(Bolotin, 56 (note))。ボロティンの解釈が適切であろう。cf. Aquinas, 279-280.

3 時間の定義と時間のあり方　　　189

を欠く存在者であることを示唆する[52]。

　このように,『自然学』の時間論において, 時間よりも運動が基礎的な存在だとアリストテレスが考えていた可能性は十分にある。そして, この考え方を前提とすれば, 彼が「運動と時間を同時に知覚する」から導かれうる 2 つの命題の一方を無視し,「運動なくして時間は存在しない」のみを導出した議論展開をわれわれも正当化できる。

3.5　時間と数学的非プラトン主義

　アリストテレスにとって時間よりも運動が基礎的な存在であったという解釈を補強するために, 解釈 (ii) に残された問題に取り掛かろう。すなわち, 時間の連続性と数の非連続性の不整合である。

　最も単純かつ強力な調停方法はプロティノスが提示したものであろう。彼は『エネアデス』において自身の時間論を展開する際に, アリストテレスの時間論を取り上げ, 次のような批判を加える。

　　　時間は運動の数, あるいは尺度である。というのも運動は連続的なものなので, 後者の言い方のほうがより適切であるだろうから。(*Eneades* Ⅲ 7, 9)

アリストテレスは時間の定義を「運動の数」ではなく「運動の尺度」と表現すべきだった, というのがプロティノスの批判である。もし, この批判を受け入れれば, 時間と連続性の問題をわれわれは簡単に調停できよう。

　しかし, この調停方法は 2 つの理由から受け入れがたい。第一に, アリストテレスは時間論でたびたび数に関する議論を展開している[53]。第二に, 時間の数性が『自然学』第 4 巻第 12 章における「時間のうちにある」の分析に重要な役割を果たしている。したがって, アリストテレスは時間の定義を「運動の数」から「運動の尺度」に改めようとはしないであろう。

---

52)　cf. Hussey, xxxviii.
53)　*Phys.* IV 11, 220a22-24. *Phys.* IV 12, 220b9-10, 221a14-15. *Phys.* IV 14, 223b6-10, 224a2-14.

190　　第 5 章　時間論

　ただし，実のところアリストテレスは「数」（$\dot{a}\rho\iota\theta\mu\acute{o}s$）と「尺度」（$\mu\acute{\epsilon}\tau\rho o\nu$），「数える」（$\dot{a}\rho\iota\theta\mu\epsilon\hat{\iota}\nu$）と「測る」（$\mu\epsilon\tau\rho\epsilon\hat{\iota}\nu$）を頻繁に置き換える。

　　　われわれは単に時間によって運動を測るだけでなく，運動と時間はお互いに限定されるから，運動によっても時間を測る。なぜなら，時間は，運動の数として運動を限定し，運動は時間を限定するからである。（Phys. IV 12, 220b14-16, 傍点は筆者による強調）

　　　時間は運動の尺度であるから，付帯的には静止の尺度でもあろう。すべての静止は時間のうちにあるからである。なぜなら，運動のうちにあるものが動かされるのが必然ではないように，時間のうちにあるものも動かされることが必然ではないからである。つまり，時間は運動ではなく，むしろ運動の数であり，運動の数のうちには静止しているものも存在しうるのである。（Phys. IV 12, 221b7-12, 傍点は筆者による強調）

これらの短い一節で，彼は時間を「運動の尺度」とも「運動の数」とも表現し，また時間が運動を測ると述べる[54]。しかし，『形而上学』Δ 巻第13 章では尺度と数は区別されていた。では，『自然学』の時間論で，なぜアリストテレスは「尺度」と「数」を互換的に用いているのか。

　アナスの解釈は傾聴に値する。彼女は時間論と『形而上学』I（イオタ）巻の関連性を指摘する。特に重要なことは，『形而上学』I 巻は「数える」を「測る」ことの一種として説明することである[55]。

　『形而上学』I 巻第 1 章と第 2 章は「1」を扱う。『形而上学』I 巻第 1章はまず，事物が一義的かつ自体的に「1 つである」と言われるときの意味を 4 つ提示する。すなわち，自然的に連続的なもの，自然的に全体的なもの，個別的でロゴスが 1 つであるもの，普遍的でロゴスが 1 つであるもの，である（Met. I 1, 1052a14-b1）。その後，アリストテレスは

54）　cf. Phys. IV 12, 221b2, b18-19, b22-23.
55）　Annas (1975), 99.

3 時間の定義と時間のあり方 191

考察を深め,「1であること」そのものを規定しようとする[56]。結果的に,彼は「1であること」を「それぞれの類における第一の尺度」や「量の第一の尺度」と規定する (*Met. I* 1, 1052b18-19)。ここで尺度とは「それによって多さをわれわれが知るもの」である (*Met. I* 1, 1052b20)。

この「1であること」の規定は,「測る」に関し,以下の説明を可能にする。ある人間の身長を測る場面を想定しよう。われわれは,その人の身長を,別の長さと比較することによって窺い知ることができる。だが,その人の身長を正確に知るには物差しを必要とする。つまり,その物差しを身体に何度あてがった回数で,われわれはその人の正確な身長を知る (*Met. I* 1, 1053a33-35)。さて,この物差しはある長さを有する。ただし,物差し自体をわれわれは測らない。むしろ,物差しの長さをわれわれは1メートルや1フィートなどの尺度とし,「1」と定める。そのように定めることで,物差しはその人の身長を測ることができる。ただし,尺度となる物差しはひとつで分割できないものが適切である (*Met. I* 1, 1052b32)。なぜなら,正確な尺度となるものは,性質においても量においても単純であり,減少も増大もしないものだからである (*Met. I* 1, 1052b34-36)。以上のように,「測る」は,単位となる「1」を定め,それを測る対象にあてがうという構造を持つ。

注目すべきことは,以上の文脈に続く『形而上学』*I*巻第2章において,不可分割的な対象,すなわち「数える」対象に彼は言及することである。

> もし,「あるもの」が色であるとするならば,「あるもの」はある数であるが,しかしその数は明らかに色の数である。そして,「1」はあるひとつの色,たとえば白である。(*Met. I* 2, 1053b32-34)

この箇所で彼は色を例にとり,数と「1」に言及する。この引用は「数える」の構造を説明していないが,おそらく次のような含意があると思われる。われわれが「色」を数える時には,複数の色の中から「1」と

---

56) 「1つであるとどのように言われるかと,1つであることとは何であり,1つであることのロゴスは何かを同じものとして述べてはいけないことを理解しなければならない。」(*Met. I* 1, 1052b1-3)

192　　　　　　　　第5章　時間論

して特定の「1」つの色を単位として選ぶ。そして，その色を尺度として用いることで，われわれは複数の色の数を数える。

　このような理解が正しければ，「数える」の構造は「測る」の構造と同じである。ものを「数える」ときにわれわれが行うことは，「1」つのものを取り出し，そしてそれを対象にあてがう。それゆえ，『形而上学』I 巻は「数える」を「測る」の一種として扱っている。

　『自然学』の時間論に戻ろう。このような「数える」を「測る」の関係に関する理解を時間論に読み込んだ場合，数と尺度の言い換えも，時間の連続性と数の非連続性も解決できる。たしかに，「数えられるもの」は非連続的なものに分割される。だが，「数えられるもの」は「測られるもの」の一種であるならば，数と尺度を互換的に用いることは許容される[57]。

　そして，時間の測定にも尺度があることをアリストテレスは次の箇所で主張する。

　　　ところで，移動があり，移動に属するものとして円運動がある。そしてそれぞれは同類のあるひとつのものによって数えられる。つまり，多くの単位はひとつの単位によって，馬どもは馬によって数えられる。それゆえ時間も，ある区切られた時間によって数えられ，そして先に述べたように，時間は運動を測り，運動は時間によって測られる。（それは時間で限定された運動によって運動の量と時間の量が測られるからである。）そこで第一のものが同類のすべての

　57）　アナスはさらに，時間論と『形而上学』I 巻を関連づける論拠を2つ挙げる。ひとつは，時間論でも『形而上学』I 巻でもアリストテレスは最小の数が「1」ではなく「2」であると主張しているが，「1」も数として扱われていることである。*Phys.* IV 11, 220a26-32, *Met. I* 1, 1052b20-24, *Met. I* 6, 1056b23-25 参照。もうひとつは，時間論の『自然学』第4巻第14章における「ものはそれと同種のものによって数えられる，つまり馬は馬一頭によって数えられる，同様に時間は，ある区切られた時間によって数えられる」（223b13-15）という発言に対し，詳しい説明が『形而上学』I 巻から与えられることである。「常に尺度は同種的である。つまり，大きさの尺度は大きさであり，これらのうちで，長さの尺度はある長さであり，広さの尺度はある広さ，音節の尺度はある音節，重さの尺度はある重さ，単位の尺度はある単位である。なぜなら，このように捉えられるべきであって，数の尺度はある数だと捉えられるべきではない。もし，同様に捉えられるならばそうであるのだが。しかし，単位の尺度は複数の単位であって，ひとつの単位ではない，と主張することに他ならない。数は単位の多さである」（*Met. I* 1, 1053a24-30）。Annas (1975), 100.

ものを測る尺度であるなら，一様の円移動が最も優れた尺度であろう。なぜなら，この数が最も知られうるものであるから。ところで，性質変化，成長増大，生成は一様ではないが，この移動は規則的である。それゆえにまた，時間は天球の運動である，と思われるのである。なぜなら，この天球の運動でその他の種類の運動が測られ，また時間もこの運動で測られているからである。(*Phys.* IV 14, 223b12-23)

アリストテレスが選ぶ時間の尺度とは天球の運行である。このとき，時間や他の物体の運動の計測は「1日」という尺度を太陽の一周から得て，この「一日」を他の運動に適用することによって行われることになる。確かに天球の一周は，(アリストテレスの時代では)『形而上学』*I*巻の尺度としての条件，すなわち量において単純であること，そしてどこであっても同じ量を示すものであること，を満たしているだろう。もっとも，「均等な円運動がもっとも優れた尺度である」が示すとおり，天球の運行以外の運動も尺度として見なすことは原理的には可能である[58]。この点も『形而上学』*I*巻の立場と近似していると言えよう。

　以上のように，『形而上学』*I*巻と『自然学』の時間論には密な連関が想定される。この連関のもとに，時間論における時間の定義が持つ存在論的含意を再度検討しよう。

　時間の定義が明示するように，アリストテレスは時間を数の一種として扱う。このように扱う限り，命題「時間が存在する」は命題「ある種の数が存在する」を含意する。では，「ある種の数が存在する」とは彼にとっていかなる事態か。

　想起すべきはアリストテレスの数学的対象の存在論的身分である。アリストテレスは数学的諸対象が持つ諸性質は認める[59]。だが，ピュタゴラス派やプラトンとは異なり「2」や「3」といった抽象的数の実体性を彼は拒絶する[60]。

---

　58)　cf. Sorabji (1983), 87.
　59)　時間論における例を挙げるならば，「正方形の対角線は通約的ではない」や「数のうちに偶数や奇数がある」(*Phys.* IV 12, 221a15) があるだろう。
　60)　Hussey, 176-177.

194 第5章 時間論

　このような数学的非プラトン主義をアリストテレスが顕著に表明する
のが『形而上学』MN巻である。『形而上学』MN巻は数や図形といっ
た数学的諸対象が実体ではないことを証明する。一例として，『形而上
学』M巻第6-9章を概観しよう[61]。数がそれ自身離存する実体で，存在
の第一の原因と仮定しよう（Met. M 6, 1080a11-14）。すると，次のよう
な難点が生ずる。① プラトン主義者の数学の原理から数を作り出すこ
とができるのか（Met. M 8, 1083b23-36）② イデア的な数はいくつある
のか（1083b36-1084b2）③「1」とその他の「2」や「3」との関係は説
明できるのか（1084b2-1085a7）④ 幾何的対象の問題（1085a7-b4）⑤
「1」と多さからどのように数が構成されるのか（1085b4-34），という
ものである。この難点の指摘によって，数の実体性をアリストテレスは
否定するに至る（1085b34-36）。

　この数学的非プラトン主義は『自然学』の時間論でも貫かれている
か。『自然学』の時間論と『形而上学』I巻には密接な関連があり，さ
らに『形而上学』I巻に数学的非プラトン主義が見出せるのであれば，
それは貫かれていると解すべきである。まず，『形而上学』I巻第2章
は，①「1」それ自体がある実体として存在しているのか，それとも②
ある実在（φύσις）が基体としてあるのかと問う（1053b11-15）。そし
て，①をアリストテレスは否定する。

> 　実体と「ある」に関する議論で述べたように[62]，普遍なものは実体
> ではありえないならば，「ある」自体も多くのものから離れたある
> 1つのものであるような実体ではありえない。（なぜなら，「ある」は
> 普遍だからである）。むしろ，「ある」は単に述語であるならば，明
> らかに「1」も実体ではありえない。なぜなら，「ある」と「1」は
> あらゆる物事で最も普遍的に述語づけられるからである。（Met. I 2,
> 1053b16-21）

アリストテレスは「1」が実体であり，独立して存在すること否定する。
その根拠は「1」が普遍的なものであり，あらゆるものに述語づけられ

61）　Annas (1976), 162-176.

62）　『形而上学』Z巻13章を指す。Ross (1924), 285.

3　時間の定義と時間のあり方　　195

るからである。①の代わりにアリストテレスは②を擁護する。

> これと同じ説明は別の種の場合についても言われる[63]。すなわち，属性においても量においても性質においても運動においても，数があり，そしてある「1」があるとすれば，そしてそのすべてにおいて，その数は何かの数であり，「1」はその実体自身が「1」であるようなものではなく，何かの「1」であるならば，諸実体においても同様の関係がなくてはならない。(*Met. I* 2, 1054a4-9)

いかなる「1」においても，それが属性であれ実体であれ「1」には1つのある実在物が対応している。それゆえ，「1」には，何か別のひとつのものが必要とされ，それに存在論的には帰属するという構造を持っている。ただし，「1」がこのような構造を持つ根拠は，「1」と数がパラレルに見られることによってである。つまり，数も何か別のものが必要とされ，それに存在論的に帰属するということである。

　このように，『形而上学』I巻においても数学的非プラトン主義をわれわれは見出すことができる。そうであるならば，『形而上学』I巻と関連する『自然学』の時間論は数学的非プラトン主義を継承していると想定すべきだろう。

　さて，『自然学』の時間論を数学的非プラトン主義から解釈した場合，アリストテレスにとって時間はどのようなあり方をするのか。時間は「前後に関する運動の数」と定義されていた。この定義は時間が数の一種であることを含意する。ただし，この「数」とは抽象的数ではなく，「馬の数」に代表されるような事物の数である。一方，数学的非プラトン主義は抽象的数の存在論的構造として，抽象数は独立に存在しないこと，および抽象数の存在は別の事物に依存することを要求する。このような存在論的構造を抽象的数が持つのであれば，なおさら，「前後に関する運動の数」という定義は，時間があらゆる事物から独立に存在しうるものではなく，実体性を欠いた存在であることを含意しよう。むし

---

　63)　この箇所に先立つ『形而上学』I巻第2章 1053b25-1054a4 への言及である。そこでは，色，音，有節音，直線図形における「1」が白，四分音程，母音，三角形などと見なしうることが論じられる。

ろ，時間の存在は別の事物に依存する，という存在論的構造を時間は有する。この構造は，重さ100gや長さ30mの存在が，実際の100gの物体や30mの距離に依存する構造と同様に理解される。そして，時間が存在論的に依存する事物は，時間の定義が表している通り，運動に他ならない。つまり，運動が存在し，かつその運動が数えられうるものである限り，時間は存在する。

以上の考察より，アリストテレスにとって時間よりも運動が基礎的な存在であるという本書の解釈は補強されよう。

4　運動の定義と今のパラドックス

4.1　時間のパラドックスと運動

時間の存在は運動に基礎づけられるという解釈は，時間のパラドックスにどのように寄与するか。一見，この解釈は時間のパラドックスの解決にほとんど寄与しないように見える。なぜなら，時間のパラドックスは，次のような形に変換可能だからである[64]。まず，(a)「過去と未来から時間は構成される」は，(a)′「運動は過去の運動と未来の運動から構成される」と変換できる。また，(b)「過去と未来は存在しない」も(b)′「過去の運動と未来の運動は存在しない」と変換できる。これら(a)′と(b)′に，『自然学』第6巻で表明される「今のうちではいかなるものも運動しない」というテーゼを付け加えよう[65]。このとき，時間のパラドックスは運動のパラドックスとしてわれわれの前に再度立ちふさがる。

(a)′　過去の運動と未来の運動から運動は構成される。

(b)′　過去に生じた運動と未来に生じた運動は存在しない。

---

64)　cf. Coope (2005), 24-25.

65)　このテーゼは『自然学』第6巻に見出される。「いかなるものも今のうちでは運動しない」(*Phys.* VI 3, 234a24)，「しかし，〔今のうちで〕静止することもない」(*Phys.* VI 3, 234a31)，「今においては転化することができない」(*Phys.* VI 6, 237a14)，「運動することも，静止することも今のうちには存在しない」(*Phys.* VI 8, 239b1-2)。

（c）′　今のうちには運動は存在しない。

結論：運動は存在しない。

　以上の運動のパラドックスを解決するには，先に時間のパラドックスの解決が不可欠であるように感じられるかもしれない。だが，ここで確認すべきは，運動概念一般の理解である。運動を描写するためのひとつの方法は，空間的延長と時間的延長の概念に訴えかけ，同一の運動体が異なる時間において異なる空間的位置にある，というものだろう[66]。そして，このように運動を描写する限り，運動のパラドックスの解決には時間の実在性の確保が先行するように思われる。

　ただし，本書第1章で確認したように，アリストテレスは時間や空間を直接用いて運動を定義していない。すなわち，「可能的にあるものの，そのようなものとしての現実態」が運動である。この定義では，運動は① 運動する対象，② 運動する対象の現実的な状態，③ 運動する対象の目的あるいは終局の3つの項によって運動は把握できる。

　しかし，この運動の定義が直ちに運動のパラドックスと時間のパラドックスの解決を与えるわけではない。そこで，時間のパラドックスの解決を準備するために，アリストテレスが『自然学』第4巻第10章で時間のパラドックスの後に導入する今のパラドックスに着目しよう。注目すべきことに，時間のパラドックスとは異なり，今のパラドックスには解決が時間論で与えられる。

4.2　今のパラドックス

　今のパラドックスが提起する問題は端的に言えば現在の同一性と非同一性に関わる。

　　今はすでに過ぎ去った時間とこれから来る時間を分けるものであ
　　ると思われている。だが，常にひとつで同じものにとどまるのか，
　　それとも常に他であり続けるのか，それを見るのも容易ではない。
　　（*Phys.* IV 10, 218a8-11）

---

66)　Roark, 306.

198 第5章 時間論

「今」が常に他になり続けると考えた場合でも，常に同じものだと考えた場合でも，難点が生じるとアリストテレスは述べる[67]。この「今」は時系列上の現在を指示すると解してよいだろう[68]。なぜなら，引用において「今」は過去と未来を分けると述べられているからである。

　それでは，今のパラドックスの論理構造を分析しよう。第一に，現在が常に異なる場合の不条理は以下のテキストで語られる。

　　もし，今が常に他であり，時間のうちのいかなる別々の部分も同時に存在しないとすれば（それは，たとえば，より短い時間はより大きな時間によって取り囲まれるように，含んだり含まれたりするものではないが），そしてもし，存在しないが前に存在した今がいつか消失せねばならないとすれば，異なる今は同時に存在しないことになり，また前の今は常に消失していなければならない。しかし，その今自身のうちでは消失できない。そのときにその今は存在するからである。だが，異なった今のうちでも今は消失できない。つまり，ある今が別の今に続くことは，点が別の点に続くことのないように，不可能だろう。そこでもし，その今は隣接する今のうちではなく，別の今のうちで消失するのであれば，その今は中間の無限に存在する今のうちに同時に存在することになろう。だが，それは不可能である。(*Phys.* IV 10, 218a11-21)

この不条理は，今が消失するのはいつかと問い，その答えとして想定される2つの選択肢を論駁することで成立する。ただし，この不条理は，異なる今は同時に存在せず，前の今は消失することを前提する（*Phys.* IV 10, 218a14-16）。

　まず，この前提を理解しよう。0時0分0秒を時刻O，0時0分1秒を時刻Pとしよう。時刻がOであると同時にPであることはない。現在がPであるならば，Oはもはや現在ではなく，過去の瞬間となるか

---

　　67)　パラドックスの提示者の意図は，マークヴァートらが指摘するように（Inwood, 163. Marquardt, 44. Simplicius, 697 など），現在が相反する性質である同一性と非同一性を持つという根拠で，現在の非存在を導くことだと思われる。

　　68)　Hussey, 140. Ross (1936), 384.

らである。ところで，時間のパラドックスにおいて，「存在する」$\H{\epsilon}\sigma\tau\iota\nu$
は「現在において存在する」ことを含意する。現在がOであるときは
「Oが存在する」が同語反復的に真であり，同様に現在がPであるとき
は「Pが存在する」が真である。だが，現在がPであるときは「Oが存
在する」は真ではない。なぜなら，Oは過去の瞬間だからである。それ
ゆえ，PにおいてOは存在しない。そして，かつて生じたOが現在に
おいて存在しないならば，Oはいつか消失せねばならない。

　それゆえ，現在が常に異なるとした場合，Oの消失はいつか，という
問いが生じる。この問いに対しては2つの回答が想定される。現在が
常に異なるとした場合の不条理は，この2つの回答を論駁することで
成立する。引用中の論駁部分をパラフレーズしよう。

(i) OにおいてOが消失する：OにおいてはOが存在しているこ
とは真である。OにおいてOが消失するならば，Oは存在し，
かつ存在しないことになる。

(ii) OとPの間でOが消失する：アリストテレスにとって時間は
原子的性格を持たない。それゆえ，OとPの間には無数の今
がある。このOとPの間にある今を $Q_1, Q_2, Q_3, \cdots$ としよう。
Q_n においてOが消失したならば，Q_n とOとの間にある Q_1,
$Q_2, Q_3, \cdots$ のそれぞれが現在であったときも，Oは現在として
存在していることになる。しかし，複数の今が同時に現在であ
ることは不可能である。

次に，現在が常に同一である場合の不条理を確認しよう。

　だが，今は常に同一にとどまることもできない。分割可能で有限な
ものの限界は，一方向に連続であっても多方向に連続的であっても
ひとつではない。そして，今は限界であり，われわれは有限な時間
を取ることができる。さらに，仮に，時間において同時であると
は前でも後でもなく，一にして同一の今のうちにあることであり，
また，前の今も後の今もこの今のうちにあるとしよう。この場合，
一万年前の出来事は今日の出来事と同時ということになろう。ま

た，いかなる出来事も，別の出来事より前や後であることはなくなるだろう。(*Phys*. IV 10, 218a21-30)

　以上の引用には2つの不条理が提示されている。それらの理解のために，これらの不条理をパラフレーズしつつ，それぞれの内容を確認しよう。第一の不条理は，現在が同一であるならば，有限な時間を想定しえなくなるというものである。たとえば，0時0分0秒を時刻O，0時0分1秒を時刻Pとし，Oが現在であるとしよう。OとPの間にわれわれは有限な時間を想定できる。しかし，OとPが同一であるならば，その間に有限な時間を想定することは不可能になるだろう。第二の不条理は，出来事間の前後関係が失われるというものである。同一の瞬間で生じた出来事を同時に生じた出来事と呼び，かつ現在は常に同一であるとしよう。この場合，一万年前の出来事が起きた瞬間は，この現在と同一である。それゆえ，一万年前の出来事は現在の出来事と同時に起きていることになる。

4.3　今のパラドックスに対する解決

　今のパラドックスに対し，アリストテレスが解決を与えるのが『自然学』第4巻第11章219b12-33である。

　今はある意味では同じものとして存在し，ある意味では異なるものとして存在する。つまり，異なるもののうちにあるという点では異なったものである。このことが今それ自身である。だが，「それが今であるとき，今であるそれ」($\H{o}\ \pi o \tau \epsilon\ \H{o} \nu$) は同じである。つまり，先に述べたように，運動には大きさが従い，われわれが主張するように時間には運動が従う[69]。同様に点には運行体 ($\varphi \epsilon \rho \acute{o} \mu \epsilon \nu o \nu$) が従い，この運行体によって運動をわれわれは識別し，運動のうちの前後をわれわれは識別する。そして，運行体は「それが運行体であるとき，運行体であるそれ」としては同じである。というのは，

---

　69)　時間定義導出中の『自然学』第4巻第11章219a10-19を指す。そこでは，大きさ－運動－時間の連続性と，それぞれのうちに前後があることが，大きさに運動が，運動に時間が従うという根拠で示されている。

4 運動の定義と今のパラドックス 201

点は石やそれに類するものだからである[70]。だが，運行体は説明に
おいては異なる。あたかもリュケイオンにいるコリスコスと，市場
にいるコリスコスは異なるとソフィストたちが主張するように。そ
して別々のところにおける運行体は異なる。そして，運動には時間
が従うように，今は運行体に従う。というのも，運行体によって運
動のうちの前後をわれわれは識別し，その前後が数えられうるもの
である限り，今は存在するからである。それゆえ，運動の前後のう
ちで「それが今であるとき，今であるそれ」しては，今は同じであ
る。なぜなら，前後は運動のうちに存在するからである。しかし，
今のあり方は異なる。前後が数えられるものである限り，今は存在
するからである。(219b12-33)

アリストテレスは今の同一性と非同一性を両立させようとする。その
ために，彼は ὅ ποτε ὄν「それが X であるとき，X であるそれ」という
フレーズと ἀκολουθεῖν「従う」という動詞を用いる。テキストが用い
る「リュケイオン（以下 L）にいるコリスコス（以下 C）が市場（以下 A）
に向かう」を具体例として，この議論を咀嚼しよう。

　まず，ὅ ποτε ὄν は C を指す。そして，C が L にいても，C が A に
いても，C は同一である。一方，場所の限定がついた「L にいる C」と
「A にいる C」をわれわれは区別できる。このように，C の同一性と非
同一性が確保される。他方，大きさに運動が，運動に時間がそれぞれ従
い（219b15-16），さらに運行体に今が従う（219b21-22）とアリストテ
レスは述べる。つまり，彼は次のような対応関係を構築する。

　　【大きさ（LA）】：【点（L および A）】
　＝【運動（LA 間の C の移動）】：【運行体（L にいる C および A にいる
　C）】
　＝【時間（C の移動時間）】：【今（L に C がいる今および A に C がい
　る今）】

---

70)　オーウェンに従い（Owen (1976), 156），αὖτο の後にカンマを置き，στιγμή の前
の ἦ を ῇ と読む。石は運行体の一事例として解するべきである。cf. Hussey, 154. Waterfield,
300. Inwood, 164.

この対応関係は，今の同一性と非同一性を次のように解決する。Cは
ὁ ποτε ὄν として同一である。そして，Cと今に対応関係がある限り，
今は類比的に同一である。一方，「LにいるC」と「AにいるC」は異
なる。それゆえ，「LにCがいる今」と「AにCがいる今」も異なる。

以上が今のパラドックスにアリストテレスが与えた解決である。しか
し，この解決には厄介な問題が残っている。今のパラドックスにおい
て，「今」は現在を意味していた。だが，アリストテレスの解決におい
て，「今」は瞬間を意味しているように思われる。「LにいるC」に対応
する今が現在であれば，Cは現にLにいる。しかし，そのときCは現
にAにいるわけではない。したがって，「LにいるC」と「AにいるC」
は互いに排他的関係にあり，両者に対応する今が同時に現在となること
はありえない。だが，アリストテレスの解決における今が瞬間を指示す
るなら，彼の解決は今のパラドックスに対する反論として機能しない。
今のパラドックスは現在の同一性と非同一性の齟齬を指摘する。この指
摘に対し，瞬間の同一性と非同一性が両立可能であると主張したとして
も，意味をなさない。

しかし，注意すべきは，アリストテレスは物体や実体ではなく，運行
体 φερόμενον に今が対応すると述べていることである。つまり，Cは
静的な物体ではなく，運動変化するものである。それゆえ，今のパラ
ドックスの解決はアリストテレスの運動の概念に即して理解されねばな
らない。そして，ここで留意すべき運動の概念とは，『自然学』第3，4
巻の一貫性を考慮する限り，『自然学』第3巻で与えられた運動の定義
である。そこで，運動の定義を今のパラドックスの解決に導入してみよ
う。

CがLにいるとき，Cは現実的に「LにいるC」である。ただし，C
はAに移動する運行体である。この場合，Cの状態は「可能的にAに
いるCの，可能的にAにいるものとしての，完全現実態」と表現され
る。そして，CがAに移動する運行体である限り，Cは可能的には「A
にいるC」でもある。ここで重要なことは，運行体としてのCは，現
実的なCの状態と，可能的なCの状態の2つを併せ持つことである[71]。

---

71) ロークの示唆は重要である。「運動的位置 (*kinetic positions*) とは運動体の諸状態
のことであるが，その運動体の諸状態は，第一に運動の行程中の物体の現実的な場所と，第

5 時間の実在性   203

このような C の 2 つの状態に今が対応する。C は現実的に L にいる
とき，「L にいる C」に対応する今は現在であるが，「A にいる C」に対
応する今は現在ではない。だが，C が運行体である限り，C は可能的に
A のみであり，いつかは「A にいる C」が実現する。それゆえ，「A に
いる C」に対応する今は可能的には現在であり，いつかは現実的に現在
になるのではなかろうか。

このように，現実態・可能態の対概念を導入して今のパラドックスに
対する解決を解釈すれば，彼は瞬間の同一性と非同一性のみならず，現
在の同一性と非同一性も説明したことになる。現在の同一性は「それが
X であるとき，X であるそれ」の同一性によって確保される。現在の非
同一性は，運行体が有する現実的な状態と可能的な状態に求めることで
説明できよう[72]。

このように，今のパラドックスに対するアリストテレスの解決は，運
動の定義を参照し，現実態・可能態の概念を導入して理解すれば，適切
な解決となるのである。

5　時間の実在性

5.1　時間のパラドックスの解決

それでは，時間のパラドックスに対する解決へと移ろう。時間のパラ
ドックスは以下の論点から構成されていた。

(a) 過去と未来から時間は構成される。
(b) 過去と未来は存在しない。
(c) 現在は時間の部分ではない。

二に可能態としての現実態である可能的な場所，この 2 つの場所を確認することによって明
記される」(Roark, 310)。本書結論注 2 参照。

[72]　ある X は現実的に E でありかつ可能的に D である，という論点は，『自然学』第 3
巻第 2 章の次の一節が示している。「ある種の物事においては，同じものが可能態においても
あり完全現実態においてもある。ただし，それは同時にかつ同じ条件においてではなく，む
しろたとえば同じものがその完全現実態においては熱くあり，可能態においては寒くあると
いうような意味である」(*Phys.* III 2, 201a19-22)。

結論：時間は存在しない。

　一方，『自然学』の時間論には数学的非プラトニズムが潜在し，また時間は「前後に関する運動の数」と定義されるのだから，アリストテレスにとって時間の存在は運動に基礎づけられる。ただし，時間のパラドックスは運動のパラドックスに書き換えられる。

　(a)′　過去の運動と未来の運動から運動は構成される。
　(b)′　過去に生じた運動と未来に生じた運動は存在しない。
　(c)′　今のうちには運動は存在しない。
　結論：運動は存在しない。

　この中で (c)′ はアリストテレスも同意する主張であると思われる。だが，(b)′ には検討の余地が残されている。
　運動の定義によれば，運動体 X は現実的に E であることと可能的に D であるという 2 つの状態を併せ持つ。そして，この 2 つの状態は現在においても同時に成立する。一方，E と D の間には，先行する『自然学』第 3 巻第 4-8 章の無限論で確保されたように，連続性が成立する。それゆえ，その間には中間となる連続的延長が存在する。そして，その中間となる連続的延長とは E から D に移行する X の運動であろう。それゆえ，現在においても運動は存在する，と主張できる余地は残されている。
　この議論を運動から時間に派生させよう。今のパラドックスに対するアリストテレスの解決によれば，今は運動体の状態に対応する。そして，運動体 X の運動は，彼の運動の定義に即せば，現実的に E であることと可能的に D であることの 2 つの状態を併せ持つ。すると，運動体 X が運動する限り，E である運動体の現実的状態と D である運動体の可能的状態には，それぞれ別々の今が対応することになる。
　ここで運動体 X が現実的に E である状態に対応する今が，現在を指示するとしよう。このとき，運動体 X が現実的に D である状態に対応する今は現在ではなく，未来の一時点を指示する。だが，運動体 X が可能的に D である状態に対応する今は可能的には現在である。なぜな

ら，運動体 X は運動している限り，現実的に E である状態と可能的に D である状態を同時に併せ持つからである。このように，現実態・可能態の対概念を用いて運動を描写すれば，2 つの異なる現在が現在において存在することを説明できる。

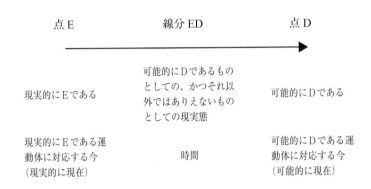

そして，この説明は時間の存在を次のように導く。運動が連続である限り，この 2 つの現在の中間にも連続的な延長が存在していなければならない。そして，運動体の状態に対応する今のような，運動に対応するものが存在すると想定できる。それが時間に他ならないのである。さらに，2 つの現在は現在においても存在する。そうである限り，その間にある時間も現在において存在する，と主張しうる。

つまり，時間のパラドックスに対してアリストテレスは次のように反論できる。たしかに，過去や未来は現実的に存在するという意味では現在において存在しない。しかし，運動が現在において存在するような意味，すなわち可能態と現実態の中間に存在する延長からの派生としては，現在においても存在すると主張しうるのである。

5.2 時間的延長の特性

以上が時間の定義から導かれうる，時間のパラドックスに対するアリストテレスの対応である。この解釈が正しいのであれば，考察対象の定義には対象に関する諸難問を解決する能力が求められる要件を，『自然学』第 4 章の場所論において求められた定義の要件を時間の定義は満たしていることになる。

しかしながら，本章が示した解釈は同時に，時間論に潜むいくつかの基本態度を露わにした。そのひとつは数学的非プラトン主義であった。数自身は独立して存在するものではなく，別の何かにその存在の根拠を依存している。

　さらに，この立場と時間の定義は次のことを含意する。アリストテレスが時間の定義である「運動に関する前後の数」は時間が数の一種であるという主張を含む。ただし，このように定義された時間は数の一種である以上，時間以外の何かにその存在の根拠を依存することになる。その依拠する対象は定義が示している通り，運動に他ならないであろう。すなわち，時間よりも運動がより根源的な存在であるという態度が『自然学』の時間論には潜伏していたことになる。

　さらに注意すべきは，運動は単純に実体や個物や性質といったものと同一視できないことである。運動は「可能態であるものの，そのようなものとしての，完全現実態」という，可能態と現実態にまたがる特殊な存在であった。そして，完全現実態でありながら可能態であるものに時間は依拠している。したがって，時間もやはりそのような完全現実態でありながら可能態として存在しているものの一側面として存在していることになるだろう。

　アリストテレスは時間の存在を確信していることは確かである。だが，時間は「ソクラテス」に代表される個物や，「白さ」といった感覚的性質よりも明確なものではない。時間の定義によれば，時間とは数であり，かつ不完全な現実態である運動の数という属性だからである。つまり，彼は時間を，このような二重の意味で派生的存在と見なしており，それゆえあらゆる運動する物体から独立して存在するような実体性を持つ対象ではなかった。

結　論

アリストテレスの時空論

───────────

　本書はこれまで『自然学』第3，4巻を構成する個別の議論を検討してきた。この検討をもとに本書の結論として，該当箇所でアリストテレスが与えた空間的延長と時間的延長の存在論的位置づけと，『自然学』第3，4巻の構造，すなわち『自然学』第3巻第1-3章の運動論に無限論以降の議論がいかなる形で接続しているかを考察しよう。

　まず，『自然学』第3巻第1-3章の運動論が提起した運動モデルとは次のようなものであった。アリストテレスは運動を「可能態にあるものの，そのようなものとしての，エンテレケイア」と定義する。この定義は，本書第1章で示したように，「可能的にXである対象の，その対象が可能的にXのみであるものとしての，現実態」とパラフレーズされる。このパラフレーズに即せば，運動は3つの項によって説明できる。それら3つの項とは①運動する対象，②運動する対象の現実的な状態，③運動する対象が将来到達する目的あるいは終局である。

　運動の定義に含まれる〈現実態・可能態〉の概念，およびこれら3つの項にはあらゆる運動に必要だと思われる空間的延長や時間的延長の概念は一見したところ明記されていない。しかしながら，空間的延長に関しては，運動の定義を提示する文脈の前後でアリストテレスが量や場所のカテゴリーを挙げ，このカテゴリーに即して運動の種に成長増大や移動を挙げている（*Phys.* III 1, 200b27-28）。この記述は，運動論が空間的延長と無関係に成立する議論ではなく，少なくとも空間的延長を前もって視野に入れた議論であることを示している。同様に時間的延長に関しては，可能態と現実態の関係を説明する際に，彼は可能的にXである

ことと現実的に X であることが同時に成立しないことを指摘する（*Phys.* III 1, 201a19-22）。この記述は，可能態と現実態の概念に出来事や事象の時間的差異が含まれていること，さらに運動論および運動の定義が有意義になるためには時間的延長を考慮することが不可欠であることを示している。それゆえ，運動論においてアリストテレスは空間的延長や時間的延長とは無関係に運動を考察してはいない。仮に，空間的延長や時間的延長を欠いて運動の理解が成立するならば，その運動の理解は形式的なものになるだろう。なぜなら，その理解は物体の移動や，運動の速さや遅さなどの運動に帰属すると思われる諸性質を説明できないからである。

　運動論を運動一般の理解として提示するには，運動の概念と空間的延長や時間的延長を関連づける必要がある。ただし，運動一般と空間的延長や時間的延長との関係をどのように彼が捉えたかには注意が必要である。なぜなら，彼は『自然学』第 3, 4 巻において空間的延長も時間的延長も運動から独立に捉えるのではなく，むしろ運動一般の概念や運動する物体を議論の出発点とし，そこから空間的延長と時間的延長の位置づけを考察しているからである。

　『自然学』第 3, 4 巻における空間的延長の扱いは，次のように整理できる。実のところアリストテレスはたしかに場所論の冒頭で場所が存在するか否かという問いを提示はしたが，「空間的延長が存在するか否か」という問いは立てていない。たとえば，無限論においては（少なくとも有限な）空間的延長の実在性は所与の事実と見なされている。なぜなら，『自然学』第 3 巻第 4 章冒頭では自然学の対象は大きさと運動と時間に関わると述べており（202b30-31），さらに『自然学』第 3 巻第 5 章冒頭では，無限大の物体はありうるかと問うからである（204b1-2）。この事情は場所論でも同様である。なぜなら，場所論冒頭における，場所的な運動が最も共通で最も主要だという発言は（208a31-32），物体の移動に不可欠な空間的延長の存在をすでに期待しているからである。

　しかし，空間的延長の実在性が所与の事実であったとしても，空間的延長が持つ諸性質に関する次の問いが残っている。（1）その空間的延長は無限大でありえるのか，（2）空間的延長は分割可能か否か，言い換えれば連続性を持つか，（3）運動の定義に即した形で物体の移動に纏わ

る空間的延長はどのように把握されるか，そして，（4）空間的延長は，物体に存在論的に依拠するのか，それとも物体とは独立の空間的延長は存在しうるのか。

（1）と（2）に対応する考察が『自然学』第3巻第4-8章の無限論である。（1）無限大であるような空間的延長が存在するという主張は，第一に，無限大と物体は相互矛盾を起こす概念であること（*Phys.* III 5, 204b5-7），第二に，無限大の物体が存在するならば2つ以上の物体が重なり合って存在することを認めなければならないこと（*Phys.* III 5, 204b19-22），第三に，無限大の物体はどこにも存在しないこと（*Phys.* III 5, 205a10ff.）という理由によって否定された。（2）空間的延長の分割可能性については，分割無限の存在を可能態の概念に訴えることによって確保された。さらに，空間的延長の分割可能性は，おそらく可能態と現実態の間に連続性を確保することにも繋がるだろう（*Phys.* III 7, 207b21-27）。

（3）に対応する考察が場所論である。この場所論における基盤のひとつは，アルグラが指摘するように[1]，ギリシア古典期の日常的言語使用における場所概念の把握にある。すなわち物体 X が別の物体 Y のうちにあり，物体 X が別の物体 Y に囲まれている，という理解である。そして，この場所理解をアリストテレスは先鋭化させ，「場所の固有性」を要請することになった（*Phys.* IV 2, 209a31-33）。つまり，ある場所は必ずある物体の場所であり，その場所はその物体のみを包む。さらに，この場所の固有性は，場所概念を介した空間的延長の理解に2つの特色を与えた。第一の特色は，この空間的延長は立体や物体のような三次元的対象ではないことである。場所の定義における「限界」が示すように，アリストテレスにとって場所は平面的で，厚みを持たない。

この特性から派生する第二の特色は（4）に関わる。場所概念を介した空間的延長は空間概念に期待されうる実体性を前提しない。ある物体の場所は，必ずその物体との関係を考慮することなしに把握されない。それゆえ，場所はその場所が包む物体に依拠する存在と見なされうる。さらに，その物体を別の物体が包むという事実から，場所はその包む物

---

1)　Algra, 190.

体の一側面，つまり包む物体が有する内側の限界と同一視された。

　このような場所として把握された空間的延長の平面性および物体依存性は，複数の物体は同じところに存在しないという物体の特性によって強化される。無限論に戻れば，無限大の物体が存在しない理由は，無限大の物体と日常的な物体が同じところに共存しえないからである。場所論において，場所が物体ではなく，「包まれるものの限界」である理由のひとつは，場所が物体であるとすると，ある物体とその場所が同じところに存在することになるからである（*Phys.* IV 1, 209a6-7）。さらに，空虚論において，物体が運動する原因としての空虚のみならず，物体の運動とは無関係な空虚ですら存在しないとアリストテレスが判断したのは，『自然学』第4巻第8章216a26-b16が論じたように，物体とその物体から独立して存在するような立体的で実体性を有する空虚は，物体と別の物体が重なり合うことが許されないのと同様に，重なり合うことが許されないからである。

　以上のように，空間的延長に関係する『自然学』第3，4巻の3つの議論を空間論として捉えた場合，（4）に関わる2つの性格を指摘できる。第一に，アリストテレスは空間的延長を基本的には物体が有する大きさ，あるいは物体が有する延長として捉えていることである。この性格の背景には，実体のカテゴリーと量のカテゴリーの間に存する存在論的依存関係があるだろう。第二に，空虚論であらゆる物体から独立し，実体性を伴うような空間的延長が存在することを彼は否定したが，この否定は『自然学』第3，4巻において実体性を有するような空間的延長を考察の前提にしていないことを示唆する。

　実体性を欠く点においては，時間的延長も同様の扱いを受けているように思われる。時間論の考察において最も重要な立脚点は運動との関連である[2]。『自然学』第4巻第10章より始まる時間の定義の探求にお

　2）　アリストテレスは時間を「運動に関する前後の数」と定義した。この定義について，この定義中の「前後」が時間的な前後を指示しており，それゆえ運動の定義が循環していると指摘されることがある（Ross (1936), 68 等）。なぜなら，運動のうちの「前後」は時間的な前後であるように思われるからである。ただし，「時間的な前後」とアリストテレスの時間の定義の関係については再考する必要があろう。場所の前後をアリストテレスは，時間の前後は運動のうちの前後に従い，運動のうちの前後は場所のうちの前後に従う，そして場所のうちの前後は第一の前後であり，配置の点で区別されると説明する（*Phys.* IV 11, 219a14-21）。

いては，回転する天球と時間の同一性の検討（*Phys.* IV 10, 218a33-b9），次いで運動と時間の同一性の検討と続いているように（*Phys.* IV 10, 218b9-20），運動に関する把握と時間との関係の考察から出発している。そして，アリストテレスが与えた時間の定義である「運動の前後の数」が示す時間の位置づけは，本書第5章で示したように，時間を数の一種とし，かつ未完了な現実態である運動の数であるとする。それゆえ，彼にとって時間的延長は運動する物体から二重に派生する存在であり，あらゆる運動する物体から独立して存在するような実体性をもたない。

　このように，『自然学』第3, 4巻においてアリストテレスは，空間的延長や時間的延長の理解を下敷きに運動一般を基礎づけることも，両者を運動や物体から独立した対象として扱おうともしていない。むしろ，彼は，空間的延長や時間的延長に関するパイノメナを手掛かりにする一方で，運動一般や物体一般に関する彼自身の理解から空間的延長や時間的延長を把握することに努めた。その考察との結果として，空間的延長や時間的延長を，目の前にある現実的な物体と，特殊な現実態として把握される運動に依拠する存在として位置づけることになったのである。

　そして，このような試みを含んだ『自然学』第3, 4巻の構造は次のように整理できるだろう。まず，運動論を完成させるには，空間的延長と時間的延長も理解せねばならないが，運動論が提起した運動モデルは両者の積極的理解を単独でもたらすものではない。たとえば，『自然学』第4巻で導入された場所のパラドックスを解決する力を運動論は持たない。他方，アリストテレスは『自然学』第4巻第3章以降で場所のパラドックスを解決するために「うちにある」の多義性を分析し，論理的懐疑を回避しつつも場所に関する日常的理解も正当化できるような場所

この説明は，時間の前後は，場所，すなわち空間的延長の前後によって説明されることを示唆する。なお，この点に着目し，運動の定義から運動的位置（*kinetic position*）を定め，そこから時間の流れとは別個に運動の前後を定める試みにローク（Roark, 301-318）の解釈がある。なお，連続性においても空間的延長と時間的延長は同様の説明関係が表明される。時間が連続的であるのは，運動が連続的であるからである。運動が連続的であるのは，空間的延長あるいは物体に属する大きさが連続的だからである（*Phys.* IV 11, 219a10-19）。このように，連続性をアリストテレスは，空間的延長から運動へ，運動から時間へと派生的に説明する。

の定義を提示した。ところで，運動の定義に即せば，ある物体の運動の記述や理解には，②　移動する物体の現実的な状態と，③　その物体の移動の目的あるいは終局の状態が要求される。この２つの異なる場所の定義は，その物体を包む物体や，包む物体が有する内側の限界の位置，つまり移動する物体と包む物体が接触する位置に言及することによって指示することができる。このように場所の定義は運動の定義の内実を与える役目を有しているのである。

　このように捉えると，運動論とそれ以降の議論の関係は次のように理解することが妥当なものとなる。まず，アリストテレスは運動論で，カテゴリー分類を念頭において生成消滅や移動などの運動の種一般に共通する理解を，可能態と現実態の両概念を用いて提示した。続いて彼が取り組んだのは，運動の定義のモデルに即しつつも，運動一般の記述や理解に必要な諸概念の検討であった。ここで諸概念とは，可能態と現実態の間の連続性を確保するための分割無限，場所的な運動変化である移動の説明項である場所，さらに運動一般の速さや遅さを語るために必要な時間が該当する。彼は，物体や運動に関する見解や，パイノメナを手掛かりにしてこれらの諸概念をどのように説明できるかを探り，かつそれらの存在に対する懐疑的言明に論駁可能な形での定義を与えた。同時に，生物が全体的に成長するといった諸現象や運動や物体に関する見解，たとえば「同じところに２つ以上の物体は存在しない」や「存在するものは何かのうちにある」といった見解を存在論的前提として，この前提をもとに，無限大の物体の存在や，運動一般に必要と思われた空虚の存在を否定していった。ただし，この前提はアリストテレスの独自の自然哲学理論ではなく，それゆえこれらの議論全体も必ずしもアリストテレス独自の自然哲学理論に還元されないことには留意が必要である。

　つまり，空間的延長と時間的延長を運動概念との関連でとらえ，両者を「運動」と「物体」に関連する理解から出発していく哲学的考察が，無限論以降の『自然学』第3，4巻の議論である。そして，運動論に続く無限論や場所論，空虚論や時間論は，運動論では果たされなかった課題に取り組み，運動概念一般が持つ特性を解明し，翻って運動概念一般の全般的解明に寄与するという構造を持つのである。

あとがき

―――――――――

「そんな研究をやって何になるのか。」

　本書は，2015 年に東京大学大学院人文社会系研究科に提出した博士学位論文「アリストテレスの時空論―『自然学』第 3 巻第 4 巻の構造と存在論的前提―」に加筆修正を施したものである。私が博士論文を書きはじめた時，当初は複数の研究論文をつなぎ合わせれば形になるだろうと甘い見通しを立てていた。しかしながら，その見通しはうまくいかず，大幅な変更を何回か行った結果，最終的に仕上げた際には全く別物と化していた。

　もちろん，本書の記述が既発表の研究論文――その一部は幸運にも学術雑誌に掲載された――と重なるところはたくさんあるが，既発表論文の議論構造を大幅に改変したり，既発表論文を分解し，その部分を別の議論の一部として配列せざるをえなかったり，中には真逆の結論を導出せざるをえなかったものもある。本来記すべき該当論文のタイトルと書誌情報を記載できなかった理由は，本書から既発表部分を分節化することが難しいという事情による。どうかご容赦願いたい。

　さて，こうしてあとがきを書くに至るまでに長い時間を費やしてしまったのは，私の力量不足と怠惰さに起因するところが大であるが，同時に研究への社会的意義を問う冒頭の詰問に向き合う覚悟が欠落していたからだと思われる。幼少時から目指していた工学者の途から哲学の途へと転身したのは，思い起こせば価値の問題こそ人間の生にとって真に対峙すべき問題だと思いなしたからであった。しかしながら，価値の問題はあまりに私には摑みどころがなく，哲学専修課程に進み，アリストテレスを研究対象として選んでからも，『詩学』，『魂について』，そして『自然学』へと関心を移していった。価値の問題へと向かう前の基礎固めのためだ，と言えば聞こえは良いが，正直に言えば，価値の問題から

目を背けたかったからである。しかし，大学院へ進み，研究を積み上げていくにつれ，価値の問題は先の詰問に姿を変え，私を文献研究という楽園から現実へ引き戻さんと迫ってきた。この詰問から逃げ惑う中で，「哲学的テキストこそ哲学的に読解せねばならない」という研究姿勢に気づいたのは，博士課程在学年限ぎりぎりになってからであった。

　もちろん，本書はアリストテレスの自然哲学を扱う研究書であり，価値の問題に正対していない。ただ，本書の序論の前半に，その詰問に現在の私ができる精一杯の弁明を記しておきたかった。

　本書がこのような形で形成されるまでは，多くの方々の指導，助言，支援を私は受けることができた。最初に思い浮かべるのは，神崎繁先生である。私が学部生の時，神崎先生が本郷キャンパスで『魂について』に関する特殊講義を行っていた際に，ご厚意で卒業論文の指導をしていただいたことが，私が古代哲学に執着している歴史的原因である。悲しむべきことに先生は鬼籍に入られてしまったが，この場を借りて感謝を申し上げたい。次に思い起こすのが，博士課程に在学中に相澤康隆氏，稲村一隆氏，立花幸司氏と共に始めた Aristotle-Plato 研究会での討論である。お互いの論文に対し，発表時間なしで質疑応答だけに 2 ～ 3 時間を費やし，議論を重ねることができたのは，実に贅沢な時間の使い方であったと感じる。その過程で宮崎文典氏や関谷雄磨氏といった同年代のギリシア哲学研究者とも交流が持てたことも幸運であった。特に関谷氏は，本書のテキスト引用の確認という労苦を引き受けてくれた。また，私が東京大学人文社会系研究科の助教であった時，榊原哲也先生と鈴木泉先生からの気遣いがなければ，また，その時期に野村智清氏，清塚明朗氏，相松慎也氏からの応援がなければ，本書の完成はあり得なかったであろう。さらに，博士論文審査の副査であった渡辺邦夫先生と納富信留先生は，今にして思えばあまりに稚拙であった論文原案に対し，的確な批判と改善案を示していただいた。本書に学術的価値があるならば，そのほとんどはこの両先生の力によるものである。主査を務めていただいた一ノ瀬正樹先生は本書の出版を勧めてくださり，知泉書館の小山光夫氏も出版に向けて何度も私を激励していただいた。他にも名を挙げるべき先生方や友人は沢山いるが，その中でも大学院生時代の指導教官であった天野正幸先生にも感謝しなければならない。おそらく，

あとがき　　　215

天野先生は私の哲学の途へと向かった初心を見抜き，それを呼び覚まさんと先の詰問を事あるごとに私に投げかけてくれたのだと今は思う。その詰問に応答するべく書いた序論の原案は，本郷三丁目で地下鉄を待っているときに，唯一褒めていただいた文章であった。

　以上のように，私が幸運にも出会った方々からの友愛によって本書を完成させることができた。本書が果たしてあの詰問に対し応答できているか否かは，本書を手に取ってくれたみなさんの判断にゆだねなければならない。だが，本書が先述の方々へのご厚意にわずかでも報いることができている，あるいは，同じような詰問に悩む駆け出しの研究者たちに何らかの示唆を与えることができている，あるいは，人文学という営みの価値を今日改めて測るための一助となると，みなさんが見なしていただけるのであれば，それは私にとっては至高の喜びと言わなければならないだろう。なぜなら，私の行いにも何らかの肯定的価値があったのだ，ということなのだから。

　なお，本書が完成するまでに，2012 〜 2013 年度科学研究費補助金研究活動スタート支援（研究課題：アリストテレスの物体概念と運動概念の研究），2014 〜 2016 年度科学研究費補助金若手研究（B）（研究課題：ギリシア自然哲学の展開とペリパトス派的受容）による研究助成，および2017 年度科学研究費補助金研究成果公開促進費（学術図書）による出版助成を受けた。これらの助成についても感謝申し上げたい。

　最後に個人的な事柄を記すことをお許しいただきたい。機械好き少年が一転，哲学を志すと宣言した後，20 年近く見守り続けてくれた父・佑次と母・敏枝。博士論文執筆の最終段階において何度も挫折しかけた私を忍耐強く見守り，激励し続けてくれた妻・佳代。本書，否，私の存在は彼らに依拠している。この場を借りて，敬意と感謝を伝えたい。

参 考 文 献

ギリシア語テキスト

Bekker, A. I. 1831–1870. *Aristotelis Opera edidit Academia Regia Borussica*. Berlin.

Byawter, I. 1984. *Aristotelis* Ethica Nichomachea (*Oxford Classical Texts*). Oxford.

Carteron, H. 2002. *Aristote* Physique *Tome I: Livres I-IV*, Huitième tirage, Belles Lettres. (Première edition, 1926)

Cooke, H. P. Trenennick, H. 1934. *Aristotle Categories, On Interpretation, Prior Analytics*. Harvard University Press.

Diels, H. and Kranz, W. 1951-1952. *Die Fragmente der Vorsokratiker* (3vols), 6th ed. Weidmann. (1st published 1903)

Henry, P. and Schwyzer, H. ed. 1964. *Plotini Opera Tomvs I: Porphyrii Vita Plotini Enneades I – III* (*Oxford Classical Texts*). Oxford University Press.

Hicks, R. D. 1907. *Aristotle* De Anima, *with Translation, Introduction and Notes*. Cambridge University Press.

Jaeger, W. 1963. *Aristotle* Metaphysica (*Oxford Classical Texts*). Clarendon Press.

Joachim, H. H. 1922. *Aristotle*, On Coming-to-be and Passing-away: *A revised text with Introduction and Commentary*. Oxford.

Ross, W. D. 1924. *Aristotle's* Metaphysics: *A Revised Text with Introduction and Commentary*. 2 vols. Clarendon Press.

―――. 1936. *Aristotle* Physics: *A Revised Text with Introduction and Commentary*. Oxford University Press.

―――. 1955. *Aristotle's* Parva Naturalia. Oxford University Press.

―――. 1965. *Aristotle's* Prior *and* Posterior Analytics: *A Revised Text with Introduction and Commentary*, Clarendon Press. (First published 1949).

Walzer, R. R. and Mingay, J. M.. 1991. *Aristotelis* Ethica Evdemia (*Oxford Classical Texts*), Oxford University Press.

Wicksteed, P. H. and F. M. Cornford. 2005. *Aristotle* Physics: *Books I-IV* (*Loeb Classical Library* 228). Harvard University Press. (First published 1929, revised and reprinted 1957)

218   参 考 文 献

翻訳・注釈・参考文献

Ackrill, J. L. 1963. *Aristotle* Categories *and* De Interpretatione, *Translated with Notes and Glossary*, Clarendon Press.

―――. 1965. 'Aristotle's distinction between *Energeia* and *Kinesis*'. in Bambrough, R. (ed.), *New Essays on Plato and Aristotle*, Routledge and Kegan Paul.

Agazzi, E. 2009. 'The Infinite between the Inexhaustible and the Negation'. *Ontology Studies* 9, 21-30.

Algra, K. 1995. *Concepts of Space in Greek Thought*. Leiden.

Anagnostopoulos, A. 2010. 'Change in Aristotle's *Physics* 3'. *Oxford Studies in Classical Philosophy* XXXIX, Oxford University Press.

Annas, J. 1975. 'Aristotle, Number and Time'. *Philosophical Quarterly 25*, 97-113.

―――. 1982. 'Aristotle on Inefficient Causes'. *Philosophical Quarterly 32*, 311-326.

―――. 2003. *Aristotle's* Metaphysics *Books M and N, Translated with Introduction and Notes*, Oxford University Press. (1st published 1976)

Apostle, H. G. 1969. *Aristotle's* Physics *translated with commentaries and glossary*, Indiana University Press.

Aquinas, T. 1954. *In octo libros Physicorum Aristotelis expositio*. Maggiolo, P. M. (ed.), Marietti.

Bäck, T. A. 2000. *Aristotle's Theory of Predication*. Brill.

Balaban, O. 1995. 'The Modern Misunderstanding of Aristotle's Theory of Motion', *Journal for general philosophy of science* 26, 1-10.

Barnes, J. 1975. *Aristotle's* Posterior Analytics, *translated with notes*, Clarendon Press.

―――. Schofield, M., and Sorabji, R. (eds.). 1979. *Articles on Aristotle*, vol. 3, St. Martin's Press.

―――. (ed.) 1995. *The Cambridge Companion to Aristotle*, Cambridge University Press.

Barr, R. 1956. 'Aristotle on Natural Place: Some Questions', *The New Scholasticism* 30, 206-210.

Bechler, Z. 1995. *Aristotle's Theory of Actuality*, State University of New York Press.

Beere, S. 2012. *Doing and Being: An Interpretation of Aristotle's* Metaphysics *Theta*, Oxford University Press.

Bodnár, I. and Rellegrin, P. 2006. 'Aristotle Physics and Cosmology'. in Gill. 2006, 270-291.

Bolton, R. 1991. 'Aristotle's Method in Natural Science'. In Judson, 1-30.

Bolotin, D. 1997. 'Aristotle's Discussion of Time: an Overview'. *Ancient Philosophy* 17. 47-62.

Boniz, H. 1870. *Index Aristotelicus*. Berlin

Bostock, D. 1980. 'Aristotle's Account of Time', *Phronesis* 25, 148-169.

―――. 1990. 'Aristotle's Continuity in *Physics* VI'. In Judson, 179-212.

参 考 文 献　　　　　　　　　　　219

————. 2006. *Space, Time, Matter, and Form, Essays on Aristotle's Physics* (Oxford Aristotle Studies), Oxford University Press, 2006.

————. 2012. 'Aristotle's Philosophy of Mathematics'. In Shields, C., 463-491.

Bowen, A. C. and Wildberg, C. (eds.). 2009. *New Perspectives on Aristotle's De Caelo.* Brill.

Bowin, J. 2007. 'Aristotelian Infinity'. *Oxford Studies in Ancient Philosophy XXXII*, 2007, 233-250.

Burnyeat, M. F. 1984. 'The Sceptic in his Place and Time'. In Rorty, R. et. al. (eds.). *Philosophy in History: Essays on the Historiography of Philosophy*, 225-254.

————. et al. 1984. *Notes on Eta and Theta of Aristotle's* Metaphysics *: A Study Guide.* University of Oxford Faculty of Philosophy.

————. 2004. 'Introduction: Aristotle on the Foundation of Sublunary Physics'. in Haas, F. and Mansfeld, J. (eds.). *Aristotle: On Generation and Corruption, Book I: Symposium Aristotelicum.* Clarendon Press, 7-24.

Byrne, C. 2001. 'Matter and Aristotle's Material Cause'. *Canadian Journal of Philosophy* 31, 85-111

Byrne, P. H. 1997. *Analysis and Science in Aristotle*, State University of New York Press.

Catalano, S. J. 1969. 'Aristotle and Cantor: On the Mathematical Infinite'. *The Modern Schoolman* 36, 264-267.

Charles, D. 1984. *Aristotle's Philosophy of Action.* Duckworth.

Charlton, W. 1970. *Aristotle* Physics *Book I and II Translated with Introduction, Commentary, Note on Recent Works and Revised Bibliography,* Clarendon Press. (reprinted, 2006).

————. 1991. 'Aristotle's Potential Infinites', in Judson, 129-149.

Cherniss, H. F. 1935. *Aristotle's Criticism of Presocratic Philosophy*, Octagon Books.

Collobert, C. 1994. *Aristotle Traite Du Temps, introduction, traduction et commentaire*, Kimé.

Coope, U. 2001. 'Why Does Aristotle Say that There Is No Time without Change?' *Proceedings Aristotelian Society* 101, 359-368.

————. 2005. *Time for Aristotle.* Oxford University Press.

————. 2012. 'Aristotle on the Infinite'. in Shields, 267-286.

Cooper, J. M. 2009. '*NE* VII. 1-2: Introduction. Method, Puzzles'. In Natali, 9-40.

Corich, D. 1977. 'Aristotle's Attempted Derivation of Temporal Order from That of Movement and Space'. *Phronesis* 21, 241-251

Côté, A. 1990. 'Aristote admet-il un infini en acte et en puissance en «Physique III, 4»?' *Revue Philosophique de Louvain.* Quatrième série, Tome 88, N° 80, 487-503.

Demoss, D. and Devereux D. 1988. 'Essence, Existence, and Nominal Definition in Aristotle's *Post. Analytics*, II. 8-10'. *Phronesis* 32, 133-154.

Deslauriers, M. 2007. *Aristotle on Definition.* Brill.

Evans, M. G. 1964. *The Physical Philosophy of Aristotle.* The University of New Mexico

220   参 考 文 献

Press.

Fine, G. 1984. 'Separation'. *Oxford Studies in Ancient Philosophy* 2, 31-87.

Fortenbaugh, W. W., et al (eds.). 1992. *Theophrastus of Eresus, Sources for His Life, Writings, Thought and Influence*. Brill. [FHS&G].

Freeland, C. A. 1991. 'Accidental Causes and Real Explanations'. in Judson, 49-72.

Furley, J. D. 1976. 'Motion and Time, Space and Matter'. in Machamer, 140-158.

――――. 1982. 'The Greek Commentators' Treatment of Aristotle's Theory of the Continuous'. in Kretzmann, N (ed). *Infinity and Continuity in Ancient and Medieval Thought*. Cornell University Press, 17-36.

――――. 1987. *The Greek Cosmologists volume 1: The formation of the Atomic Theory and its Earliest Critics*. Cambridge University Press.

Gill, M. L. 1989. *Aristotle on Substance: The Paradox of Unity*. Princeton University Press.

――――. and Pellegrin, P. (eds). 2006. *A Companion to Ancient Philosophy*. Wiley-Blackwell.

Glazebrook, T. 2001. 'Zeno against Mathematical Physics'. *Journal of the History of Ideas* 62, No. 2. 193-210.

Gomez-Lobo, A. 1980. 'The So-Called Question of Existence in Aristotle, *An. Post.* 2. 1-2'. *The Review of Metaphysics* 34, 71-89.

Graham, D. W. 1988. 'Aristotle's Definition of Motion'. *Ancient Philosophy* 8, 209-215.

――――. 1999. *Aristotle* Physics *Book VIII*. Clarendon Press.

Grant, E. 1981. 'The Medieval Doctrine of Place: Some fundamental Problems and Solutions'. Maierù. A., Paravicini Bagliani A. ed. *Studi sul XIV secolo in memoria di Anneliese Maier*. Edizioni di Storia e Letteratura, 57-79.

――――. 1984. *In Defense of the Earth's Centrality and Immobility: Scholastic Reaction to Copernicanism in the Seventeenth Century* (*Transactions of the American Philosophical Society, New Series*, vol. 74, No. 4). American Philosophical Society.

――――. 2002. 'Empiricism without Observation'. in Jeijenhorst C. et al (eds.). *The Dynamics of Aristotelian Natural Philosophy from Antiquity to the Seventeenth Century*. Brill, 141-168.

――――. 2007. *A History of Natural Philosophy :From the Ancient World to the Nineteenth Century*. Cambridge University Press.

Gregoric, P. 2007. *Aristotle on Common Sense*. Oxford University Press.

Guthrie, W. K. C. 1981. *A History of Greek Philosophy: Volume 6, Aristotle: An Encounter*. Cambridge University Press.

Halper, E. C. 1989. *One and Many in Aristotle's Metaphysics: The Central Books*. Ohio State University Press.

Hamelin, O. 1976. *Le système d'Aristote*, Troisième édition, publié par Robin, L., Librairie Philosophique J. Vrin.

Hamlyn, D. W. 1968. *Aristotle's* De anima, *Books II and III*. Clarendon Press.

参考文献　　　　　221

Hasper, P. S. 2006. 'Zeno Unlimited'. *Oxford Studies in Ancient Philosophy* 30. Oxford University Press, 49-85.

Heath, T. 1949. *Mathematics in Aristotle* (2 vols.), Clarendon Press.

Heidegger, M. 1975. *Die Grundprobleme Der Phänomenologie* (*Gesamtausgabe / Martin Heidegger Bd. 24*), Klostermann.

Heinaman, R. 1994. 'Is Aristotle's Definition of Change Circular?' *Apeiron* 27, 25-37.

Hicks, R. D. 1925. *Diogenes Laertius, Lives of Eminent Philosophers* (Loeb Classical Library, 2 vols). Harvard University Press.

Hintikka, J. 1966. 'Aristotelian Infinity'. *Philosophical Review* 75, 197-212.

Höffe, O. 1996. *Aristoteles*. C. H. Beck.

Hope, R. 1961. *Aristotle's* Physics: *with an Analytical Index of Technical Terms*. University of Nebraska Press.

Hussey, E. 1993. *Aristotle* Physics *Books III and IV, Translated with Introduction and Notes (New impression with correction and additions)*, Clarendon Press. (1st published. 1983).

Inwood, M. 1991. 'Aristotle on the Reality of Time'. in Judson, 151-178.

Irwin, T. H. 1982. 'Aristotle's concept of signification'. in Schofield, 241-266.

Jaeger, W. 1923. *Aristotles, Grundlegung einer Geschichte seiner Entwicklung*. Weidmann.

Jammer, M. 1954. *Concepts of Space: The History of Theories of Space in* Physics. Harvard University Press.

Johnson, M. R. 2005. *Aristotle on Teleology*. Clarendon Press. Cambridge University Press.

Judson, L. ed. 1991. *Aristotle's* Physics: *A Collection of Essays*. Clarendon Press.

Kahn, C. H. 1966. 'Sensation and Consciousness in Aristotle's Psychology'. *Archiv für Geschichte der Philosophie* 48, 43-81. repr. In Barnes, 1979. 1-13.

─────. 2003. *The Verb 'Be' in Ancient Greek, with a New Introductory Essay*. Hackett Phublishing Company. (originally published 1973. D. Reidel Publishing Company).

Katz, J. 1943. 'Aristotle on Velocity in the Void (*Phys.* IV 8, 216a20)'. *The American Journal of Philology* 64, 432-435.

Keyt, D. 1961. 'Aristotle on Plato's Receptacle'. *The American Journal of Philology* 82, No. 3, 291-300.

─────. 1983. 'Intellectualism in Aristotle'. In Anton, J. P. and Preus, A. (eds), *Essays in Ancient Greek Philosophy*, vol 2. State University of New York Press, 364-387.

King, H. R. 1950. 'Aristotle's Theory of *ΤΟΠΟΣ*'. *The Classical Quarterly* 44, 76-96.

Kirwan, C. 1993. *Aristotle* Metaphysics, *Books Γ , Δ and E, Translated with notes* (Second Edition). Clarendon Press. (1st edition, 1971)

Kouremenos, T. 1995. *Aristotle on Mathematical Infinity*. Franz Steiner Verlag.

─────. 2002. 'Aristotle's Argument against the Possibility of Motion in the Vacuum (*Phys.* 217b19-216a11)'. *Wiener Studien* 115, 79-110.

—————. 2010. *Heavenly Stuff: The constitution of the celestial objects and the theory of homocentric spheres in Aristotle's cosmology*. Franz Steiner Verlag.

Kosman, L. A. 1969. 'Aristotle's Definition of Motion'. *Phronesis* 14, 40-62.

—————. 2013. *The Activity of Being; An Essat on Aristotle's Ontology*. Harvard University Press.

Kostman, J. 1987. 'Aristotle's Definition of Change'. *History of Philosophy Quarterly* 4, Number 1, 3-16.

Lang, H. S. 1998. *The Order of Nature in Aristotle's* Physics: *Place and the Elements*. Cambridge University Press.

Lear, J. 1979. 'Aristotelian Infinity'. *Proceedings of the Aristotelian Society 80*, 187-210.

—————. 1988. *Aristotle the Desire to Understand*. Cambridge University Press.

Leclerc, I. 1986. *The Nature of Physical Existence*. University Press of America. (originally published 1972. George Allen & Unwin Ltd).

Lindbreg, D. C. 2007. *The Beginnings of Western Science -The European Scientific Tradition in Philosophical, Religious, and Institutional Context, Prehistory to A. D. 1450-*. The University of Chicago Press.

Lloyd, G. E. R. 1970. *Early Greek Science: Thales to Aristotle*, Norton & Company.

—————. 1973. *Greek Science after Aristotle*. Norton & Company.

—————. 1996. *Aristotelian Explorations*. Cambridge University Press.

Makin, S. 2006. *Aristotle:* Metaphysics *Book* Θ : *Translated with an Introduction and Commentary*, Oxford University Press.

Machamer, P. and Turnbull, R. (eds). 1976. *Motion and Time, Space and Matter*: *Interrelations in the History and Philosophy and Science*. Ohaio State University Press.

Marquardt, U. 1993. *Die Einheit der Zeit bei Aristotles*, Köigshausen & Neumann.

Massie, P. 2006. 'The Actual Infinite as a Day or the Games'. *The Review of Metaphysics* 60, 573-596.

松浦 和也. 2010.「アリストテレスにおける "ὅ ποτε ὄν"」, *Studia Classica* 2, SC 西洋古代文化研究会 , 47-64.

McGinnis, J. 2006. 'Positioning Heaven: The Infidelity of a Faithful Aristotelian'. *Phronesis* 51, 140-161.

McTaggart, J. 1927. *The Nature of Existence*. Cambridge University Press.

Mendell, H. 1987. '*Topoi on Topos*: The Development of Aristotle's Concept of Place'. *Phronesis* 32, 206-231.

Miller, F. D. 1974. 'Aristotle on the reality of Time'. *Archiv fur Geschichte der Philosophie 56*, 132-55.

Moore, A. W. 1991. *The Infinite*. Routledge.

Morison, B. 2002. *On Location: Aristotle's Concept of Place*. Oxford University Press.

—————. 2010 'Did Theophrastus Reject Aristotle's Account of Place?' *Phronesis* 55, 68-103.

参 考 文 献 223

Natali, C. 2009. *Aristotle*: Nicomachean Ethics, *Book VII Symposium Aristotelicum*. Oxford University Press.

Nussbaum, M. C. 1982. 'Saving Aristotle's appearances'. in Schofield, 267-293.

Owen, G. E. L. 1961. '*Tithenai ta Phainomena*'. in Moravcsik J. M. E. (ed.). *Aristotle: A Collection of Critical Essays*, 167-190.

————. 1970. 'Aristotle: Method, Physics and Cosmology'. in C. C. Gillespie (ed). *Dictionary of Scientific Biography*. Vol. I. Charles Scribner's Sons, 250-258. (repr. In Owen, G. E. L. *Logic, Science and Dialectic, Collected Papers in Greek Philosophy*. Cornell University Press, 151-164.)

————. 1976. 'Aristotle on Time'. in Machamer, 140-158.

————. 1986. 'Aristotle on the Snares of Ontology'. in Owen, G. E. L. *Logic, Science and Dialectic, Collected Papers in Greek Philosophy*, Cornell University Press, 259-278.

Owens, J. 1978. *The Doctrine of Being in the Aristotelian Metaphysics*: A Study in the Greek Background of Mediaeval Thought (3rd edition). Hunter Rose Company. (1st published 1951).

Penner, T. 1970. 'Verbs and the Identity of Actions –A Philosophical Exercise in the Interpretation of Aristotle', in Wood, O. P. and George, P. (eds). *Ryle: A Collection of Critical Essays*. Macmillan, 393-460.

Philoponus, J. 1887. *In Aristotelis Physicorum libros VIII* (In *Commentaria in Aristotelem Graeca* XVI). Diels, H. (ed.). Berlin.

Poidevin, R. M. and MacBeath, M. (eds.). 1993. *The Philosophy of Time* (*Oxford Readings in Philosophy*). Oxford University Press.

Reeve, C. D. C. 2010. 'Aristotle's Philosophical Method'. in Shields, 150-170.

Roark, T. 2003. 'Aristotle's Definition of Time Is Not Circular'. *Ancient Philosophy 23*, 301-318.

Saches, J. 1995. *Aristotle's* Physics: *A Guided Study*. Rutgers University Press.

Scaltsas, T. 1994. *Substances & Universals in Aristotle's Metaphysics*. Cornell University Press.

Schofield, E. and Nusbaum, M. (eds.). 1982. *Language & Logos, Studies in Ancient Greek Philosophy*, Cambridge University Press.

Sedley, D. N. 1982. 'Two Conceptions of Vacuum'. *Phronesis* 27, 175-193.

————. 2012. 'Aristotle on Place'. *Proceedings of the Boston Area Colloquium of Ancient Philosophy* 27, 183-210.

Shields, C. 2012. *The Oxford Handbook of Aristotle*. Oxford University Press.

Shoemaker, S. 1969. 'Time without Change'. *Journal of Philosophy* 66, 363-81.

Simplicius. 1882. *In Aristotelis Physicorum libros quattuor priores commentaria* (*In Commentaria in Aristotelem Graeca X*). Diels, H. (ed). Berlin.

Singh, R. 2003. *Aristotle's Philosophy of Science*. Global Vision Publishing House.

Solmsen, F. 1960. *Aristotle's System of the Physical World*: *A Comparison with his*

224 参 考 文 献

Predecessors, Cornell University Press.

Sorabji, R. 1980. *Necessity, Cause and Blame: Perspectives on Aristotle's Theory*. Cornell University Press.

————. 1983. *Time, Creation, and the Continuum: Theories in Antiquity and the Early Middle Ages.* Cornell University Press.

————. 1988. *Matter, Space & Motion, Theories in Antiquity and Their Sequel.* Cornell University Press.

Sosa, J. E. 2010. 'A short notice on Robert Heinaman's account of Aristotle's definition of κίνησις in *Physica* III'. *Journal of Ancient Philosophy* IV, Issue 2, 1-5.

Stone, M. A. 1985. 'Aristotle's Distinction between Motion and Activity'. *History of Philosophy Quarterly*, vol 2, 11-20.

Styrman, A. 2011. 'Potential Infinity and Natural Numbers'. *La Nouva Critca* 57-58, 7-24.

Sweeney, L. 1972. *Infinity in the Presocratics: A bibliographical and Philosophical Study*. Martinus Nijhoff.

Themistius, 1900. *In Aristotelis physica paraphrasis* (*In Commentaria in Aristotelem Graeca* V-II). Schenkl H. (ed). Berlin.

Thorp, J. 1990. 'Aristotle's *Horror Vacui*'. *Canadian Journal of Philosophy* 20, 149-166.

Todd, R. B. (trans.). 2003. *Themistius On Aristotle's* Physics *4*. Cornell University Press.

Turetzky, P. 1998. *Time*. Routledge.

Vogel, C. J. 1967. *Greek Philosophy A Collection of Texts with Notes and Explanations, Vol. II Aristotle, the Early Peripatetic School and the Early Academy* (Third Edition). E. J. Brill. (1st published 1929).

Wagner, H. 1972. *Aristoteles Physikvorlesung* (*Werke in deutscher Übersetzung* Band 11). Akademie Verlag.

Waterfield, R. 1996. *Aristotle* Physics. Oxford University Press.

Waterlow, S. 1982, *Nature, Change, and Agency in Aristotle's* Physics. Clarendon Press.

————. 1984 'Aristotle's Now'. *Philosophical Quarterly* 34, 104-128.

Weisheipl, J. A. 1955. 'Space and Gravitation'. *The New Scholasticism* 29, 175-223.

————. 1956. 'Aristotle on Natural Place: A Rejoinder'. *The New Scholasticism* 30. 211-215.

Wieland, W. 1962. *Die aristotlelische Physik*. Vandenhoeck & Ruprecht.

Witt, C. 1987. 'Hylomorphism in Aristotle'. *The Journal of Philosophy* 84, No. 11, 673-679.

White, D. A. 1981. 'Parts and Whole in Aristotle's Concept of Infinity'. *The Thomist* 49, 168-182.

White, M. J. 1992. *The Continuous and the Discrete: Ancient Physical Theories from a Contemporary Perspective*. Clarendon Press.

Urmson, J. O. 1994. 'Simplicius: On Aristotle on the Void'. in P. Lettinck and J. O. Urmson, *Philoponus: On Aristotle Physics 5-8, with Simplicius: On Aristotle on the Void* (*Ancient Commentators on Aristotle*). London.

索　引

ア　行

アナクサゴラス　148
「ある」　14, 58, 61, 62, 75, 194
アレクサンドロス（アフロディシアスの）
　28, 110, 111, 130
移動　9, 11, 19, 30, 41, 42, 51, 94–
　97, 100–02, 115–26, 129–31, 134–
　38, 143, 145, 146, 148, 150–54, 156,
　169–71, 192, 193, 201, 202, 207,
　208, 212
今　12, 42, 158–61, 163, 164, 169,
　171–82, 185, 196–205
宇宙　4, 19, 45, 46, 55, 89, 96, 120,
　152
運動　6–13, 16, 19–21, 23–42, 43,
　45–48, 50–52, 55, 56, 63, 64, 77, 78,
　82, 86, 89–91, 93, 94, 98–100, 109,
　113, 114, 123, 125, 128–41, 143–46,
　153–57, 159, 164–67, 169–71, 174–
　78, 180–90, 192, 193, 195–97, 200–
　08, 210–12
　──の定義　6, 10, 12, 23–42, 77,
　91, 94, 99, 125, 157, 196, 197,
　202–04, 207, 208, 210–12
永遠　59, 61, 163
エネルゲイア　23, 27–29
エレア（派）　9, 15, 20, 45, 96, 104,
　139
エンテレケイア　10, 23–29, 38, 40,
　207
大きさ　13, 45–49, 51, 54, 58–61, 64,
　65, 68, 70–75, 77, 79, 80–90, 103,
　112, 118, 138, 146, 147, 149, 153,
　171, 175, 179, 180, 192, 200, 201,

208, 210, 211

カ　行

科学　4, 5, 17, 21, 45, 127, 135, 136
数　6, 12, 14, 59, 60, 68, 73, 87, 159,
　160, 164, 173, 174, 176–84, 187–95,
　204, 206, 210, 211
活動　24–30, 32–41, 60–65, 68, 73,
　74, 77, 79, 80, 94
カテゴリー　9, 29, 41, 46, 51, 61, 69–
　71, 85, 89, 93, 110, 123, 125, 155,
　164, 178–80, 207, 210, 212
可能態　9–11, 23–31, 34–36, 38–42,
　45, 46, 59, 61, 63, 68–72, 77, 79, 81,
　83, 90, 91, 203, 205–09, 212
可能的　10, 15, 27, 29–42, 46, 49–51,
　58, 59, 61–81, 83, 86, 88–90, 157,
　174, 197, 202–05, 207
感覚　11, 17–21, 48–51, 53, 55, 57,
　82, 83, 85, 102, 120, 134–36, 139–
　45, 153, 154, 164, 167, 175, 176, 178,
　185, 206
　──的対象　48, 50, 51, 55, 57, 102
観察　4, 17–19, 21, 64, 134
完全　3, 25, 37, 42, 66, 76, 77, 80, 86,
　122, 135, 144, 145, 153, 167, 202,
　203, 206
期間　76, 78, 79, 122, 163, 167, 182
基体　50, 82–87, 194
空間　5, 6, 8, 12, 23, 24, 41–43, 90,
　93, 101, 102, 118, 127–29, 138, 155,
　156, 197, 207–12
　──的延長　6, 8, 12, 23, 24, 41–43,
　90, 127, 128, 155, 156, 197, 207–12
空虚　4, 6–8, 11, 13, 19–21, 42, 56,

67, 68, 70, 98, 101, 127–56, 210, 212
経験　17, 20, 134, 141, 152
形相　3, 9, 56, 81–88, 94, 99, 100–02, 109, 110, 112, 113, 174
欠如　9, 19, 50, 82, 83, 86, 88, 90, 128
原因　6, 9, 16, 20, 27, 82, 84, 85, 94, 130, 134, 143–45, 154, 194, 210
限界　11, 16, 78, 85, 88, 93–96, 98–100, 104, 110–19, 121–25, 155, 156, 172, 178, 199, 209, 210, 212
原子　46–48, 56–58, 63, 78, 136, 137, 168–71, 199
現実態　9–11, 24–26, 29–38, 40–42, 45, 46, 59, 61, 63, 68–72, 76, 77, 79, 81, 83, 90, 91, 157, 197, 202, 203, 205–09, 211, 212
現実的　10, 25, 26, 30, 33–35, 37, 39–42, 46, 47, 49, 51, 58, 59, 61–64, 66–72, 74–81, 88, 90, 94, 122, 123, 157, 174, 197, 202–05, 207, 208, 211, 212
完全現実的　42, 66, 80
元素　9, 10, 19, 46, 48, 50–54, 56, 57, 84, 85, 89, 102, 121, 129, 136, 140–43, 146, 154
　　四——　9, 10, 19, 46, 50–54, 56, 57, 89, 129, 136, 140, 142, 143, 146, 154

サ　行

思惟　48, 61, 63–65, 73, 74, 102, 111
時間　4–8, 11–13, 20, 23, 24, 41–43, 45–48, 50, 58, 59, 61, 63, 89, 90, 98, 100, 109, 131–34, 157–201, 203–08, 210–12
　　——的延長　8, 12, 23, 24, 41–43, 157, 165, 186, 197, 205, 207, 208, 210–12
　　——の定義　6, 12, 159, 160, 163, 164, 174, 176–78, 182–84, 186, 189, 193, 196, 205, 206, 210, 211
自然　4, 7–11, 13, 16, 17, 19, 45–50, 52–59, 65, 72, 82, 84, 89, 90, 93,

111, 120, 127–29, 131, 135–37, 142, 143, 146, 154, 155, 212
自体的　50, 51, 61, 62, 81–83, 97, 108, 111, 117, 118, 122, 172, 173, 190
実体　5, 9, 11, 15, 41, 48, 49, 51, 62, 63, 68–72, 83–85, 89, 93, 94, 99, 103, 104, 119, 121, 128, 131–33, 137, 140–42, 153–56, 174, 188, 193–95, 202, 206, 209–11
質料　3, 9, 51, 56, 80–88, 90, 94, 99, 101, 102, 109–13, 174
　　——形相論　1, 3, 9, 56, 82, 84, 85
尺度　189–93
終局　30, 40–42, 77, 90, 157, 197, 207, 212
瞬間　12, 25, 42, 77–79, 117, 124, 159, 160, 163, 164, 167–69, 171, 173, 177, 178, 180, 181, 198–200, 202, 203
消滅　41, 56, 59, 102, 103, 121, 136, 137, 140, 181, 212
真空　11, 127
シンプリキオス　6, 28, 47, 54, 56, 76, 86, 97, 105, 110, 116, 130, 137–39, 161
数学　18, 45–49, 51, 53, 58, 59, 62, 63, 73, 107, 111, 136, 189, 193–95, 204, 206
　　——的対象　47, 48, 51, 53, 58, 62, 63, 107, 136, 193
　　——的非プラトン主義　59, 189, 194, 195, 206
すきま　100, 101, 140, 145, 146, 149
静止　19, 29, 32, 51, 52, 56, 62, 96, 115, 116, 119, 120, 123–25, 129, 178, 190, 196
性質変化　33, 41, 140, 193
生成　41, 42, 58–60, 68, 75–77, 79, 80, 84, 87, 94, 121, 136, 137, 140, 175, 181, 193, 212
ゼノン（エレア派の）　15, 96, 104, 105, 107, 109

索　引　　　　　　　　227

前後　6, 8, 12, 159, 164, 174−76, 178,
　181−83, 195, 200, 201, 204, 206,
　210, 211
属性　4, 8, 48, 50, 58, 89, 109, 110,
　188, 195, 206
速度　11, 128−36, 143, 153, 158

　　　　タ・ナ　行

魂　3, 34, 35, 55, 56, 63, 64, 159, 164,
　175, 177, 185, 187, 188, 158
知性　53, 87, 188
　──的対象　53
通念　5, 6, 17−21, 61, 73, 104, 106
テオフラストス　95, 96, 114
テミスティオス　28, 101, 110, 111,
　146
デモクリトス　48, 52
転化　7, 114, 175, 185, 196
天界　73, 89, 98, 99, 113, 119, 120
天球　46, 96, 166, 187, 193, 211

ニュートン　5, 6
能力　19, 20, 25−27, 31, 34, 35, 61, 62,
　96, 97, 103, 187, 205

　　　　ハ　行

排他性　55−57, 89, 137−39, 142, 143,
　153, 154
パイノメナ　11, 13, 16, 17−21, 73,
　101, 103, 104, 129, 134−36, 139−45,
　153, 154, 211, 212
場所　6−8, 11, 13, 15−16, 18−21, 41−
　42, 52, 54, 56, 57, 69, 82, 89, 93−
　128, 137, 140, 143, 146−56, 159,
　201−03, 207−12
　──の定義　11, 16, 82, 93−101,
　104, 111−18, 120−25, 209, 211, 212
　──の不動性　11, 114−19, 121,
　124
　固有の──　11, 51, 52, 93, 97−100,

　126
パラドックス　11, 12, 15, 16, 96,
　104−10, 112, 113, 125, 157−63,
　165−69, 173, 174, 187, 196−200,
　202−05, 211
ピュタゴラス　15, 45, 48, 63, 193
フィロポノス　117, 118
不完全　25, 206
付帯的　61, 65, 87, 118, 122, 190
物体　4, 8−12, 15, 18, 19, 21, 24, 41,
　45, 46, 48−58, 63−65, 68, 69, 71, 72,
　84−86, 89, 90, 93−105, 110−56, 178,
　193, 196, 202, 206, 208−12
不動　11, 96, 114−19, 121−26, 155
プラトン　4, 48, 59, 63, 93, 107, 189,
　193, 194, 195, 206
プロティノス　189
分割　7, 10, 15, 46−50, 51, 57−61,
　63−88, 90, 91, 136, 137, 161, 168−
　74, 179, 180, 191, 192, 199, 208, 209,
　212
ヘシオドス　19, 103
本質　33, 50, 51, 83, 85, 86, 110, 128−
　30, 135, 159, 186

　　　　マ〜ラ　行

無限　7, 10−15, 20, 45−50, 51−61,
　64−91, 93, 100, 101, 104−09, 112,
　128−31, 153, 156, 160, 163, 174,
　179, 180, 198, 204, 207−10, 212
　──大　10, 11, 15, 46−48, 50−57,
　59, 61, 68, 73, 82, 87, 89, 128−31,
　153, 208−10, 212
　分割──　10, 15, 46−51, 57−61,
　64−91, 174, 209, 212
　可能──　46, 60, 61
メリッソス　139
目的　9, 40−42, 63, 109, 123, 157, 197,
　207, 212

有限　13, 45, 46, 49, 52, 56, 78, 79, 81,

83−86, 88−90, 133, 163, 199, 200,
208
様態　　13, 45, 102, 188

離存　　51, 63, 65, 67−74, 89, 93, 94, 96,
97, 100−04, 111, 113, 125, 140, 145,
146, 153, 154, 174, 188, 194
量　　4, 41, 52, 69, 71, 85, 87, 88, 138,

139, 145, 159, 178−80, 182, 191−93,
195, 207, 210
連続　　7, 11, 42, 46, 47, 50, 59, 60, 63,
77−79, 80, 82, 83, 85, 89, 90, 91, 93,
121, 136, 140, 160, 169, 172, 174,
175, 178−80, 189, 190, 192, 199,
200, 204, 205, 208, 209, 211, 212

引用出典

アリストテレス
『カテゴリー論』（*Cat.*）
4,	4b20−23	178
6,	5a1−6	179
	5a6−8	180
	5a8−14	93, 155
	5a15−20	124
	5b2−6	164
8,	8b26−27	110
	9a28−29	110
	9b19−33	110
14,	15b1	29

『命題論』：（*Int.*）
9,	18a28−34	166

『分析論前書』（*An. Prior.*）
I 30,	46a17−22	17

『分析論後書』（*An. Post.*）
I 24,	86a5	86
II 1,	89b23−35	14
	89b32	14

『トピカ』：（*Top.*）

『ソフィスト的論駁』（*SE.*）
5,	167a2	14

『自然学』（*Phys.*）
I 2,	185a20−b5	9
	186a1−3	9
I 4,	187b7−9	87
I 7,	190a1−3	86
	190a34−b1	9
	191a8−12	84

	191a12−14	9
I 8,	191b27−29	9
II 1,	192b8−15	52
	192b10−11	9
	192b36	9
	193b16−21	9
II 2,	193b22−35	
		63, 111
	193b24−25	111
	193b32	111
II 3,	194a24−25	84
	195a16−21	
		9, 84, 85
III 1,	200b12−24	
		7, 43, 47
	200b16−21	
		60, 89
	200b17−18	179
	200b20−22	157
	200b20−24	128
	200b21	42
	200b27−28	
		41, 207
	200b32−22	41
	200b33−201a1	41
	201a1−3	41
	201a4	82
	201a10−11	
		23, 28
	201a11−15	
		33, 41
	201a15	30
	201a16−19	34
	201a19−22	
		42, 203, 208
	201a27−29	23

	201a27−34	
		24, 37
	201a29−34	37
	201a32	37
	201b4−5	23, 28
III 2,	201b27−32	26
	201b31−32	36
	202a3−6	
		29, 31, 32
	202a7−8	23, 28
	202a9	82
III 3,	202a36	82
III 4,	202b30−31	208
	202b30−34	89
	202b30−36	
		13, 45
	203a4−6	48
	203a16−b2	48
	203b22−25	73
	204a1−2	48
	204a6−7	47
III 5,	204a8−34	
		51, 70
	204a9−14	51
	204a17−20	51
	204a20−27	51
	204a34−b4	48
	204a34−206a8	
		51
	204b2	50
	204b3−4	51
	204b5−7	
		53, 209
	204b11−205a7	
		53
	204b14−19	52

204b19−22	207b35−208a2	IV 3, 210a14−24　108
54, 209	50	210a20−21　110
205a7−206a8	208a14−19　64	210a22−27　110
53, 56	208a18　64	210a25−b21　108
205a8−19　52	IV 1, 208a27−29　93	210b22−23　105
205a10　209	208a29−31	210b22−27
205a10−11	57, 106	109, 110
56, 57	208a31−32　94	210b23　109
205a22−25	208b1−8　18	210b24−26　21
52, 56	208b1−209a2	210b27−31　101
205b31　57	15, 18	IV 4, 210b34−211a5
206a1　57	208b8−14　19	97, 98
III 6, 206a9−18　46	208b25−27　19	211a7−11
206a9−25	208b26−27　128	16, 93, 94
58, 61, 66	208b30−31　103	211a12　100
206a16−17　47	208a31−32　208	211a17−21　122
206a17−18　47	208b32　103	211b5−212a2　82
206a24−25	208b34−209a2	211b7−9　101
76, 77	103	211b14−25　100
206a24−b3　59	209a2−4　15	211b21　21
206a27−29	209a2−28　15	212a6
61, 78	209a6−7	94, 96, 120
206a29−33　76	56, 103, 210	212a14−21
206b12−14	209a7−13　118	114, 118, 119
66, 75, 80	209a14−17　103	212a19　116
206b14−16　81	209a18−20　20	212a20−21
206b18−19　49	209a23−25	96, 114
206a18−25　75	15, 105	212a29−30　117
206b24−27　49	209a29−30　15	IV 5, 212b8−10
207a1−2　61, 81	IV 2, 209a31−b2	89, 120
207a21−22　81	97, 113	212b16−19　98
207a24−28	209a31−33　209	212b17−18　120
82, 87	209a33−b1　89	212b20−22　120
III 7, 207a33−35　49	209b2−11	212b21−22　101
207a33−b1　82	99, 100	212b24−25
207b1−15　59	209b2−32　82	118, 123
207b21−25	209b33−35　107	212b25　56
48, 90	210a2−4	212b27−29　110
207b21−27	100, 102	213a10−11　94
59, 209	210a5−9　102	IV 6, 213a11　142
207b34−208a4	210a9−11　102	213a12−14　13
82	210a10−11　56	213a19−b29　128

引用出典　　　　　　231

213b2−4	137
213b4−12	137
213b6−12	137
213b12−14	139
213b12−18	137
213b16−18	138
213b18−20	138
213b18−21	137
213b21−22	137
IV 7, 213b5−12	56
213b18−20	56
213b31	
	128, 155
214a7−8	147
214a13−16	82
214a16−b11	
	128
214a28−32	140
214a28−29	140
214a28−b3	140
214a32−b1	140
214b1−3	140
214b3−10	141
214b5	142
IV 8, 214b12−13	135
214b13−17	143
214b28−29	135
214b28−32	136
214b31−215a1	
	129
215a1−14	129
215a14−19	129
215a19−22	129
215a22−24	129
215a24−216a26	
	128, 129−136
215a25−29	130
215a25−26	134
215b19−22	131
215b27−30	133
216a3	131
216a4	131

216a21−23	136
216a26−b16	
	129, 144−154, 210
216a26−27	144
216a27−b2	145
216a29−33	146
216b2−12	146
216b12−13	150
216b12−16	149
216b13−15	149
IV 9, 217b20−27	82
IV 10, 217b29−32	
	13, 162
217b32	5
217b34−218a3	
	160
218a3−8	160
218a8−11	197
218a11−21	198
218a21−30	199
218a33−b9	211
218a6	161
218b8−20	186
218b9−20	
	175, 211
IV 11, 218b21−29	
	175, 185
218b29−219a1	
	175
218b29−219a3	
	185
219a1−3	
	175, 180
219a3−8	
	175, 185
219a4−6	164
219a8−10	
	175, 184, 186
219a11−21	198
219a10−14	
	175, 180
219a10−19	

	200, 211
219a14−16	198
219a14−21	
	175, 210
219a19−21	181
219a22−29	164
219a22−26	178
219a22−30	175
219a23−25	164
219a26−29	
	177, 181
219a29−30	163
219a30−33	164
219a30−b1	176
219a34−b1	183
219b1−2	
	174, 176, 182
219b2−3	176
219b2−5	176
219b4−5	182
219b5−8	176
219b6−8	183
219b12−33	200
220a4−5	180
20a10−21	178
220a22−24	189
220a26−32	192
IV 12, 220b9−10	189
220b13−14	164
220b14−16	190
221a4−5	109
221a14−15	189
211a15	193
221b2	190
221b7−12	190
221b18−19	190
221b22−23	190
222a5	165
IV 13, 222a10	180
222a10−20	
	169, 173
222a20−24	160

222a22	169		46	1014a8−10	27
222a22−23	169	I 9, 278b8−9	120	Δ 6, 1016b25−26	123
222a29−30	166	278b19−20	120	Δ 7, 1017a35−b9	62
222b14−15	167	278b22−23	120	1017b2−9	63
222b27−29	158	III 6, 305a19−20	56	1017b6	62
IV 14, 223a16−29		IV 1, 307a7−8	4	Δ 13, 1020a7−14	
	159	307b28−29	4		179
223a18−19	188	308a29−31	4	1020a30−32	
223a21−28	187	III 4, 303a22−23	18		180
223b6−10	189			Δ 17, 1022a5−6	
223b12	166	『生成消滅論』（GC.）			85, 112
223b12−23	192	I 5, 321a2−5	141	Δ 25, 1023b19−22	
223b13−15	192	I 8, 325a23−32	137		112
224a2−14	189	II 3, 330a30−b9	51	E 2, 1027a13−21	87
V 1, 224b5	117	II 4, 331a230b2	52	Z 10. 1036a8−9	
224b11	117				87, 88
VI 1, 231a22	179	『気象論』：（Meteor.）		1036a10	87
VI 2, 232a23−233a12		I 14, 351a36−b5	121	Θ 6, 1048a32−35	62
	169			1048b9−17	
233b15−32	171	『魂について』（DA.）			67−74
VI 3, 233b33−34	171	I 5, 409b3−4	56	1048b10	67
233b35−234a2		II 5, 417a21−b2	34	1048b14−15	68
	172	II 7, 418b13−18	56	1048b15	68
234a7−10	172	III 6, 430b6−14	63	1046b15−17	
234a11−19	172	431b12	63		72−74
234a24	196			I 1, 1052a14−b1	
234a31		『動物部分論』（PA.）			190
	167, 196	I 1, 640b13−15	17	1052b1−3	191
VI 6, 236b20	186			1052b18−19	
237a14	196	『動物発生論』（GA.）			191
VI 8, 239b1−2	196	III 10, 760b28−33	21	1052b20	191
VIII 1, 250b11	166			1052b20−24	
251a9−10		『問題集』（Prob.）			192
	23, 28	XXV 8, 938b14−16		1052b32	191
			138	1052b34−36	
『天体論』（Cael.）		938b23−26			191
I 2, 268b14−269a2			139, 140	1053a24−30	
	52				192
I 5, 271b28−273a6		『形而上学』（Met.）		1053a33−35	
	46	A 4, 984b27−29	103		191
I 6, 273a7−20	46	B 4, 999a27	87	I 2, 1053b11−15	
I 6, 273a20−274a19		Δ 2, 1013a24−26	84		194

引用出典　　　　233

1053b16–21 194

1053b32–34 191

1054a4–9 195

I 6, 1056b23–25 192

K 9, 1065b16 28

M 6, 1080a11–14 194

M 8, 1083b23–36 194

1083b35–1084b2 194

1084b2–1085a7 194

1085a7–b4 194

1085b4–34 194

1085b34–36 194

『ニコマコス倫理学』(*NE.*)

VII 1, 1145b2–6 17

1145b20 18

VII 2, 1145b27–28 18

『弁論術』(*Rhet.*)

II 3, 1402a6 87

ディオゲネス・ラエルティオス

『ギリシア哲学者列伝』(DL)

V23–26 6

プラトン

『ティマイオス』

52a–b 107

『パルメニデス』

218c 107

プロティノス

『エネアデス』

III 7, 9 189

ヘシオドス

『神統記』

116–117 103

松浦 和也 (まつうら・かずや)

1978年大阪府生まれ。東京大学文学部卒業，東京大学大学院人文社会系研究科修了。博士（文学）。東京大学大学院人文社会系研究科助教を経て，2016年より秀明大学学校教師学部専任講師。

〔アリストテレスの時空論〕 　　　　　　ISBN978-4-86285-267-0

2018年1月15日　第1刷印刷
2018年1月20日　第1刷発行

著　者　松　浦　和　也
発行者　小　山　光　夫
製　版　ジ　ャ　ッ　ト

発行所　〒113-0033 東京都文京区本郷1-13-2　株式 知泉書館
　　　　電話03(3814)6161 振替00120-6-117170　会社
　　　　http://www.chisen.co.jp

Printed in Japan　　　　　　　　　　　印刷・製本／藤原印刷

アリストテレス方法論の構想
山本建郎著 　　　　　　　　　　　　　　　　　A5/264p/5000 円

ソクラテスの哲学　プラトン『ソクラテスの弁明』の研究
甲斐博見著 　　　　　　　　　　　　　　　　　A5/358p/6000 円

対話とアポリア　ソクラテスの探求の論理
田中伸司著 　　　　　　　　　　　　　　　　　菊/270p/4800 円

プラトン『国家』における正義と自由
高橋雅人著 　　　　　　　　　　　　　　　　　A5/370p/6500 円

『テアイテトス』研究　対象認知における「ことば」と「思いなし」の構造
田坂さつき著 　　　　　　　　　　　　　　　　菊/276p/4800 円

善く生きることの地平　プラトン・アリストテレス哲学論集
土橋茂樹著 　　　　　　　　　　　　　　　　　菊/416p/7000 円

プラトンの公と私
栗原裕次著 　　　　　　　　　　　　　　　　　菊/440p/7000 円

イデアと幸福　プラトンを学ぶ
栗原裕次著 　　　　　　　　　　　　　　　　　菊/292p/5000 円

プロティノスの認識論　一なるものからの分化・展開
岡野利津子著 　　　　　　　　　　　　　　　　菊/224p/4000 円

内在と超越の閾　加藤信朗米寿記念哲学論文集
土橋茂樹・納富信留・栗原裕次・金澤修編 　　　菊/304p/4500 円

西洋古典学の明日へ　逸身喜一郎教授退職記念論文集
大芝芳弘・小池登編 　　　　　　　　　　　　　菊/432p/8000 円